市に立つ

——定期市の民俗誌

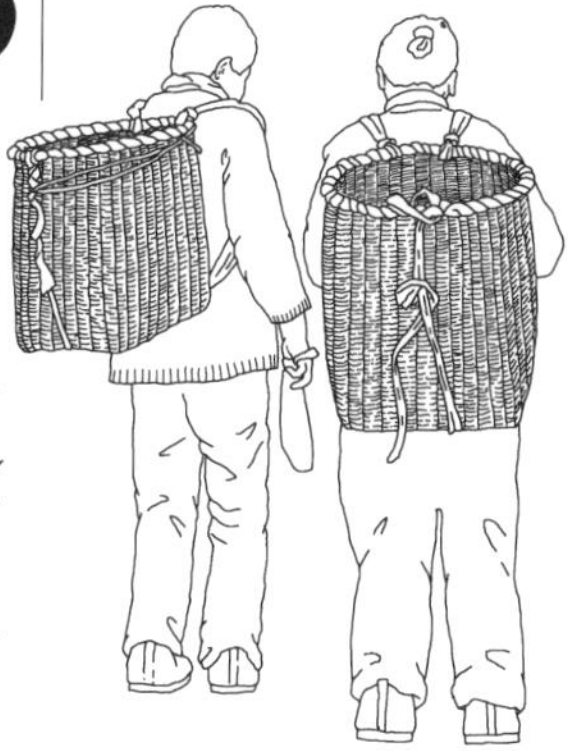

山本志乃 著

創元社

目次

地図製作（169頁）／編集工房ZAPPA　装丁／濱崎実幸　編集・組版／片岡　力

はじめに——市の立つ風景をさがして

その市を訪ねたのは、平成二十六年の十月半ば、みちのくの山々がちらほらと色づき始めるころだった。

橋の上から遠望して、思わず嘆声がもれた。

「河原だ……」

秋田県北秋田市米内沢《よないざわ》。ゆったり開けた阿仁《あに》川の河川敷に、点々と露店のテントが並んでいる。

このあたりでは、朝市のことを「市日《いちび》」という。秋田内陸縦貫鉄道の沿線各所で、日を違えて開かれる。米内沢の市日は二のつく日。毎月、二日、十二日、二十二日が市日である。

十日に一度、月三回なので、三斎市。これが十日に二度、つまり五日ごとなら、月六回の六斎市となる。

曜日を定め、一週間という単位でものごとを考えるようになるのは、明治になって暦が西洋式に変わってからのことであって、もとは十日が一単位だった。「旬」というのが、それにあたる。上旬、中旬、下旬の旬である。

市は、古くからある交易のかたちだ。三斎市や六斎市のような決まった日に開かれる定期市は、もとをたどれば、室町時代から江戸時代にかけて、その土地を治める領主が町づくりの一環で始めたものだが、それよりもっと前から、自然発生的な市はあった。

海辺に住む人、里に住む人、山に住む人——異なる環境にある人たちが、互いの産物を持ちより、交換する市。そうした市は、その人たちが集まりやすいところで始まる。たとえば、道の分岐点だったり、浜辺であったり、そして、河原であったり。

水陸の境界は、古代から、市が立つのに適した場だった。阿仁川の河原に並ぶ露店は、もちろん古代からそこにあったわけではないけれども、市という交易のかたちに刻みこまれた遺伝子のようなものを、私に感じさせた。ここに来て、この情景を見なければ、わからないことだった。

河川敷に降りて、露店のほうへ歩いて行った。

全部で十店あるだろうか。小ぢんまりとした、可愛らしい市である。とはいえ、野菜、果物、魚、衣類、雑貨、茶碗……日々の生活に必要なものは、ひととおり揃っている。

店先に、季節はずれのほおずきを見つけた。台の上には、栗や栃の実、キノコ、焼酎に漬けたアケビの実。テントの梁《はり》に渡した物干し竿に、洋服がかけてある。店の奥には小さなコタツ。ご主人が、栗の皮をむいている。この店は、いったい何屋さんなんだろう。

聞くと、「うち、洋服屋なのよ」と奥さんが答えてくれた。ちょうど季節の変わり目で、秋物の入荷が間に合わない。品薄なので、人に頼まれた農産物などを一緒に売っているのだという。

近隣の市日を連日まわって、商売しているそうだ。

「移動商人、五十年！」

そう言って、店頭にかけてあったほおずきをくれた。

能代《のしろ》から来ているという魚屋さんは、早朝から大繁盛である。ここにもなぜか、「壱億円」と書かれた大きなお札のレプリカ。これも売り物らしい。「350円」とある。一億円が三五〇円。いい買い物だ。しかし、何に使うんだろう……。

見慣れない、薄茶色をした扇形の乾物が目にとまった。店の奥さんに問うと、カスベだと教えてくれた。エイの一種で、ヒレの部分にあたる。北海道でよく食される魚だが、こちらでも、水に戻してぶつ切りにしたものを、砂糖と醤油で甘辛く煮て食べる。作るのは正月前。「これがないと年が越せない」のだそうだ。干したカスベを手に、調理法から食べ方まで、こと細かに説明してくれる。その熱い語りに応えたくて、強烈な臭いを放つ一切れを、五〇〇円で入手した。

その隣には、ぶどう、バナナ、オレンジ、グレープフルーツなど、目にも鮮やかな果物。市内でリンゴ園を営むご夫婦だそうで、言葉のとおり、リンゴの木箱がずらりと並んでいる。「紅玉《こうぎょく》が欲しいのだけど……」とたずねると、「持ってきてないなあ。ちょっと待ってて」とご主人。ちょうど穫りごろの紅玉がなっているので、ひとっ走り農園に戻って、もいでくるという。そんなにたくさん買うわけでもないのに、申し訳ない。そう伝えた

米内沢の「洋服屋」さん（2014.10.12）

のだが、「いいから、いいから」と、バンのエンジンをふかして行ってしまった。

そのさらに隣の店には、「さばずし」と書かれた総菜と漬物。私の知っている鯖のすしとはずいぶん違う。こちらでは、こうじを使って野菜と鯖の切り身を漬け込んだものを、こう呼ぶのだという。だから漬物と並んでいるのか、と納得する。

カスベの干物（2014.10.12）

いる野菜はどれも力強い。農家の方だろうか。するとは「うちは種屋」と、カラフルなスカーフで髪を覆ったお母さんが答えた。言われてみれば、台の上に各種の種や苗が並んでいる。
ここの市では、どの店もこんな具合である。「よろずや」とでもいうのだろうか。いちおうは大雑把な業種に分かれているが、店に置かれているものはじつに多種多彩だ。回っているうちに、こちらの凝り固まった分類基準が次々と覆される。店数は少なくとも、市全体でみれば、商品の数は相当なものだろう。
二〇分くらいで、リンゴ園のご主人が帰ってきた。大急ぎで往復してくれたからか、ご主人の顔もリンゴのように紅い。日が昇って、気温が高くなってきたせいかもしれない。
せっかくなので、別の種類のリンゴも買うと、同じくらいのおまけをくれた。両手に下げた袋がずっしり重い。まるでリンゴの仕入れに来た行商人みたいだ。

空が広い。ふりそそぐ日差しが澄みわたっている。陽光と川風に心が洗われたような気持ちで、河川敷をあとにした。


市に興味を持つようになって、もう三十年がたつ。

二十代の前半、大学院に入ってすぐ、「市に行ってみたいな」と思った。どうしてなのかはうまく説明できないが、活気があって、混沌としていて、売り手の顔が目の前にあって……というような、漠然と思い描く市の喧騒に、どこか心惹かれるものがあったからだろう。さいわい、所属していたゼミは、自分でテーマと場所さえ見つけてくれば、どこへでも行って好きにやってこい、というようなところであったので、全国の朝市が紹介されている本をぱらぱらめくりながら（そのころは、インターネットなどという検索手段はなかった）、とりあえず行ってみよう、と足を運んだのが、千葉県の大多喜《おおたき》町だった。

房総半島の南東、関東随一のカツオの水揚げでも知られる勝浦から、二〇キロくらい内陸に入ったところに、大多喜の町はある。

江戸時代の城下町。初代大多喜城主は、徳川四天王のひとり、本多忠勝だ。ここで、五と十のつく日に朝市をやっているというので、まずはようすを見に行った。平成元年、十二月のことである。

当時住んでいた茨城県の下宿先から、車を運転して行った。電車を使うより、そのほうが安上がりだったからだ。一般道をひたすら南下し、東京湾岸の五井（市原市）のあたりで、半島を斜めにつっきる国道二九七号線に出て、勝浦方面へと向かう。沿道の景色はしだいに山がちになり、ヘアピンカーブが続く坂道を上りきったところで、急に視界が開けた。

眼下に広がる田園風景と、その先にたたずむ町並み。緑の丘陵にぐるりと囲まれた、奥座敷とでも呼びたくなる風情である。

その日は、大屋旅館という、町の中心部にある老舗《しにせ》旅館に泊まった。やわらかな物腰のおかみさんが、「朝市に来た」と話す私を、不思議そうに見ていたのを思い出す。観光客で賑わう勝浦の朝市ではなく、なぜ大多喜に？と言いたかったのであろうが、土地の人たちのための素朴な市を求めていた私には、こちらのほうがすこぶる魅力的であった。

そのころの大多喜の朝市は、五のつく日は桜台というところにある駐車場で、十のつく日は夷《い》隅《すみ》神社の境内で、それぞれ場所を変えて開かれていた（後年にはどちらも夷隅神社になった）。翌日は十五日だったので、おかみさんに桜台の場所を確かめ、歩いて行った。

朝市は賑わっていた。テントやパラソルが、重なりあって並んでいる。大根、ホウレンソウ、白菜、トマト、サトイモ、柿、ミカン……ふだん、近所のスーパーマーケットで見かけるものと種類は変わらないはずなのに、まったく別物に見える。

たちまち、気分が高揚した。旅先であることも忘れて、次々と買い物をする。いつのまにか、両手はビニール袋でいっぱい。それでも懲りずに、次の店で物色を始めた。

何を買おうとしたのか、さすがに思い出せないのだが、いささか気が大きくなっていたのだろう。「これ、まけてくれない？」というようなことを、勢いで私は言った。市というところは、そういうことが通用する場だと思い込んでいたのだ。

するとと、売り手のおばさんは、とたんに険しい顔つきになって、「そりゃ、だめだよ」と言い放った。

え？　だめなの？　なぜ？

頭の中を疑問符がかけめぐる。ふっかけたり、値切ったり、市ってそういうところじゃないの？

おばさんのひと言で、私のなかの何かが変わった。

しばらく店を見てまわり、それから宿に戻って帰り支度をした。


帰ってから、ゼミ仲間に旅の報告をした。その時のノートに、こんなことを書いている。

「意外！　あまり安くない・あまりまけない・値切らない・思ったより静か・のどか」

そして、こうも書いている。

「フィールドへの入り方は？　町に住むか、農家に住むか」

このときはもう、大多喜の朝市をテーマにしようと決めていた。

長丁場でその土地と向きあうには、拠点が必要だ。学生だから時間はたっぷりあるのだが、なにぶん、金銭的な余裕がまるでない。旅館に泊るのは最初の下見だけ。あとは置いてくれるところを探すしかない。

まずは、市に出店している農家で受け入れてくれそうなところがないか、大多喜町の役場に相談した。「何でも手伝いますので」とお願いしたところ、案外早くその回答は来て、専業農家のお宅を紹介してくれた。

大多喜再訪は、翌平成二年の三月だった。

住み込み先の岩瀬家は、大多喜の中心街からほんの少しはずれた集落にあった。ご主人の正雄さんと奥さんの泰世さんは、当時ともに三十代の後半。小学生の娘さんと息子さん、正雄さんのお父さん（七十代）とお母さん（六十代）。三世代六人の大家族である。農業大学校の研修生を時折預かっておられた実績から、私のことも受け入れてくださったようだが、今になって思えば、農業の経験もなにもなく、気が利かないことにかけては人後に落ちない私を、よくぞ置いてくださったと、ただ頭が下がるばかりである。

市には、おばあちゃんの艶子《つやこ》さんと親戚の大後《おおご》美代子さんが、二人で出ていた。大多喜を含む夷隅郡の各所では、日を違えて市が立つ。それらを含めて三か所に出店していたので、連日、もしくは一日おきくらいに市がある。その日はとりわけ早起きして、いっしょにトラックに乗せてもらい、市に出勤する。

店番を手伝いながら、お客さんが途切れた合間に、市に出ている店を順にまわって聞き書きをとる。午前中いっぱい商売をして、帰るとお昼。午後は畑。市のない日は、一日中農作業である。なにしろ、無償で泊めてもらい、ご飯も食べさせてもらっているのだから、できる限りの労働でお返ししないことには話にならない。

そうやって、二～三週間滞在し、いったん帰ってまた来る、ということを一年ほど繰り返した。労働力としては、たいした戦力にもなっていないだろうに、いつもあたたかく迎えてくださった。

唯一役立ったことといえば、私が行くとなぜか好天に恵まれるので（直撃のはずの台風がそれたこともある）、「ねえちゃん来ると、晴れるからいいね」と、この点では歓迎された。市の売れゆきは、なんといっても天候に左右されるのである。

滞在中、養老渓谷へ釣りに連れて行ってもらったり、泰世さんの実家がある小湊にカツオをもらいに行ったり、娘のマミちゃんの宿題を手伝ったり、得がたい体験をいくつもした。料理上手な泰世さんに、カボチャの煮つけやサンマの佃煮などの作り方を教わって、帰ってからゼミ仲間に拙《つたな》い腕前を披露したことも懐かしい思い出である。

岩瀬さんのお宅は、市場出荷をせず、直売のみでやりくりする専業農家だった。当時はまだ、そうした農家はさほど一般的ではなかった。若き篤農家である正雄さんは、とても研究熱心で、同じ志をもつ仲間で情報交換しながら、新種の作物にチャレンジしたり、肥料の配合を工夫したりと、一歩先をいつも考えておられた。市を、なにか古めかしいものととらえていた私には、こうしたことも新鮮な発見だった。

内側からみた市は、旅人として訪れた市よりも、はるかにおもしろく、刺激に満ちていた。売り手であるおばあちゃんの艶子《つやこ》さんは、ふだん畑にいるときには野菜作りのプロ。それが、ひとたび市に出ると、野菜売りのプロに変貌する。

品物の売り値は、おおよその目安があるのだが、店開きの準備をしながら他の店を一瞥《いちべつ》し、その場で艶子さんが決断する。あるとき、キュウリ数本をひと山にして並べ終えたあとで、市を一巡してきた艶子さんが、即座にその山から一本ずつキュウリをとりあげた。後日、市場価格相場

大多喜朝市にて、岩瀬艶子さん（右）と親戚の大後美代子さん（左）（1990.3.20）

の変動を調べたら、そのときの値段設定がみごとに一致していて驚いた。

手伝いをするようになってほどなく、重大な事実に気がついた。それは、ここにやってくるお客さんが、ほぼ一〇〇パーセント常連客ということだ。

見ていると、お客さんと交わす最初の言葉は、「おはようございます」「久しぶり」といったあいさつ。ご近所の人や友人と交わす会話となんら変わらない。そして買い物を終えたお客さんが立ち去るときにも、またあいさつ。じつに礼儀正しい。市といえば、激しい言葉の応酬や値切り合戦がつきものだと思っていた自分が、いささか恥ずかしくなる。

お客さんのほうも、最初から買う気でやってくる。何を買うかは、店の前に立った時点でもう決まっていて、〝ひやかし〟などというのは、まずない。

そして、おまけ。値引きでなく、モノを少しだけ多めにわたす。このタイミングが、絶妙である。

おまけは、「いつもありがとう」と「また来てくださいね」のサインだった。そうやって、十年、二十年と、つきあいを続けてきたのだ。

よそ者の一見《いちげん》客にすぎなかった私が、唐突に「まけて」などということ自体、ここでは失礼きわまりないことだった。叱られて、当然である。

大多喜を出発点に、私の市あるきは今も続いている。一度しか訪ねていないところもあるし、十年以上通いつづけているところもある。

社会人になってからは、さすがに住み込みで一緒に働く機会は得られていないが、訪ねた市で、「まあ、ここにどうぞ」と、店の中に招かれることがある。すると、とたんに景色が変わる。

店の内側から市をながめれば、お客さんの動き、他の店のようす、いろいろなものが目に入る。よく見ると、あちらこちらで同じように店の中に腰かけて、お茶を飲んだり話し込んだりしている人たちがいる。もはや、だれが店主でだれがお客さんなのか、見分けがつかない。

店は「見世」とも書く。品物を並べて見せる、見世棚の略だ。

見せるのは、商品だけでなく、「人」がその本義だといったのは、民俗学者の宮本常一である。桶屋や鍛冶《かじ》屋、下駄屋など、かつての職人は、モノを作っているところを見せて売っていた。そうやって手の内を見せることで、客と心を通わせ、信頼を育んできたのである。

市で買い物をすると、モノではなく、「人」にお金を払っているという実感が、確かにある。いま、ここにあるモノが、だれの手で作られ、運ばれ、そして売られているのか、すべての過程を見とおすことができるからである。

そして、店の内側から見れば、客もまた見られる存在である。かつて初めて訪れた大多喜の市で、私がたちまちのうちに一見の客であると見抜かれたように、売り手の人たちは、客の足運びから視線の動かし方まで、じつによく見ている。

売り手と客とが、お互いをよく観察しあい、言葉を交わし、そして互いの胸の内をわかりあう。

商売とは、つまるところは人間関係であって、「いくらで買うか」ということよりも、「だれから買うか」に大きな意味があった。

数年前、久しぶりに大多喜の朝市を訪ねた。

八十歳をすぎた艶子さんは、元気に市に出ておられたが、店の数は見る影もなく減っていて、時間の経過を痛感した。以前はなかった大型スーパーマーケットや量販店、道の駅などができて、それまで市が果たしてきた役割は、そちらにバトンタッチしたようだ。時代の流れ、といえばそれまでだが、あの雑然とした人の交差が無性に懐かしく思えてならなかった。

市に限らず、旧来の習慣や風習といったものは、スピードと合理性を追い求める現代社会にはそぐわない、廃れゆくもののように思われがちだ。たしかに、その傾向は否めないのだが、市が消えてしまうのか、といえばそうではなく、いまなお連綿と受け継がれているところもあるし、新たに生み出されて活況を呈しているところもある。背景はさまざまだが、市という商いの方法は、いつの時代にあっても必要とされ、どこかでだれかのよりどころとなり続けている。

そして、そうした市に行き、店の内側をのぞかせてもらうと、必ずといってよいほど、自分自身の来し方を堂々と語ってくれる人に出会う。

小さな商いとともにある、凛《りん》とした生きざま。そのしなやかな姿を伝え残しておきたくて、筆をとることにした。

以下、簡単に本書の流れを紹介しておく。

第1章は、最初のフィールドである大多喜朝市で出会った農家の女性。残された膨大な日記から、四十年にわたる商売の軌跡をたどる。

第2章と第3章は、通いだしてから十五年あまりになる高知の街路市。まず第2章では、わが国随一の歴史と規模を誇る日曜市を、店を出す人、買い物に来る人、バックヤードに携わる人、それぞれの目線で追う。続く第3章は、神仏に供えるサカキとシキビだけを売る街路市の店で、名物翁が語り聞かせてくれた、山村と町とが互いを支えあう小さな流通を掘り起こす。

第4章と第5章では、南東北へ。第4章は、仙北地方に特有の互市《たがいち》を中心に、市を回って生計をたててきた移動商人の夫婦。第5章では、東日本大震災からの復活を果たした気仙沼朝市。いずれも、市での人と人とのつながりが、危機を乗り越える力となったところだ。そして第6章では、市をめぐる新たな胎動を、地域おこし、女性グループの活躍、広域的なネットワーク作りといったキーワードから拾いあげる。

当然ながら、全国各地に数多《あまた》ある市を網羅しているわけではない。私自身がこれまで足を運んだ場所で、出会った人と何度も言葉を交わし、そこから編んだ物語だ。舞台や登場人物は、章ごとに異なる。したがって、どこから読んでいただいてもかまわない。

前置きがずいぶん長くなった。さっそく、市が立つ町へと旅することにしよう。

第1章

市稼ぎの日記から
大多喜の五《ご》・十《とお》市

大多喜朝市出店者の加藤しちさん（1990.5.30）

三十年前の大多喜朝市

朝七時。野菜を満載したトラックに便乗して、夷隅《いすみ》神社の境内に着く。

鳥居の脇の、いつもの場所。荷をおろし、境内の隅においてある荷台やテントをとりに行く。

いくつものエンジン音が、あちらこちらから響いてくる。店主たちが次々と到着し、みな準備に余念がない。

御宿《おんじゅく》から来ている向かいの魚屋さんは、もうすっかり店構えを整えて、長靴に前掛け姿のご主人が、氷の入った樽から銀色に光るカツオを取り出しては、手際よくさばく。境内の奥の木陰では、広げた茣蓙《ござ》に座りこんだ農家のお母さんたちが、そら豆の皮をむきながら談笑中。その向こうで、カタカタカタ、と軽やかな音をたてて、服地屋さんがポータブルのミシンを踏んでいる。

日よけのテントを建て、持ってきた品物を形のよいものから順に並べにかかる。きのうの夕方、私も一緒になって収穫したトマトやキュウリが、朝日に光っている。

初めて畑仕事を手伝った日、土から抜いたばかりの大根を洗ったあとの、目の覚めるような白さにびっくりした。都会ではよく、泥がついたままの野菜を、さも新鮮だといわんばかりに売っていたりするが、ここではそんな小細工は不要なのだ。野菜の肌が一番美しく見えるように、きれいに洗う。思えば、当たり前のことである。

「おはようございます」と、早くもお客さんの声がする。よく知っている人ほど、品ぞろえが豊富な朝一番にやってくる。

ものの三〇分もしないうちに、普段は静まりかえった境内が、テントやパラソルの並ぶ五十店ほどのマーケットに姿を変えていた。

平成元年から翌年にかけて、私は千葉県南東部の山あいの町、大多喜で、多くの時間を過ごした。

五と十のつく日に朝市をやっていて、そこに出店する専業農家の岩瀬さん宅に厄介になり、農作業と商売を手伝いながら、出店者の皆さんに話を聞いてまわった。全部で五十店弱の市は、ひとりで調べるにはちょうどよい大きさだった。未熟な学生だったが、どの店の人もいやな顔ひとつせず、親戚の娘のような感じで接してくれた。

当時、ここの朝市に店を出す人たちは、「大多喜市場出店組合」という仲間を作っていた。およそ五十ある店のうち、約半数は野菜や果物などの青果物。そのほとんどは近隣の農家の人だ。自家製の農作物や、自分で作った漬物などを持参する。鮮魚・干物・海藻といった海産物が五店。このほか、種、植木、花、金物、小間物、衣類など、店の数こそ少ないけれども、業種でいえば全部で十種類ほどになる。これだけあれば、日常生活に必要なものはひととおり揃う。

組合長は、オヤカタと呼ばれていた。出店者ではなく、露店で商売をする人たちを束ねるような役割をしていた。組合の本部は一宮町（長生郡《ちょうせい》）にあり、オヤカタはそちらの市場の管理もしていた。年に何回かは両方の組合員が集まって、旅行に行ったり、納涼会をしたり、親睦を深めるようなイベントがあるというのを、聞いた覚えがある。

夷隅地域とその近隣市町村における市の開催地（市町村は 1990 年当時）

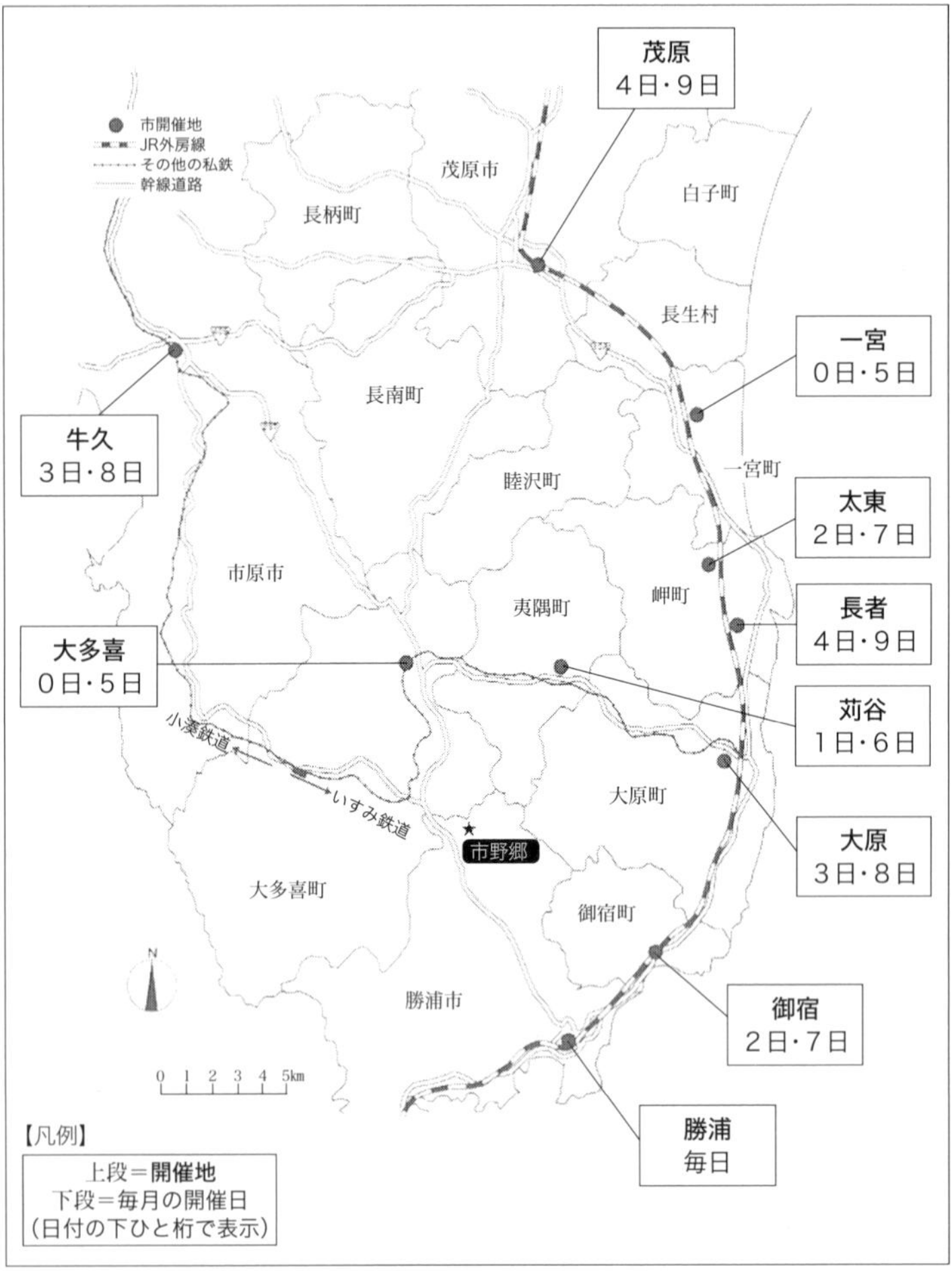

大多喜朝市の商店配置（1990 年当時の夷隅神社境内）

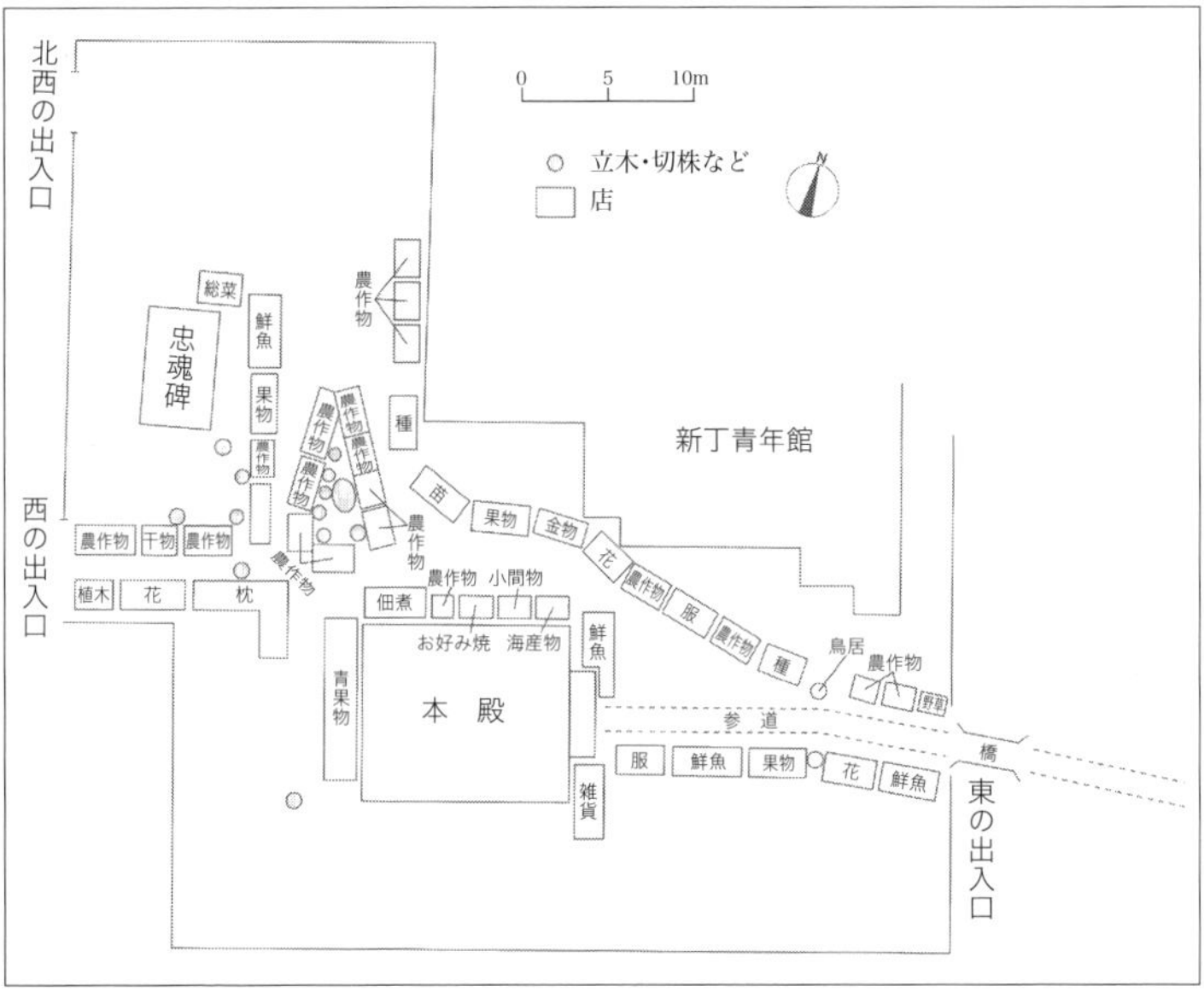

大多喜の組合は、このオヤカタとは別の荒木さん（仮名）という人が管理をまかされていた。市の日には毎回必ず来て、組合費（平成元年当時、月額一〇〇〇円、場銭は一回ごとに一八〇円、ほか旅行の積み立て費が五〇〇〇円ほど）を集めたり、困ったことや不都合なことがないか、それぞれの店の人に聞いてまわったりしていた。物腰の柔らかな人で、私が組合の仕組みについていろいろ尋ねたときにも、親切に教えてくれた。

店の配置も、荒木さんが決める。その決め方のこつは、こうだ。まず、同業者を隣同士にはしない。競合をさけるため、というのはもちろんだが、もっと積極的な意味もある。たとえば魚屋。ここの朝市には、

自家製農産物を売る農家の人たち（1990.5.30）

外房沿岸の地域から、三つの鮮魚店が出店している。大多喜は内陸部なので、この鮮魚店めあてにやってくるお客さんが多い。そこで、三つの店を、東西の入り口と真ん中付近に点在させる。そうすると、お客さんは各魚屋をまわるうちに、自然と市を一周するかっこうになるのだという。

その一方で、同業者をあえて近くに置くこともある。農家から来ている人たちは、各自の品物も少なく、専有スペースが小さい。台やテントなどの設備も不要なので、境内の中ほどの広場にまとめて配置する。ここには大きな木が生えていて、品物に直射日光が当たりにくいのもちょうどよい。

自家製の農産物を商品としている農家の人たちは、季節ごとに持ってくる品物が、だいたい似かよっている。一見して同じように感じるのだが、じつのところ、そうとも限らない。各店の品物を詳しく調べてみると、若干ながらばらつきがあるのだ。それぞれが他の店にはないものを一〜二品は加えているので、結果的にこの一角が五十数種類もの生鮮野菜や加工食品の売り場となる。

さすが露店の商売のプロだけあって、どうやったらお客さんが集まるのか、どうすればうまく人の流れが作り出せるのか、よく心得ている。近郷近在から集まる出店者と、地元のお客さんと、そして場の仕切り役。三者の力がほどよくかみあって、このころの朝市の賑わいは作り出されていた。

いったん「神様のモノ」になる

大多喜で朝市が始まったのは、戦後の昭和三十一（一九五六）年。地元の農家の要請によるもので、当初は町の中心市街の道路沿いで開かれていた。そのうち交通量が増えて危険になり、昭和四十年くらいから、十のつく日は夷隅神社、五のつく日は別の場所にある駐車場で、それぞれ開催されるようになった（のちに夷隅神社のみとなる）。市の日には、たくさんの人が集まる。場所を分けたのは、そんな市の集客効果を、なるべく広範囲で享受しようという工夫。実際に市の日には町の商店もよく売れるらしく、商店街の休日（毎週水曜日）が市の日と重なるときには、それをずらすほどだ。

さて、戦後の高度経済成長期と歩みをともにしてきた大多喜の朝市だが、そもそもの始まりは、もっと古い時代にさかのぼる。江戸時代の初期、初代大多喜城主・本多忠勝の時世に、城下町整備の一環として開設されたという。それから何度も中断、再興をくりかえし、今にいたる。

じつは、朝市の発端にはもう一説がある。

幕末の安政七（一八六〇）年、町内にある観音寺と藩の役人との間で問答が交わされた。そのやりとりを記録した書類が残されていて、そこに市の始まりが書かれているのだ。意訳すると、こうなる。
「大勝山観音寺（大多喜町紺屋町に所在）の境内に、かつて青龍権現がまつられていた。その縁日が毎月二十八日なので、参詣者が大勢集まり、そこで商売を始める人もいて賑わっていた。応永（一三九四～一四二八年）のころ、三河の武田氏が月六回の市を定め、青龍権現の縁日にあわせて、三と八のつく日を市日とした」

　これによれば、大多喜では江戸時代よりもずっと前、お寺の縁日がきっかけとなって、当時この地域に勢力をのばしていた武田氏の采配で市が開かれるようになったことになる。市の日も、現在は五と十だが、かつては三と八のつく日だったようだ。

　縁日で商売を始めた人についても書かれている。「平安時代に源頼光の供として都から下り、山野を切り拓いて大多喜の町を築いた」人物という。源頼光というのは、平安時代中期に実在した武将なのだが、『今昔物語集』や『御伽《おとぎ》草子』などの説話集のなかで、大江山の酒呑童子《しゅてんどうじ》討伐だとか、土蜘蛛退治といった勇ましい物語の主人公として知られている。つまりは存在が伝説的なわけで、その人にからんだ市の由来というのも多分に伝説めいている。

　とはいえ、町を拓いたとされる人物が市の始まりにも関わっている、というのは、とても示唆的だ。交易の場である市は、いわば商売の原点。これが次第に定着して、常態化していくと、商店が連なる町になる。市と町とは、歴史のうえでもつながっているのだ。

　ところで、さきほど紹介した市の由来の続きには、もうひとつ、大切なことが書かれている。この観音寺境内の青龍権現を「市神」としてまつった、というのである。

夷隅神社境内の朝市風景（1990.3.30）

市神とは、まさしく市の守り神のこと。はるか古代には、海石榴市《つばいち》（椿市）、阿斗桑市《あとのくわいち》など、樹木の名にちなんだ市の記録がある。樹木は、目に見えない神々が地上に降りてくる「依り代《よしろ》」のひとつと考えられていて、そうした樹木があるところで、市が開かれたようだ。このほか、平安時代の記録にも「虹見ゆる処《ところ》市を立つ」といった言葉が見える。天と地の架け橋のような虹もまた、神々がやってくる通り道であり、その虹が地面についた場所で市を開いたらしい。

やがて経済活動が活発化して、各地で日を決めて定期的に市が開かれるようになると、わざわざ市の場に神をまつるようにもなっていく。その場合の市神は、特定の祭神があるわけではない。ときどきに、「大市姫」「市杵島姫《いちきしまひめ》」「大国主命《おおくにぬしのみこと》」「事代主神《ことしろぬしのかみ》」「恵比寿《えびす》」などといった神々があてられたり、自然の石を市神と呼んで大切にまつっていたりもする。

だが、そもそもなぜ、市には守り神が必要なのか。

かつて、まだ貨幣がさほど普及していなかった時代、交易とはモノとモノとの交換だった。現代ならば、モノには値段がつけられ、その値を確かめて納得したところで取引が成立し、対価であるお金を払う。ところが、物々交換の場合、それが相互に等価であると判断を下すのは、とても難しい。どちらかが不平を感じたり、互いに価値を吊り上げたりするようでは取引は成り立たないし、いさかいや争いごとにも発展しかねない。

　そんなとき、もっとも正当な、だれもが納得できる理由となるのが、「神々の判断」だった。神々のもとに集まったモノは、いったん個人の手を離れて、「神様のモノ」になる。それまでモノに付随していたさまざまな邪念やしがらみが消え、まっさらな状態になったところで、交換するのである。公正で、安全で、そして自由なモノのやりとりをするには、神々の存在がむしろ不可欠であった。

　さらには、イチという言葉そのものが、市子、斎女《いつきめ》など、神に仕える女性をさす、といったのは、民俗学者の柳田国男だ（『山の人生』）。市神としてまつられる祭神に女性神が含まれているのは、こんなところにも関係しているのかもしれない。「斎《いつ》く」という言葉は、神に仕える、とか、神のもとにある、というような意味。国文学者で民俗学者でもある折口信夫も、この言葉を市の語源だとしている（「若水の話」「山のことぶれ」）。

　残念ながら、大多喜町に現存する観音寺の境内には、青龍権現もなければ市神のいわれも伝えられていない。だが、何百年もの時を経たいま、夷隅神社の境内で朝市が続けられていることを考えると、やはりそこは、神々に見守られた場であり続けていることになる。人の暮らしのありようというのは、案外変わらないものなのかもしれない。

十八年ぶりの再会

専業農家の岩瀬さんの家に居候させてもらいながら朝市に通っていた当時、行くと必ず顔を出していた店があった。

境内中ほどの木の下。筵《むしろ》一枚分くらいのスペースに、もち、あんこ、水ようかん、漬物、きな粉、味噌、梅干し、ラッキョウ……。プラスチック製容器やビニール袋に入った手作りの加工食品が、所狭しと並ぶ。

野菜物が多くを占める農家出店者のなかでも、ひときわ個性を放つこの店の主は、末吉之子《ゆきこ》さん。六十を少しまわったくらいの、小柄なお母さんだ。

ズイキの煮物とか、とうがらしの味噌漬けをしその葉で巻いたしそ巻きとか、素朴ながらも温かみのある手作りの品々は、見ているだけで楽しい。買い求めた水ようかんがあまりにおいしかったので、それを言うと、作り方も教えてくれた。行くたびに、初めて見る品物が登場していて、今日はどんな食べ物を持ってきておられるか、何を買おうか、心がはずんだ。

末吉之子さん（右）と常連のお客さん（1990.5.30）

そうやって店先をのぞいていると、やがて市に出るようになったといきさつも教えてもらうことになる。

　之子さんは、大正十五（一九二六）年生まれ。大多喜の中心市街から南へ九キロほど下った、勝浦市市野郷《いちのごう》に住まいがある（二〇ページの地図参照）。実家は、市野郷からさらに七キロほど南下した、勝浦市平田というところの農家。お母さんが、勝浦の港近くで開かれている朝市へ、野菜を売りに行っていて、之子さんもときどき妹たちと一緒に、母親に代わって売りに行くことがあったらしい。

　終戦後まもなく、市野郷にお嫁に来た。一男二女を授かり、一番下の娘さんが十歳になった昭和四十年ごろ、実家での経験を思い出し、まずは背負い籠ひとつで大多喜の町場の家々をまわる行商から始めた。そのうち市があることを教えられ、出店するようになった。大多喜までの往復はバス。市で売れ残ったものは、以前行商で回っていた家々を訪ねると、たいがい全部売り切れてしまう——。おおよそ、こんな話をうかがったかと思う。

　その後、私は就職をし、大多喜へ行く足も遠のいていたが、之子さんのことはずっと気になっていた。各地の市を訪ねるたびに、魅力あふれる品々が並んだ之子さんの店先が思い出された。もういちど、ゆっくりお話をうかがいたい。そう思いながら長い時間が過ぎ、平成二十年の夏、ようやく機会を得て、大多喜朝市に足を運んだ。

　ずいぶん数は減ったものの、お世話になっていた岩瀬さんのおばあちゃんや農家の方たち、魚屋、金物屋、花屋など、見覚えある店が並んでいる。だがそこに、之子さんの姿はない。

　岩瀬家で、奥さんの泰世さんに消息をご存知ないかたずねると、たしか之子さんの娘さんが市野郷でペンションをやっているはず、と調べてくださった。教えてもらった道順をたよりに、ひとまずそこへ行ってみることにした。

あれからもう十八年になる。八十歳を超えておられることは間違いない。お元気だろうか……。大多喜から勝浦方面へと車を走らせながら、期待と不安が頭をよぎる。

「ペンションおやこばと」と書かれた小さな案内板を目印に、国道から脇道に入る。ゆるやかなカーブの一本道を進んだ先に、ログハウス風の平屋が見えた。

おそるおそるドアを開ける。「いらっしゃいませ」と明るい声がして、小柄な女性が出迎えた。一目で之子さんの娘さんだとわかるほど、よく似ている。

来意を告げると、娘さん――之子さんの長女の小野利子さんは、「あら！」とか「まあ！」という感嘆の言葉をくりかえし、私がかつて撮った写真を見て、懐かしそうに眼を細めた。

「母は、八十歳まで朝市に出ていたんです。もう歳だから、というのでやめて、それから一年くらいして倒れて……。頭ははっきりしてるんですけど、言葉が出なくなって……」

以来、自宅で療養を続けているという。

再会かなったあかつきには、あれも聞きたい、これも聞きたいと、勝手に思いをめぐらせていたのだが、どうやらそれは難しい状況にあるようだ。せめてお目にかかってごあいさつできれば、もうそれで充分だと思い直した。

「お会いすることはできるでしょうか？」とたずねると、利子さんは「ええ、もちろん。どうぞ、どうぞ」と、歩き出そうとする。

「隣が家ですから。弟の家族と一緒にいるんですよ」

　ペンションの敷地の並びに、畑と、その奥に民家が見える。之子さんの自宅は、目と鼻の先だった。

　この日、長男の之《すすむ》さん（昭和二十七年生まれ）は仕事でお留守だったが、奥さんの千代子さんが介護をされていて、ちょうどいま目を覚ましているから、と、居室に案内してくれた。

　ベッドに横になっている之子さんに、利子さんと千代子さんが、一所懸命説明してくださる。之子さんはしばらく私をじっと見て、それから、そろそろと手を伸ばした。その手をとって、軽く握手した。たぶん、「覚えている」という合図なのだろうと思った。

　言葉を発することができない之子さんと家族との会話は、筆談ならぬ、指談だ。千代子さんや利子さんの手のひらに、之子さんが人差し指で文字を書く。それを解読する。私にはとうていわからない指文字も、日ごろ身近に接している千代子さんがいちばん慣れていて、暗号のように読

40年分の之子さんの日記

み解いていく。その千代子さんや利子さんでもわかりにくいことが多々あるようで、意志の疎通には想像以上の根気がいることが、はたから見ていてよくわかる。

「モチ」とか、「ミソ」とか、写りのよくない当時の写真を見せながら、いくつかの簡単な言葉を交わすのが精一杯で、あまり長居しては、之子さんもご家族も疲れてしまうに違いない。そろそろ暇乞《いとまご》いの言葉をさがそうか、と思いながら何気なく、「市に出ていらしたころ、メモか何かつけておられませんでしたか?」と聞いた。

すると、千代子さんが、「おばあちゃんの日記ならあるよ」という。「物置を片付けたときに見つけて、たしか捨てずに置いてある」と探しに行き、いくつかの冊子をかかえて戻ってきた。

それは、農家でよく購読されている雑誌『家の光』（一般社団法人　家の光協会発行）の付録の家計簿だった。毎年十二月号に、翌年用として付いてくるものだ。「拝見してかまいませんか?」と聞くと、之子さんが照れたような笑顔でうなずく。

一ページが一週間分。各ページの端に、一日ごとの簡単な書込みができる欄があり、そこに、その日のできごとが短く書かれている。家計簿として使っていたわけではないようだが、市に行った日の品物や値段、収支らしきものも見える。

ページを繰りながら、とてつもなく貴重なものを手にしている、という実感があった。

之子さんが、千代子さんの手のひらに字を書く。

「もっと、ある」

千代子さんも、確かに見た覚えがあるようだ。「探しておきますよ」という親切に甘え、思い切って「これ、お借りしてもいいですか?」とたずねた。之子さんが、手でオーケーのサインをしてくれた。

十数冊の日記を車に積んで、帰路についた。ときどきミラーで、後部座席に日記があることを確かめる。まるでそこに、之子さん自身が乗っているかのようだ。

人生そのものを預かった——。そう思った。ハンドルを握る手に、おのずと力が入った。

四十冊の出店日記

その後、長男の之さんとも連絡がとれて、之子さんが「まだある」といっていた日記の残りを、すべて探して送ってくださった。全部で段ボール二箱、四十年分の日記である。

第一冊目は、昭和四十二(一九六七)年。之子さんは四十一歳。籠ひとつ背負って商売を始めてから、二年ほどたったころだ。

「大ダき(大多喜)市。前の日雨で仕度ができず朝した。八時のバス。少しだがよくうれ一一時のバスでかへり、ひるからぢやがいも(じゃがいも)の地をうなった」(昭和四十二年三月十日)。

日記といっても、心の内を吐露するようなものとは違い、その日その日のできごとを淡々と記した、いわば備忘録である。当然ながら、誰かに読まれることを想定して書いているわけでなく、人の名前、屋号、地名、農作業の手順、行事など、一読しただけでは理解できないことも多い。

まずは、日記一冊につき三六五日分の表を作り、一日ずつ、書かれていることをそこに書き写すことから始めた。わからない言葉が出てくると、別にメモしておいて、ある程度進んだところで末吉家を訪ね、之さんや千代子さん、利子さん、次女の洋子さんたちにお話をうかがって、疑問を解いていった。とくに之さんは、中学生のころから畑仕事や市の出店を手伝ってこられたので、たいていのことは之さんに聞けばよくわかった。ときには、之子さんのベッドの傍《かたわ》らで、ご家族とともに聞き書きを進めることもあり、そういうときには、例の指談でもって之子さんも参加してくれた。

そうやって解読した日記をもとに、一年間の仕事を列記した。日記の量が膨大なので、とうていすべて見尽くすまでには至っていないのだが、初期の十数年分に目を通し、最初の昭和四十二年（三四～三五ページの表）と、十五年後の昭和五十七年（この年を選んだのは、年間通して比較的安定した記載がなされているため）の分を、別の表にまとめなおした。

年間の仕事を概観するにあたって、まずは、前提となる家まわりの生活環境を確認しておきたい（三六ページ）。

末吉家が位置する勝浦市市野郷の集落は、およそ六十世帯。江戸時代には、市野々村と郷渡《ごうと》村という別々の集落だったが、明治十一（一八七八）年に合併して市野郷村となった。合併後も生活の基盤は旧村に置かれていて、旧郷渡村はカミ、旧市野々村はシモと呼ばれている。

鎮守は市野郷神社。昭和十一（一九三六）年に山神社と八幡社を合祀《ごうし》して改称された。寺院は日蓮宗の真福寺。集落の中央を馬堀川が流れ、周囲は傾斜地や起伏が多い地形だ。そのため、比

昭和 42（1967）年の日記に記載された仕事

	1967（昭和 42）年	1月	2月	3月	4月	5月	6月	7月	8月	9月	10月	11月	12月
商い	大多喜市出店回数	6	1	5	4	4	4	2	4	4	0	4	1
	市以外	0	0	0	1	0	1	0	2	1	2	1	-
家仕事	燃し木運び	☆											
	ふとん作り		☆										
	つぎもの・衣類整理							☆			☆		
	針仕事											☆	
手工芸	竹たたき	☆											
	竹かご作り	☆	☆	☆									
	竹かご出荷	☆	☆	☆									
加工食品	切干	☆											
	大根漬け	☆											☆
	しそ巻き		☆								☆		
	みそたき					☆							
	しその実こかし										☆		
山仕事	部分林枝打ち		☆										
	タケノコ掘り				☆	☆							
	下刈り							☆	☆				
	木運び							☆					
	竹筒作り							☆	☆				
	竹切り										☆		
家畜	鶏のえさ取り	☆											
	うまや肥を出す							☆					
畑仕事	しいたけ	■		■									
	しいたけ原木		☆		☆							☆	
	ほうれん草	☆	☆	■	●					●	●	●	
	玉ねぎ		☆	☆						●			●
	にんじん			■	●			■					
	じゃがいも			●		☆	■						
	かぶ			●						●		●	
	小松菜			●									
	とうもろこし				●								
	ねぎ				●				☆	●		●	
	てなしいんげん				●		■		●				
	キャベツ				●					●	●		
	しょうが				●				☆				
	ごぼう				●			☆					
	さといも				●			☆					
	すいか				●		☆	■	■				
	いんげん				●	■	■	■		■			
	うり				●				■				
	らっきょう				☆		■				●	●	
	枝豆					●							
	クロ豆						●						
	梅						■						
	小豆						●						
	ピーマン							●					
	こんにゃく							☆					

	1967（昭和42）年	1月	2月	3月	4月	5月	6月	7月	8月	9月	10月	11月	12月
畑仕事（続き）	みょうが							■		■			
	ごま							☆	☆	■			
	しそ								■				
	白菜								●	●		☆	
	なす									●			
	玉菜									●		☆	●
	大根									●			
	なでしこ									●			
	花野菜									●			
	どじょういんげん									■			
	アイリス									●			
	グラジオラス									●			
	二年子大根										●	●	
	冬菜											●	
	そら豆											●	
	しょうごいん											■	
	さやえんどう											●	
	京菜												●
田仕事	苗代床あげ			☆	☆								
	種籾ふちいれ			☆									
	苗代種まき				☆								
	くろを切る				☆								
	田植え					☆							
	田の草取り					☆	☆						
	田の草ひえとる							☆					
	稲刈り								☆	☆			
	おだがけ								☆	☆			
	籾すり									☆			
	米出し									☆			
その他	鯉配達	☆	☆	☆		☆		☆					
	鯉をつかむ			☆									
	鯉の子を池に移す				☆								
	しめじ取り										☆		
	いもづる刈り										☆		
	あさりひろい			☆									
他家の仕事	すみがま作り	☆											
	木だし		☆	☆									
	製材関係等	☆	☆	☆	☆	☆	☆	☆		☆	☆	☆	☆
	田植え					☆		☆					
	田の草取り					☆	☆	☆					
	梅取り						☆						
	稲刈り								☆	☆			
	籾すり									☆			

☆：従事した記載あり（畑仕事では草取り・施肥など）、●：植え付け、■：収穫
注記：12 月の中旬以降は空白が多く、市出店回数などは明確でない。

末吉家の家まわりと所有する耕地・山など（1970年代）

較的平坦な川沿いの一帯に、家や耕地が集まっている。

末吉家は、旧市野々村にあたるシモに属する。日記には、田植えなどの仕事の手伝い、冠婚葬祭の場面などで、つきあいのある家が屋号で登場するが、それらはすべてシモにある家だ。もちろん、田畑や持ち山なども、すべてシモ。日常の生活は、ほぼこの範囲内で完結している。

水田は家の周辺に九か所。「山根の田」とか「木小屋のそばの田」など、それぞれ呼び名がついている。合わせると、水田面積はおよそ一町（約一ヘクタール）。後年には一町五反くらいにはなっていたそうで、平坦地が少ないこの地域にあっては、比較的広いほうだ。

畑は、「前の山」にある「上の畑」が二か所。母屋のある場所からみて、少し高台になっていることから「前の山」、その上にある畑なので「上の畑」である。面積は合計で六畝《せ》（約六アール）ほど。このほか、山の所有もある。徒歩三〇分圏内に五か所、一時間圏内に二か所があり、やはりそれぞれ呼び名がある。所有する山の総面積は約六町。昭和四十年代半ばまでは、これらの耕地と山地はすべてが利用されていた。その後、水田や山の一部は、他家に貸すなどして利用しなくなったところもある。

さて、昭和四十二年当時の末吉家は、之子さん夫婦と夫の父、三人の子どもたちという六人家族であった。ただし、長女の利子さんは東京で働いていて、同居はしていない。ご主人の保二《やすじ》さんは主に水田と山の管理に携わり、その合間に林道を作る土木作業に出かけるなどしていた。農家の場合、常勤で勤めに出るよりも、農作業の合間に賃労働を兼ねるほうが稼ぎもよく、こうしたスタイルが一般的だったのだ。高度経済成長期のこのころは、建設関係の仕事が各地にあったので、保二さんは多い時で月に二十日ほどは賃労働に出ていたという。

一方、之子さんはというと、仕事の多くは畑に関することで、日記でも、もっとも記述が多い。ここに書かれているだけで、年間を通じて四十種類を超える作物を育てている。これらを栽培するのは、すべて、先述した六畝ほどの「上の畑」。決して広くはなく、ひとりで作業するにはちょうどよい手ごろな大きさの畑だ。この畑を有効に活用するため、時期を変えて季節ごとの作物を次々と植えかえるようすが、表からも読み取れる。畑の収穫物は、自家消費とともに、ほぼ全種類が商いのための品物となる。

しかし、之子さんの仕事はそれだけにとどまらない。家仕事はもちろん、水田、山、さらに賃労働、そして商いと、多岐にわたった展開を見せている。

ただし、私が之子さんと出会ったころ、商品の中核を担っていた各種の加工食品は、この当時はまだ種類もさほど多くはなく、あまり記載されていない。このことは、かつてご本人から、そして日記をお借りして以降はご家族からも、商いを始めた当初は加工品でなく野菜物が中心だった、とうかがっているので、日記に書かれていることと確かに一致する。

高度経済成長期と変わりゆく仕事

この昭和四十二年の日記を整理してみると、とても大切なメッセージが残されていることがわかった。この年を最後に消えた仕事、この後まもなく変化した仕事が、いくつも記されているのである。

まずは、竹籠作り。

大多喜町周辺の山林は竹材が豊富で、そのため現在でも、竹を使った民芸品やタケノコは地域の特産品となっている。

市野郷のシモ一帯では、戦前から、この竹を使った籠作りが、ほぼ全戸で行われていた。漁師が魚を入れるために使う籠で、「やっさ、やっさ」という掛け声とともに魚を運んだというので、「ヤッサカゴ」と呼ばれている。ヤッサカゴ作りは、かつてムラの主要な産業だった。

ヤッサカゴを使うのは、外房沿岸の漁師たちだった。とくに、鰯漁で知られる九十九里浜の片貝からは、「とらや」という仲買業者が、月に一〜二回ほど集荷に来ていた。シモの集落内にある精米所が集荷場になっていて、各家では作った籠二十五個を重ねてひと束にし、集荷場所まで運んだ。長男の之さんは、「子どものころ、おやじが重ねた籠の束を背負って、馬堀川の一本橋をカニの横歩きのようにして渡ってたのを、よく覚えてるよ」と話す。

昭和四十二年の之子さんの日記には、一月から三月にかけて、この竹籠作りと出荷に関する記述がある。その記録どおり、籠作りは冬の仕事だった。材料の竹も、夏のものは虫がつくなどして製品としてもたないので、冬の竹でなければならない。竹はメダケで、親指くらいの太さのものを切ってきて、割って水に浸け、木槌《きづち》でたたく。編み方は、底の方から先に編んでいき、次第に曲げて形を作っていく。

ご近所のお宅でうかがったところによると、この家の奥さんは、昭和二十九年に市野郷にお嫁に来たそうだが、やはり当時から竹籠作りは家族総出の作業だった。とにかく出荷にみあうだけの数を作らなければならないということで、実家で竹籠作りの経験がなかったこの奥さんは、姑から「おめに籠やらしたんじゃ、割りが合わねえ」と言われてしまい、もっぱら竹たたきをやらされた。之子さんも同様で、嫁が手伝えることといえば竹をたたくぐらいであったという。このお宅では、片貝の業者のほかに、大原町（現いすみ市大原）の漁師四軒とも直接契約して出荷していた。

ヤッサカゴは、プラスチック製品が登場し、これにとってかわられるようになったことで需要がなくなったという。日記の中に竹籠作りの記録があるのは、この年のみで、翌年以降は出てこない。つまり昭和四十二年が、戦前から市野郷の主要な産業だったヤッサカゴ作りの、まさに最終年だったことになる。

田んぼの仕事も、後年とはずいぶん違う。

前述したように、末吉家では、約一町の水田を有していた。当時は農作業の機械化がすでに始まっていて、末吉家でも、田起こしでは耕運機を、稲刈りではバインダーを使っている。だが、こうした機械化にも、作業ごとに時間差がある。田植えを機械で行った記録が登場するのは、もっと後、昭和五十二年の日記だ。ゆえに、このころはまだ手植え。そして、田植えや田の草取りなどの作業は、おもに女たちの協働に負っていた。

之子さんの日記に「えゝ」という表現がしばしば見える。これは、いわゆる「結い」の方言だ。「結い」とは、田植えや田の草取り、稲刈り、籾《もみ》すりなどの際に、つきあいのある数軒で互いに作業を手伝うことをいう。この年の田植えは、五月二日に他家へ手伝いに行ったことに始まり、五月二十三日まで続く。費やした日数は十九日で、自分の家の田が七日、それ以外の十二日は六軒の家の手伝いに出かけている。作業はおおよそ三〜五人で行っていたようで、自家の田にもその六軒から交代で手伝いに来ている。

五月二十五日と二十六日には、田植え作業の終了を意味する「ひまち」の記載がある。「ひまち」は、田植えの後の休暇のこと。この日は田んぼに入ってはいけない日（労働を慎む日）とされていて、なかなか休暇がとれないお嫁さんたちが、実家に帰ることを許される日でもあった。ちなみに之子さん自身は、このひまちを利用して、市に出たり、後述の鯉の配達をしたりと、田んぼ以外の仕事をしている。

ひまちが終わると、すぐに田の草取りが始まる。田植えに比べて手伝いにでかけた家は若干少なく、四軒である。田の草取りは、五月二十七日から六月十七日までの間に九日を費やし、うち他家への手伝いは七日であった。こうしてみると、五月初旬から六月中旬までは、田植えと田の草取りの「えゝ」のために、かなりの日数を拘束されていたことがわかる。

稲刈りは八月の盆のころから始まる。先述したとおり、バインダーの導入により半機械化されており、田植えのような協働作業はほとんどない。ただし、稲刈り後の「おだがけ」（稲架《はさ》がけのこと）や「いねこかし」（脱穀）は手作業でなされるので、八月いっぱいは自家の田の稲を順番に刈っては干す作業が繰り返される。

九月初旬から、最終段階である籾すりが始まる。籾すりは「えゝ」の作業で、籾すり機を共同で使う仲間が八軒ほどあった。田植えと同様に、互いに手伝いながら、九月中旬までには作業を終える。一連の収穫作業の終了を示す「ひまち」は、この年九月十五日に行われている。

　このように、昭和四十二年当時の水田作業は、一部が機械化されているものの、多くは手作業だった。そして、それを支えていたのは、女たちの「えゝ」による協働だったことがわかる。

　ところで、この時期の之子さんは、近隣の製材業を営む家で、農繁期以外のほぼ通年にわたって賃労働にも従事していた。この家では、板になっていない状態の「かんぱ」とよぶ材木を削り、板の「製品」を作るのだが、削った残りの材を燃し木にする。女の人たち数人を雇って、その燃し木を運んだり、「箱材」とよぶ魚箱用のくず材を運んだりする仕事を頼んでいた。

　昭和四十二年の之子さんの賃労働は、記録されているだけで七十八日ある。月によって日数にはばらつきがあり、四～五月の田植え時期や、八～九月の稲刈り時期にはまったく行かない、もしくは一～二日程度である。逆に多い時では、二月には十八日、三月と十一月が十三日、十月も十一日従事している。

　日記には、一月三十一日に「（製材業の家の）仕事にたのまれた。思ったより仕事は楽にできた」とあり、また二月には「いろいろな仕事でなれないのでくたびれた」と書かれている。おそらく、製材所で働くのは、この年が初めてだったのだろう。仕事は、一日がかりの時もあるし、畑仕事や市に行く日などは、半日だけというようなこともあった。賃金は日当計算で、一日四五〇円を日数分、月払いで受け取っていたことがわかる。年末の勘定では、ボーナスと残業も加算されて渡されている。

製材所の賃労働は、翌年とその次の年の日記には記載があるものの、以後は見当たらなくなる。つまりは、三年足らずのことだった。この家では、昭和五十年ごろまで製材業を営んでいたというが、すでにこのころから、燃し木の需要がなくなったり、魚箱が木材から発泡スチロールに代わったりと、変化の時期を迎えていたようだ。

産業構造や生活文化が大きく変わっていったこの当時、市野郷の人たちも、さまざまな仕事を手がけてはやめることをくりかえしていたのだろう。之子さんの日記には、そうした模索の日々を思わせる記述が続く。

鯉の養殖もそのひとつ。同じシモにある仲間四軒の共同出資で、このころに始めている。日記には、之子さんの夫が自動車教習所に通っていたことが書かれているが、これは鯉の配達のため、免許を取得する必要があったからだ。仲間のうちの一軒が所有する水田に稚魚を放し、一年くらいで成長すると、その家の庭に作ったコンクリート製の水槽に入れて、御宿や養老溪谷の料理屋に売りに出したという。鯉の養殖はこの地域で伝統的に行われてきたものではなく、稚魚は佐久（長野県）の業者から仕入れていた。その仕入れのことや、之子さんが配達のときに人員として駆りだされていた様子が日記にも書かれている。

鯉の養殖と販売は長くは続かず、結局五年ほどだった。稚魚を放した水田の持ち主の奥さんによれば、当時「いろいろと現金になるものを探してはやっていた」という。この家では、同じころに自宅の山で炭焼き窯《がま》を作り、炭焼きも試みていた。之子さんの日記には、そこで炭焼き窯作りを手伝ったことも書かれている。

臨時収入から定期収入へ

さて、肝心の商いである。

之子さんが市に出店するようになったのは、昭和四十年ごろのこと。つまり、最初の日記が書かれたのは、それからだいたい三年目ということになる。

大多喜の市は、五と十のつく日に開かれる六斎市なので、年間の開催日数は七十二日程度。ところが、この年に之子さんが出店したのは通算四十日ほど。おおよそ六割弱の出店率に留まっている。

当時の末吉家では、水田の仕事の多くが手作業で、冬場には、特産の竹籠作りがまだ行われていた。定期的な現金収入は、夫の賃労働のほか、之子さんの製材所での賃労働もあり、市への出店は「行ける時に行く」といった臨時的な意味合いが強かったようだ。

市に出店するには、前日からの準備が必要で、二日間の労働となる。ひとたび出店すれば、日当にして製材所での賃労働の三〜四倍の収入にはなるのだが、出店組合に納める組合費や場所代、往復のバス代、その他諸経費などを考えると、出店回数が少なければ少ないほど、コストパフォーマンスが低下するのはさけられない。

ならば、市に出店することの利点は何か。

それは、とにもかくにも、即現金が得られる、ということにあったのではなかろうか。同じ現金収入といっても、製材所での賃労働は月払いであり、市のように、行ったその場で現金が手に入るというわけではない。

之子さんは市に出る日に、他の出店者の店や大多喜の商店で買い物をして帰るのが常だった。家族の食事用の買い物がほとんどで、時には、近所の人に頼まれておかずや苗物を買って帰ることもあった。

また、市への出店のほかに、不定期に売りに行くこともあった。そもそも、大多喜の町場を売り歩く行商から始めたことは前述したとおりだが、市に出店するようになっても、行商を適宜組み合わせていたのである。品物は、市で売る野菜物の場合もあるが、仏事に使うシキビ（樒《しきみ》）、お盆用の竹製の花立てなど（いずれも所有する山や畑で調達）、歳事に関わる品物だったり、しめじのような季節ごとに特徴あるものを売りに行ったりもする。

こうした不定期の商いは、単純に作物が多くできすぎたという理由から、あるいは、盆や彼岸のための品物という時期的な理由もあるが、ほかにもたとえば、「贈答用の砂糖を買う」、「娘の遠足のかばんを買う」、あるいは「パーマをかける」などといった、はっきりした目的のために出かけていることが、日記から読み取れる。こうしてみると、定期・不定期に関係なく、必要な時に必要な現金を得るための手段として、大多喜の町への行商や市での商いが位置づけられていたようだ。

大多喜朝市への出店は、翌年の昭和四十三年には五十五日、翌々年の昭和四十四年には六十二日と、年々日数が増えていき、昭和四十五年には、ほぼ皆勤の七十日となる。いっぽうで不定期の商いは、昭和四十三年と四十四年には十九日を数えているが、市への出店が皆勤に近くなった昭和四十五年には、四日に留まっている。つまり、このわずか三年ほどの間に、即金による臨時収入的なものから、定期的で確実な現金収入へと、大きく位置づけが変わったことになる。

さらには、昭和四十八年あたりから、「貯金」の文字が日記に見えるようになる。実際に、之子さんは大多喜の市に出た帰り、郵便局で売り上げの一部を貯金していたという。目前の買い物のための当座の稼ぎだったものが、長期的な財の蓄積ができるまでになったのである。

農作業の半機械化。主要産業だった竹籠作りの消滅。ガス・電気の普及による燃料の変化……。昭和四十年代は、いわゆる高度経済成長期の変化が、実生活に直接影響を与えていたころだ。産業構造や社会のしくみが変わっていくなかで、さまざまな現金収入の手段が模索されてきた。之子さんの市稼ぎも、当初はそうした数ある現金収入手段のひとつだったのだろうが、昭和四十年代の後半にさしかかるころには、もはや夫の賃労働と肩を並べるほどに、家計を支える重要な収入源として、存在感を増していくことになる。

ところで、昭和四十三年九月二十日の日記に、之子さんがこんなことを書いていた。

「はじめて之と車で市にいった。よくうれ、三千円をこした」

当初、之子さんは背負い籠ひとつで、路線バスを使って大多喜を往復していた。昭和四十三年、高校に入学した長男の之さんが軽自動車の免許を取得。その年の九月から、軽トラックで市への送迎をしてくれるようになったのだ。よほどうれしかったのだろう。あまり感情があらわになることのない之子さんの日記だが、この日の筆遣いからは、之さんと一緒に自動車で市に行くことの喜びが、ひしひしと伝わってくる。

朝、登校する之さんが、之子さんと荷物を市の開催場所まで送り届ける。帰りは之子さんだけバスで帰宅。夕方、残りの荷物を之さんが積んで帰る、という方法で、それまでよりたくさんの荷を持って行くことができるようになった。行きがけに知人の家に寄り、品物を補充して行くということも可能になって、商いの幅が広がった。之さんの送迎は、その後之さんが会社員になっても続き、平成十七年に之子さんが市を引退するまで、欠くことはなかった。

この昭和四十三年九月二十日は、之子さんの商いにとってひとつの画期だった。以後、年を追って市への出店回数が増えていき、積極的に商売を展開するようになっていく。その背景には、こんな親孝行のひとこまがあったのだった。

焼き米が人気に――加工食品への転換

初期の日記を見ていると、時代に合わせた農家のなりわいの移り変わりが手にとるようにわかって興味も尽きない。

だが、かつて私が心酔していたあの店先は、この時期の日記からは浮かんでこないのだ。手作りの加工食品を中心とした品ぞろえへの転換は、いつ、どういった経緯で起きたことなのだろうか。

商いを始めて二十年近くが経過した昭和五十七年の日記から、之子さんの一年間の仕事を整理した（四八〜四九ページ）。さきほどから見てきた昭和四十二年のものと比べると、加工食品の品

昭和 57（1982）年の日記に記載された仕事

	1982（昭和 57）年	1月	2月	3月	4月	5月	6月	7月	8月	9月	10月	11月	12月
商い	大多喜市出店回数	5	5	5	6	6	6	6	6	6	6	6	5
	市以外	0	1	1	0	0	0	0	1	0	2	0	2
家仕事	もんぺ作り	☆											
	針仕事			☆									
	かご紐作り		☆	☆									
	墓掃除								☆				
	みそべやこわす										☆		
手工芸	しきび			☆					☆	☆			
	花立作り								☆				
	ざる編み										☆		
	かざり（正月用）												☆
加工食品	しそまき	☆				☆							
	からしな漬け	☆	☆	☆									
	こんにゃく作り	☆	☆										☆
	干いも作り	☆											
	大豆煎り	☆											
	かきもち	☆	☆										
	小豆を湯で消毒	☆											
	大根漬け		☆										
	大根赤漬け							☆					
	あんこ作り		☆										
	麹米ふかし			☆									
	みそたき				☆								
	焼き米					☆		☆		☆	☆		
	らっきょう漬け						☆						
	しそ溶かし										☆		
	しその実こかし										☆		
	もちつき												☆
山仕事	竹切り	☆	☆										
	枝打ち	☆	☆										
	雑木片付け		☆										
	タケノコ堀り				☆	☆							
	はっちく堀り					☆							
	苗木植え				☆								
	わらび					☆	☆	☆					
	木出し									☆			
家畜	うまや肥出し		☆										
	牛出し				☆								
畑仕事	しいたけ	☆										☆	
	からしな	■										●	
	らっきょう		●		☆						●		
	にんにく		●										
	二年子大根		●										
	たけえんどう			●									
	じゃがいも			●									
	さやえんどう			●								●	●
	大根			●				●		●		☆	

	1982（昭和57）年	1月	2月	3月	4月	5月	6月	7月	8月	9月	10月	11月	12月
畑仕事（続き）	しょうごいん									●			
	にんじん				●								
	かぼちゃ				●								
	てなしいんげん				●								
	みょうが				■			■	■				
	しょうが				●								
	ごぼう				●				■				
	さといも				●	☆	☆	☆		■		■	
	いんげん				●			■	●	■			
	ふき					■			■		■		
	なす					●	●			■			
	ピーマン					●				■			
	オクラ豆					●							
	すいか					●	☆						
	かぼちゃ					●							
	こんにゃく					●						■	
	そら豆					■					●	●	
	梅						■	■					
	ねいも						■						
	いもづる						●	☆				■	
	黒豆						●						
	大豆							●					
	きゅうり							●	●	■			
	どじょういんげん								●				
	ほうれん草								●		●	●	
	とり豆								■	■			
	いちご										●		
	夏菊											●	
	なでしこ											●	
	冬菜												●
田仕事	枝片付け				☆								
	わら運び				☆								
	あらしろ				☆								
	田植え					☆							
	稲刈り（早刈）								☆				
	わら干し								☆				
	稲刈り								☆				
	稲こき								☆				
	籾すり								☆	☆			
	田をこかす									☆			
	おだがけ									☆			
その他	磯物とり（興津）					☆							
	婦人会旅行						☆				☆		
	パーマをかけにいく					☆							☆

☆：従事した記載あり（畑仕事では草取り・施肥など）、●：植え付け、■：収穫

数に明らかな違いがある。

加工食品そのものは、すでに昭和四十年代の日記にも登場する。たとえば漬物。それから、しそ巻き。これは、味噌漬けの大根・キュウリ・とうがらしなどを、しその葉で巻いたもので、之子さんの店の定番商品として後々まで人気があったものだ。ただし、この時点ではまだ野菜物が中心なので、品数を増やすための補助のような位置づけにある。

その後、昭和四十年代後半になると、手作りのこんにゃくやきゃらぶきなどが加わる。さらに昭和五十年代には、干しイモや焼き米（後述）といったものも加わって、加工食品の品数が急増する。

同じく昭和五十七年の日記から、市で売っていた商品を月別にまとめた（五二～五三ページ）。加工食品のうち、もち・きなこ・あんこを年間通じて持参。豆類も、種類は多少入れ替わるが、通年の商品である。加工食品の場合、材料さえあれば、こうやって季節を問わず、通年で商品にすることができる。生鮮野菜のように、その日のうちに売りきってしまう必要もない。定番商品をいくつか確保したうえで、他に季節の野菜などを組み合わせ、結果として、小さな売り場の中に二十種類ほどの品ぞろえを完成させている。しかもそのほとんどは、他の店では売られていないものばかりだ。

加工食品中心の店へと転換をはかるきっかけが何だったのか、日記の中に、そのヒントが書かれていた。

昭和四十年代前半のある日の記述。「かいて（買い手）も少ないがうりて（売り手）も少ないのでふだんよりうれがよかった」。また別の日にはこうある。「田の方がかたづいたか大ぜい出て来てうれがわるかった」

　市に出店する売り手の多少によって、売り上げに影響が出るということを、しばしば気にしている。農家から出店している人たちは、どうしても季節ごとの品ぞろえが似かよってしまう。シイタケが出回る季節に、自宅で栽培したものを持参したところ、その年に限って業者からたくさん仕入れた人が出店していて、「いつもより売れなかった」と書いている日もあった。他の店との差別化は、商売上の大きな課題だったのだ。

　そうしたなか、前日が雨で十分な支度ができなかったある日、作っておいたしそ巻きを持っていったところ、とてもよく売れた。こんなちょっとした経験の積み重ねから、競合を避け、お客さんを確保する方策として、加工食品に重点をおくようになっていったのだろう。

　加工食品作りは、準備に相当な手間が必要だ。ここでひとつの画期となったのが、本格的な農作業の機械化である。昭和五十二年に田植え機とコンバインが導入され、前述した「え、しごと」がなくなって、水田の作業に費やす時間が大幅に短縮された。昭和五十年代に加工食品の品数が急増するのは、こうしたことも背景にあるようだ。

　さらには、作った品物がお客さんに好評だったことも、加工食品に力を入れる大きな要因となった。とくに、しそ巻きや、干しイモの小豆煮などは人気で、養老溪谷の旅館が大量に買ってくれた。

　お客さんとの会話から、新たに商品が生まれたこともある。「焼き米」はそのひとつだ。焼き

昭和 57（1982）年の日記に見る市での品ぞろえ

	品　名	1月	2月	3月	4月	5月	6月	7月	8月	9月	10月	11月	12月
加工食品	もち	○	○	○	○	○	○	○	○	○	○	○	○
	きなこ	○	○	○	○	○	○	○	○	○	○	○	○
	あんこ	○	○	○	○	○	○	○	○	○	○	○	○
	焼き米				○	○	○	○	○	○	○		
	こんにゃく	○	○	○							○	○	○
	煮豆		○	○						○			
	からしな漬け	○		○									
	かきもち	○	○										
	きゃらぶき	○	○										
	干いも	○			○								
	粉もち				○		○						
	野沢菜漬け	○											
	漬物	○											
	ずいき煮物	○											
	干いも煮物			○									
	切干			○									
	味噌漬け				○								
	草もち					○							
	赤飯							○					
	あんころ								○				
	だんご								○				
	しょうが漬け									○			
豆類など	大豆	○			○	○	○	○	○	○	○	○	
	黒豆		○	○	○	○	○	○	○		○		○
	小豆	○	○	○	○	○	○	○	○				
	落花生	○	○	○		○		○			○	○	
	ごま		○			○		○				○	
	ささぎ				○						○	○	○
	もち米							○	○	○	○		
	とり豆								○	○			
	ふじ豆									○			
野菜類など	しいたけ			○	○						○	○	○
	ふき				○	○	○				○		○
	しょうが				○	○		○			○		○
	いんげん				○			○	○	○			
	はす									○	○	○	○
	さといも		○	○	○								

	品　名	1月	2月	3月	4月	5月	6月	7月	8月	9月	10月	11月	12月
野菜類など	タケノコ			○	○	○							
(続き)	みょうが							○	○	○			
	きゅうり								○	○	○		
	かぶ	○	○										
	小松菜	○	○										
	ふきのとう		○	○									
	ほうれんそう			○								○	
	はっちく					○	○						
	そら豆					○	○						
	さやえんどう					○	○						
	梅						○	○					
	ねいも						○	○					
	なす							○		○			
	オモチャカボチャ							○	○				
	なめこ										○	○	
	せり			○									
	だいこん			○									
	八ツ頭					○							
	らっきょう						○						
	わらび							○					
	春菊							○					
	ごぼう								○				
	かぼちゃ								○				
	しめじ										○		
	かき											○	
	長いも												○
花・行事用	しきび			○					○	○			○
	さかき								○	○	○		
	水仙花			○									
	アイリス			○									
	しょうぶ					○							
	花					○							
	なでしこ					○							
	花立								○				
	ほおずき								○				
	かざり												○
合　計　品　数		16	15	21	17	20	15	20	21	17	18	13	13

之子さんの「味噌部屋」（2008.10.29）

米とは、種籾の残りを使って、祭りの日などに作る行事食。籾を数日水に浸し、蒸《ふ》かしたあとに干す。その後、炒って殻を取り、砂糖を加えて炊くという、なかなか手間のかかる品である。このあたりの人たちは、祭りが終わったあとも、農作業の合間などにコジャ（おやつ）として食べた。之さんや利子さんたちは、子どものころ、甘い焼き米をポケットから取り出して食べるのが楽しみだったともいう。

　かつてはどの家でも作っていた焼き米だが、このごろはさっぱり作ることがなくなっていた。之子さんはこれを再現し、商品として持参したのだ。すると、お客さんが懐かしがって、思いのほか喜ばれた。以来、焼き米は、之子さんの新たな定番商品となった。

　市での商いは、売り手と買い手が会話をかわすことで成り立つ。とりわけ加工食品は、お客さんとの会話がはずみやすい。かつて之子さんの店を訪ねたときの私自身が、その典型だ。「これは何ですか？」に始まって、「どうやって作るんですか？」「保存はどうするの？」と次々に聞きたくなる。

　利子さんのペンションに、之子さんが漬けたというらっきょうの瓶があった。体を壊す直前に漬けたもので、利子さんは「これが最後のひと瓶なんです」といいながら、お茶うけに数粒を味見させてくれた。

「母は、畑でとったらっきょうを、そのまま持っていくようなことはしませんでした。きれいに洗って、皮をむいて、漬ける直前の段階まで処理して持っていくんですよ」と利子さん。らっきょうの皮をひとつずつむくのは、けっこう面倒だ。だがそうやって手間をかけることで、付加価値がつく。下処理がしてあれば、お客さんも「漬けてみようか」という気になる。作り方を教えながら、会話も広がる。そうやって、お客さんとの信頼が積み重なっていくのである。

之子さんが加工食品作りに使っていた作業場は、母屋の脇にある土間の台所だ。驚いたことに、市を引退した平成十七年まで、電気やガスではなく薪と炭を使い、竈《かまど》や七輪で煮炊きしていた。慣れた道具のほうが使い勝手がよく、同時にいろいろな食品を作るのに便利だったからだという。

屋敷まわりには、「味噌部屋」とよぶ小屋もある。味噌樽や漬物樽がいくつも並び、地元の農業改良普及所から見学に来るほどだった。さきほどの日記が書かれた昭和五十七年には、夷隅郡市の「農漁家生活改善体験発表大会」で、「くらしに生かす手づくりの味」というテーマで発表もしている。地元で開催される料理の講習会などにも、積極的に参加していた。私が大多喜に出向くようになったのはその二〜三年後だが、当時の之子さんは「夷隅・味の研究会」という仲間を作っていて、年に三〜四回集まっては、蕗《ふき》を煮たり、甘露梅や団子を作ったりしている、とうかがった覚えがある。それらの作り方を書いた小冊子も、仲間で発行していた。

加工食品の開発は、之子さんの商いにとって、大きなターニングポイントだった。そしてそれは、後年になればなるほど、もはや単なる現金収入手段を超えて、自らの生きがいといえるほどに昇華していく。私が出会ったのは、まさにそのころの之子さんだったのだ。

正月かざり――最後に残った「えゝしごと」

加工食品の店へと見事な脱皮を遂げた昭和五十年代半ばは、商売が本格的に軌道に乗った時期でもあったのだろう。このころから、日記に市での収支が簡単にメモ書きされるようになる。それを集計していて、おや?と思うことがあった。十二月の売り上げが極度に多く、全体の三〇~三五パーセントほどを占めている。とりわけ、十二月二十八日から三十一日の四日間は、一日で、他の一か月分の売り上げを上回ってしまうほど突出しているのだ。

歳末のこの時期、商品の中心は、正月用のしめかざりだった。もちろん、自家製である。二十八日は市ではなく、注文のあった家への配達。二十九日は大多喜の臨時の市。三十日は大多喜の通常の朝市。そして大晦日の三十一日は、隣の苅谷《かりや》(いすみ市国吉)の朝市。苅谷は一と六の日に開かれる朝市で、之子さんは通常ここへは出店しないのだが、年末だけは、かざりを売るために臨時出店していた。

正月かざりは、昭和四十年代からすでに、暮れの市で売る定番商品だった。初めのうちは、配達はなく市で売るだけで、仕上げのユズリハや橙《だいだい》などをその場でつけながら売っていた。しだいにそれでは追いつかなくなってきたので、家でセットして持っていくようになった。さらには、毎年買うのを恒例にしている家に、配達もするようになった。大多喜の町場の得意先が五十軒ほどあり、二十七日と二十八日に之さんの車で配達した。

一口に正月かざりといっても、その種類はさまざまだ。玄関には「十二手《て》」(長い注連縄《しめなわ》を一本編み、中ほどの十二か所から小さなワラの束を下げた形）か「玉かざり」、神棚は「十二手」か「大根じめ」、家の外回り・稲荷・墓などには「ごぼうじめ」か「輪かざり」、竈・井戸・水道・トイレ・荒神《こうじん》様・仏壇などには「五手」（十二手と同様のつくりで、五か所からワラが下がった短いもの）というように、飾る場所によって大きさや形が違う。それらを場所と用途に合わせて買うので、一軒の家につき、たいてい十個以上は買っていく。値段は、玉かざりなど手の込んだ豪華なものが二～三〇〇〇円、十二手が一〇〇〇円、五手が三〇〇円。まとまれば、けっこうな買い物になる。

初期の日記には、十二月中旬くらいから登場する正月かざり作りだが、需要が増えるにつれ、十二月に入るとすぐに開始されるようになる。材料の藁《わら》は自家製。雨にあたると黄色く変色してしまうので、収穫した稲の中からきれいなものをよりすぐり、雨にあたらないように保管しておく。

ちなみに、さきほど示した昭和五十七年の水田作業のなかに、「おだがけ」という言葉が出てくる。これはいわゆる「稲架《はさ》がけ」のこと。刈り取った稲穂を束ねて、長い竹竿にひっかけて干す。だが、当時はすでにコンバインが導入されていて、刈った先から脱穀もしてしまうため、「おだがけ」は不要のはずだった。にもかかわらず、この作業が登場するのは、他でもない。正月かざりに必要だからである。おだがけした藁は、よく乾燥していてかざり作りに適していたのだそうだ。

かざりは、各種一〇〇～二〇〇個くらいずつ作るので、全部で一〇〇〇個はゆうに超える。最後の何日かは徹夜しなければならないくらいの重労働で、家族だけではとうてい手が足りない。

そこで、近隣の人の手を借りることになるのだが、そういうとき、手伝いを頼むのは、かつて「え、しごと」の仲間だった家の奥さんたちだった。田んぼの仕事が機械に変わったことで、従来の「え、」はなくなったが、こうして新たな目的ができれば、また助け合いが再現されるのだ。

さて、これだけ正月かざりに力を入れるのは、ともあれ、それがよい稼ぎになったからである。そしてその理由は、ほかに競争相手がいなかったことが大きい。

今では、ホームセンターやスーパーなどの量販店でも当たり前に売られている正月かざりだが、かつてこれは、たいていが露店商人の専売だった。大多喜でも、その時期になるとやってくる人がいて、暗黙の了解でもって、市の出店者は誰もこれを売らない。一店、配達のみ行うという人がいたがそれだけだった。之子さんも、決まった家への配達が主で、露店商とは競合しないだろうというので、問題にはならなかったらしい。

「実際は、市でもけっこう売ってたんだよね。なるべく目立たないように、場所も広げないで小さくして、売れてなくなると、しょっちゅう車からとってきたりしてね」と之さん。あくまでも、注文を受けたものだけをつつましく……というのは表向きのことで、荷をこまめに補充しては、一〇〇〇を超えるかざりを売っていたのである。単価も、安くすると露店商から文句をいわれてしまう。そこそこ良い値で売らざるをえない、という事情もあって、原価がほとんどかからないぶん、儲けには幸いした。

こうして稼いだ売り上げは、三十一日に集計して、手伝ってくれた近所の人と家族みんなで分ける。手伝いの人の手間は日数で計算。人によって違いはあるが、多い人で四～五万円くらいの額になる。暮れのちょっとした臨時収入だから、もらう人にとってもうれしかったことだろう。

近所の人たちの手間賃は、三十一日の午後、正月用の昆布ジメなどを添えて、之子さん自身がお礼として届けてまわった。そして家族には、年が明けた元旦に、これもまた之子さんから手渡しするのが毎年の恒例となっていた。

かざりで得た収入の分配は、その年の日記の最後に書かれている。

そのなかに、「局デカリタ分」という内訳が書かれている年があった。「モチ米　アズキ　くろ豆　コンニャク買ふのにかりた」とメモが添えられている。どうやら、市で売る商品の材料費として郵便局から借り受けたか、あるいは貯金から使ったらしい。その埋め合わせを、かざりの収入でまかなっているのである。

暮れのかざりの収入があるからこそ、通常の市でも、商売を積極的に展開することができた。正月かざりは、之子さんの市稼ぎにとって、欠くべからざるよりどころだったのだ。

市に行くから、おかずがある

かざりの話を聞いていて、ふと、こんなことを考えた。そんなに売れるのなら、正月かざりだけ売ればよいのではなかろうか？

だが、それはありえない、とすぐに気が付いた。この正月かざりを買う人は、行商を始めたころからの町場のお得意さんや、毎回の市に買い物に来る常連客。日々の商いがあるからこそ、かざりの売り上げも存在するのである。

加工食品が中心の之子さんの店は、売り場も小さく、毎回の売り上げといってもつつましい程度のものでしかない。しかし、その小さな商いの繰り返しが、結果的には暮れの大きな収入となって帰ってくるのだ。

市での商いというと、その場その場の即金的な収入手段のように思いがちである。事実、初期のころの之子さんもそうだった。けれども、二年、三年と市に出るうちに、一年間の商売のサイクルを考えながら、収支の調整ができるようになっていく。

日記からは、商いを始めて五年ほどの間に、市への出店回数が、ほぼ皆勤の状態に落ち着いていくのがわかる。つまりこの五年とは、固定客が確保され、収支を年間でとらえることができるようになるまでの期間だったということになる。高度経済成長期という時代のゆらぎの中で、臨時収入的に始められた市への出店が、従事する之子さんの才覚によって、品ぞろえに工夫を施し、ほかではまねのできない特徴をそなえた店となる。やがてその稼ぎが、家族の暮らしを物心両面で支える柱にまでなっていくのである。

「市に行くから、おかずがある」

之子さんはよく、子どもたちにこう言っていたという。そして子どもたちにも、その実感が確かにあった。

市に出た帰り、之子さんは必ず、出店している魚屋や洋服屋、それから大多喜の町の商店などで買い物をして帰っていた。ときには、近所の人に頼まれて、食料品や苗物などを買うこともあった。

かつて市野郷の人が日常的に買い物をする範囲は、ムラの入口にある商店か、二キロほど離れたところにある商店で、大多喜まで行くことはめったになかった。城下町だった大多喜は、この地域ではもっとも大きな町場だ。そこに定期的に通う之子さんがいるということ自体が、近隣の人にもありがたかったに違いない。頼まれるのは買い物だけでなく、野菜やしいたけ、梅などの商品を持って行って、自分の商品と並べて売ってやることもしばしばあった。

大多喜は、市野郷からおよそ一〇キロ足らず。わずかな距離のようだが、ムラからみれば、異界のマチだ。そして之子さんは、ムラの産物をマチに運び、マチから稼ぎと「おかず」を持ってムラに帰ってくる。マチとムラの双方に豊かさを届ける仲介者だった。

市に行くときに使っていた之子さんの籠
(2008.10.29)

家の敷地内にある物置を、お嫁さんの千代子さんが案内してくれた。

棚の上に、背負い籠が置かれていた。色とりどりの布でこしらえた肩紐と、背当ての布が美しく、丁寧《ていねい》に編まれた竹籠の表面は、飴色に光っている。

「おばあちゃんが、市に行くときに使ってた籠なんですよ」と千代子さん。「端切れをいろいろ集めておいて、よく肩紐を編んでました」。働き者の之子さんの姿を、家族みんなが胸のうちに刻んでいる。こうして籠を大切にしまっていること自体、之子さんへの感謝と敬意のあらわれにほかならない。

その籠の隣に、ほぼ同じ形の籠が、もうひとつあった。かなり使い込んだものらしく、ところどころ竹がはみ出していて、荷造り用のビニールの紐で、肩紐や籠のほつれが直してある。普段使いの籠であることは一目瞭然だ。

「こっちは、畑で使ってた籠。じつはね、丈夫なのはビニールの紐なんだって。おばあちゃん、そう言ってました」。千代子さんが、くすくす笑いながら教えてくれた。

それから之子さんの居室に行き、横になっている之子さんに、「籠、見せてもらいましたよ。〝よそいき〟の籠ですね」というと、之子さんは、ちょっとはにかんで、それから満面の笑みで応えてくれた。

あの美しい籠を背負い、大多喜の町へと向かう五日おきの道のりは、之子さんにとってどれほど誇らしく、気概あふれるものであったことか。

十八年ぶりに再会した之子さんは、話し言葉を失っていたが、何十年分もの日記に残されたたくさんの言葉で、私に語りかけてくれた。そしてそこには、学生のころの未熟な私が知り得なかった、市稼ぎという仕事の尊さが、隅々にまで満ちていた。

第2章

日本一のストリート・マーケット
土佐の日曜市

昭和44年6月4日、高知市観光課が作成・発行した日曜市のポスター第1号（高知市産業振興総務課『街路市資料集』より）

日曜の朝の「市友達」

平成十八（二〇〇六）年、七月最初の日曜日。朝七時のはりまや町は、まだ静まり返っている。料亭「鶴巴良《つるはら》」の前に立つと、ちょうど扉が開いて、粋な絣《かすり》模様のブラウスを着た育《いく》さんが現れた。四輪の台車の上にカゴをしつらえた、特製の手押し車。なるほど、これがおばあさん譲りの買い物スタイルか。昨日聞いた思い出話が、頭をよぎる。

鶴巴良から日曜市が開かれている追手筋までは、ほんの一〇〇メートル足らず。「東の入り口」の近くにやってくると、まず向かったのは店番号二一の三野さんの店。高知市の北にある旧　鏡《かがみ》村《むら》から来ている農家の方だ。ここで、神棚に供えるサカキを買う。

続いて、お隣の二五番、山崎さんの店で大根の古漬け。「なすの葉入り」とある。これを入れて漬けると風味が増すらしい。濃い山吹色に染まった大根の山から、気に入ったのを選ぶ。その隣の二四番、西本さんのところでは、ゴボウ。山崎さんも西本さんも、市内の朝倉という畑作地域から来ている。

二七番の近藤さんと、六五番の坂本さんのところでは、花。どちらも農家の方で、畑で育てた色とりどりの花が並ぶ。

花は、育さんが毎週必ず日曜市で買い物をする大きな目的でもある。料亭の個室や玄関など、それぞれの場所にあわせてさりげなく花を生けておく。店に飾るには、豪華な洋花よりも、野に咲く季節の花々のほうが似合っている。そんな楚々とした花は、日曜市でしか手に入らない。

「花屋さんでも、日曜市で自然の花を仕入れる、ゆう人がおいでるようですよ」とは、昨日育さんから聞いた話。そういえば、通していただいた部屋にも、竹の花入れに白い半夏生《はんげしょう》が生けてあった。一週間という日のめぐりは、花をとりかえるにもちょうどよいのだろう。

五つの店で買い物をすませたが、まだ一〇分もたっていない。

「今日は早いね！」

そう言葉を投げかけて、走るように通り過ぎる女の人がいた。答える間もなく、後ろ姿はもう人ごみにまぎれている。「市友達です」と笑う育さん。名前も、住所も知らない。けれども、来れば必ず会う。毎週日曜日、ここでしか会わない「市友達」だ。育さんが花を探しているのを知っていて、「あそこの店行ったら、あの花が残っちゅうき、はよ行ってこうてきいや」などと教えてくれることもある。

八四番の楠瀬さんで梅干用のウメを買い、隣の八五番大崎さんのところでは、珍しいカリガネソウという花。八七番川上さんの店でも、また別の花。ここで、急に雨が降ってきた。店の奥さんに傘を借り、そのまま西へと足を進める。

「この奥に、あじさい持ってきてる人いるよ」

さっきの市友達だ。言うなり、またもや駆けるように行ってしまう。その言葉のとおり、少し行った先のテントの奥に、大輪のあじさいが見えた。

一二六番泉谷さんの店は、昆布の専門店。ここで、すきこんぶを入手。一二八番植田さんは、減農薬野菜がモットー。キュウリ、人参、ピーマンを買う。一一七番伊東さんで花を買い、

日曜市の常連さん、鶴原育さん(2006.7.2)

一六八番徳久さんのところで朝顔の苗。一七〇番近森さんで花とカボチャ。隣の干物屋さんに「サンマのミリン持っちゅう?」と聞く。「帰りに寄るき、覚えちょって」そう言いおいて次の店へ。

一七五番橋村さんでは、あげ、こんにゃく、花。六〇五番で、この季節にしかない山桃を見つける。二二八番は水草の専門店。「無農薬のため虫もいる」と親切な手書きの札がさがったバケツから、マツモを入手。以前は、金魚を売る店もあったとか。三九〇番の永野さんでオクラを買い、五二〇番田渕さんでさらに花を追加。六一七番でみょうがを買ったところで、おおよそテントが途切れる西の端に到達。ここで引き返す。

手押し車は、色とりどりの花でいっぱいだ。「花売り娘か?」などと、通りがかりのおじさんにからかわれながら、来た道を戻る。その帰り道でも、買い物を追加。二三二番の坂本さんでニラ、そして行きがけに「覚えちょって」と声かけした店で、約束どおりサンマのミリン干し。

いつの間にか、雨もやんでいた。借りた店で傘を返し、東の端近くまで戻ったところで、この日最後の買い物。よく冷えた文旦《ぶんたん》ジュースと、タンコロ餅(サツマイモで作った餅で、芋餅ともいう)。これは、私へのおみやげだった。

往復一時間弱。二十五店ほどに立ち寄って、買い物総額は一万円ちょっと。私がついて歩いていたので、少しばかり奮発してくれたのかもしれない。とはいえ、お決まりの店で、手際よくめあての品を買い求める育さんは、さすが五十年以上のキャリアを誇る、日曜市の常連さんである。

学生のころから、一度訪ねてみたいと思いを募らせていた「土佐の日曜市」。ようやくその念願がかなったのは、この一年半ほど前の平成十七年の正月のこと。

それからたびたび足を運ぶようになり、親しくなった市役所の街路市係・濵田《はまだ》末子さん（後述）に、日曜市で毎週買い物をされる地元の方にぜひお会いしたい、というようなことを相談したところ、紹介していただいたのが、育さんだった。ずうずうしくも、買い物に同行させてほしいとお願いをし、前日の土曜日、ごあいさつを兼ねて店を訪ね、お話をうかがった。

「鶴巴良」女将《おかみ》の鶴原育さん（昭和十九年生まれ）が、毎週欠かさず日曜市に来るようになったのは、ご夫婦で店を構えた四十年ほど前のこと。ただそれは、自らの意志で買い物をするようになってから。無意識に連れてこられたのはもっと前だ。七つか八つのころ、おばあさんに連れられて、よく来ていた。

おばあさんは、蓮池町（現はりまや町）で戦前から仕出し屋を営んでいた。そこから独立した両親も、高知橋のたもとで戦後すぐに食堂を始め、さらにそこから独立したのが、育さんご夫婦。代々、食べ物屋さんという家系である。

おばあさんは、ありとあらゆるものを日曜市で買っていた。「買わなかったのは、ニワトリと、犬と猫」というほどに、店で使う食材から、従業員や家族の三食分の材料にいたるまで、何でも市で揃えた。たいへんな量の買い物だったのを、育さんも覚えている。

今では、農家の人たちも工夫をこらして、いろいろな種類の野菜を持ってくるようになったけれども、そのころは、大根の季節はどこへ行っても大根ばかり。ナスの季節はナスばかり。だいたい同じものが並んでいる。それでもおばあさんは、「あそこのは土がええきに、ごぼうがおいしい」とか「あそこの梨がおいしい」というように、それぞれ気に入った店があった。

当時、幼かった育さんのお目当ては、というと、それは市で売っている甘い食べ物だった。あめ、酒粕まんじゅう、壺焼きの焼芋、サツマイモで作ったタンコロ餅……。市にはいつも、おいしいものがたくさんあった。日曜日の朝早く、育さんの家に、竹籠をしつらえた台車を押して、おばあさんがやってくる。「行くか?」というのが合図で、横をついていく。そうすると、何か買ってもらえるのだ。夏になると、甘蔗《かんしょ》（サトウキビ）をかじりながら、店をめぐり歩いたことも懐かしい。

所帯を持ち、自分で毎週買い物に来るようになった初めのうちは、自転車を使っていた。ところが、荷物が多くなると二回往復しなければならず、買い物中に止めておくとひっくりかえったりして不便なので、やがて台車にカゴを乗せた、おばあさん流の手押し車に落ち着いた。

育さんの場合、店で出す食材は板場さんに任せているので、客室に飾る花のほかは、家族の日常の食材を買う程度だ。スーパーでももちろん買い物はするのだが、野菜だけは日曜市で買う。同じ野菜でも、「重さが違う」のだという。ちょっとだけつけてくれる「おまけ」も、おかず一品分くらいになったりもする。

「市は、なんというか……、暗いイメージって、ぜんぜんない。ただただ、楽しいところ。（自分の生活に）切っても切れん、小さいころからの思い出がいっぱい詰まった場所なんです」

野菜と花を満載した台車を押して家路につく育さんを見送って、いただいたタンコロ餅をひとつ、ほおばった。

ふんわりした食感で、サツマイモの甘みとキナコの香ばしさが口の中いっぱいに広がる。ゆっくり味わっていると、おばあさんの横を歩く小さな育さんが、ほのかに見えたような気がした。

三〇〇年の歴史

日曜市は、平成二（一九九〇）年、開設三〇〇年という記念の年を迎えた。もちろん、三〇〇年前にはまだ曜日というもの自体が存在しないのだが、「日曜市」とよばれるようになる以前から、この土地では決まった日に開かれる市があった。

元禄三（一六九〇）年、高知藩主山内豊昌《とよまさ》が制定した「元禄大定目《だいじょうもく》」の文言に、こうある。

市日、毎月二日十七日朝倉町、七日二十二日蓮池町、十二日二十七日新市町、此定日先規之通、市之商売不可有相違事

高知城下で、毎月二日と十七日は朝倉町、七日と二十二日は蓮池町、十二日と二十七日は新市町で、それぞれ市を開くことを定めたとある。つまりは、二と七のつく日を市日とする六斎市開設の記録なのである。

そもそも、ここにある朝倉町と蓮池町は、城下町建設のときに立ち上げられた「七町《ななまち》」とよばれる古町を構成する町だ。入り海になった浦戸湾にそそぐ鏡川と、支流の堀川にも近接していて、水陸交通の要所ともいえる位置にある。また新市町は、戦国時代の領主だった長宗我部元親が一時期高知に城下町を作ったとき、旧城下である岡豊《おこう》の市町から住民を移したといういわれもある。あるいはこのころからすでに、商売の基盤としての町が形作られていたのかもしれない。

明治の初めごろまでは、この三つの町を中心に、場所を拡張したり市日を若干変えたりして続けられていた。そして明治六（一八七三）年、明治政府による改暦が行われ、三年後の明治九年に、開催日を日曜日に改めた。今に続く「日曜市」の誕生である。

この事実を知ったとき、私はいささか驚いた。改暦というのは、それまでの太陰太陽暦（月の満ち欠けを基準に、太陽の動きを組み合わせた東アジアの暦）から、太陽暦（太陽の動きを基準とする西洋暦）への変更のこと。突然の改暦は、それまで長く親しんできた生活のリズムを覆す、強引で大胆な政策だった。当然ながら、庶民はすぐにはこれに対応できず、場所によっては大正になるころまで、旧暦の慣習がそのまま生きていたところもあったほどだ。にもかかわらず、高知では、改暦からわずか三年で、それまでの市日をがらりと変え、新たに生まれた「日曜日」に定めたのである。曜日そのものにまだ馴染みが薄かった当時、わざわざ日曜日を市の日にするという思い切り

本町筋で開催されていた明治期の日曜市（『街路市資料集』より）

は、いかにも進取の気性に富んだ高知の人らしい。

　ちなみに、日曜日＝休日は今でこそあたり前だが、それはあくまで、学校や勤め人の生活リズムを基本にしたもの。かつて庶民の大半を占めていたのは農家で、「休み日」といえばそれは、農休みを意味した。たいていが一日と十五日、つまり新月と満月の日。そして田植えや稲刈りといった節目となる主な農作業が終わったあとなどに、仕事を休んで神まつりをする。休日というのは、どこかに遊びに出かける日などではなく、仕事をせず潔斎《けっさい》して、家や村を守る神々を心静かにおまつりするのが本義だったのだ。

　さて、日曜市となってからの開催場所は、高知城南側の本町筋だった（以下の沿革は、高知市産業振興総務課『街路市資料集』を参考）。そのころのものと思われる古い写真が残っている（上の写真）。通りの両側に店を出す人たち。とりわけ、右側手前に並ぶ売り手のようすが目をひく。家の壁に並べて立てかけてあるのは天秤棒《てんびん》。それぞれの売り手の前には、その天秤棒に下げてきたとおぼしき籠が置かれている。そこに何が入っているかはさすがに見えないが、おそらく近隣の農山漁村から産物を担って来た人たちだろう。

　この本町筋で、明治三十六（一九〇三）年に、路面電車の軌道敷設が始まった。数年前から日曜市移転の話が出ていたこともあり、翌明治三十七年二月、帯屋町に場所を変えて開催されるようになった。帯屋町といえば、いまや市内一の賑わいを誇る商店街だが、当時は静かな屋敷町で、ちょうど病院の建設がさかんに進められていた。片側に商店があるものの、人通りはまばらだったことから、この商店が客を集める手段として、日曜市の誘致に乗り出したという。

　帯屋町の商店では、間口の三分の一を露店の出店者に提供し、各出店者たちは店からテントを張りだして、雨戸に商品を並べて売った。商店のほうも、残り三分の二の場所で、同じく雨戸を置いて商売をした。日曜市の売り上げが、他の六日間の売り上げと同じになるくらいによく売れたらしい。こうした相乗効果でもって、帯屋町の商店も数が増えていき、商店街として発展していく。

　大正、昭和と帯屋町での開催が続いたが、第二次世界大戦の空襲でこのあたり一帯が焼け野原となる。戦後は、追手門近くで自然発生的に復興した露店市がきっかけとなり、昭和二十三（一九四八）年に、現在の追手筋を開催場所として、本格的に整備されるようになった。復活した当時は、追手筋に交差する大橋通りから東西へ約半丁、追手前高校の正門あたりまでで、その後次第に規模が大きくなり、現在に至ったことが、鎌倉幸次さん（元街路市組合長）が書いた『高知の街路市』（一九六三年）に記されている。

高知市内では、日曜市以外にも曜日を違えて市が開かれている。それらの沿革も、あわせて記しておこう。

明治九（一八七六）年の日曜市開設に続き、明治十九（一八八六）年には県庁前で土曜市が、明治二十四（一八九一）年には水曜市が公園通りでそれぞれ開設。その後、昭和元（一九二六）年に、上町《かみまち》五丁目で火曜市、中島町で木曜市、朝倉町で金曜市がそれぞれ開設され、昭和六（一九三一）年には一時的に月曜市も開設されるなど、連日どこかしらで市が開かれるまでになった。場所はそれぞれ何度かの移転を経て、若干の変更はされたものの、現在でも、日（追手筋）・火（上町四・五丁目）・水（百石町）・木（県庁前）・金（愛宕町一丁目）の各曜日に市が開催されている。なお、水曜市のみは民間の駐車場で、ほかの曜日は市道での開催なので、水曜市以外は高知市の管理のもと、「街路市」と総称されている。

以下は、この高知市主催の「街路市」について、話を進めることにしよう。

市を支えるしくみ

高知市のホームページには、街路市の詳しい案内が掲載されていて、そこにこんな文言がある。

「開市時間　日の出から日没一時間前まで」

分刻み、秒刻みで時間に管理されている現代人からすれば、なんともおおらかだ。聞けば、これは旧来の慣習だとか。さすがに日曜市の場合は、お城の前の目抜き通りを一キロ以上占領するので、夏場は午前五時～午後六時、冬場は午前五時半～午後五時（火曜市も開始は午前六時となっている）と若干厳密ではあるものの、「日の出から日没まで」の基本は同じである。市といえば、たいていが午前中だけの「朝市」を思い浮かべるが、朝から夕方まで一日がかりで店が並ぶというのも、他にはない、ここの市の魅力といえる。

平成二十（二〇〇八）年当時の各街路市の出店者を、左表（上）にまとめた。

この表にもあるとおり、出店者には、「定時」と「臨時」の二種類がある。街路市は市道を使って開かれるので、出店者は高知市に申請し、道路占用許可を得て定められた対価を支払わなければならない。つまりは場所代である。「定時」の場合は、個々の出店場所が割り振られ、それぞれの占用面積ごとに定められた占用料を一年分前払いで支払う。「臨時」は、定時出店者が休んだりやめたりして空きが出た場所に割り振られる人たちで、一回ごとの占用料を面積に応じて払う（左表の下）。店ごとの間口は、定期・臨時ともに二メートルから三メートル。定時の人に限っては、隣が空いている場合に「間口貸し」として占用料を徴収し、合計五メートルまで許可される。この「定時」「臨時」の制度は、平成十（一九九八）年から始められた。当時は新規出店を希望する人が多く、その人たちがまずは臨時として実績を積み、定時への昇格を待つ、という流れにもなっていた。

さきほどの表から出店者の内訳をみると、野菜・果物・農産加工品といった生鮮野菜を中心とする食品が、六五パーセントを占める。日曜市以外も、火曜市と金曜市が約五〇店、木曜市が約

街路市の業種別出店者数（2008 年４月現在）

	日曜市		火曜市		木曜市		金曜市		計		総計	割合 (%)
	定時	臨時	定時	臨時	定時	臨時	定時	臨時	定時	臨時		
野菜	184	15	24	2	34	4	21	1	263	22	285	42.1
果物	29	2	6	0	18	0	11	0	64	2	66	9.7
金物・刃物類	11	0	0	0	1	0	0	0	12	0	12	1.8
衣料・雑貨	38	4	1	0	1	0	1	0	41	4	45	6.6
植木・花	74	5	4	0	10	1	4	0	92	6	98	14.5
古物	9	0	0	0	0	0	0	0	9	0	9	1.3
菓子	12	1	0	0	2	1	1	0	15	2	17	2.5
海産物	13	1	4	0	5	0	3	0	25	1	26	3.8
農産物加工	55	3	9	0	14	1	6	0	84	4	88	13.0
一般食料品	17	0	3	0	7	0	4	0	31	0	31	4.6
計	442	31	51	2	92	7	51	1	636	41	677	
総計	473		53		99		52		677		677	

（高知市商工観光部の資料による）

街路市の占用料（円）

間口（m）	定時（1 年分前払い）		臨時（1 日ごと）	
	日曜市	火・木・金曜市	日曜市	火・木・金曜市
1.0			310	200
1.5			470	300
2.0	14,400	10,440	630	400
2.5	18,000	13,050	780	510
3.0	21,600	15,660	940	610
4.0	28,800			
6.0	43,200			
8.0	57,600			

（高知市商工観光部の 2008 年度資料による）

注記：日曜市（定時）のみ４～８m の占用料が設定されているが、これは開催場所付近で常設店舗を構える店（「家《や》がかり」と呼ばれる）が、店舗幅そのままで日曜市登録者として出店していることによる。

一〇〇店とそれぞれ規模は異なるが、生鮮野菜を中心とした構成は共通している。海産物を扱う店もあるが、これらはいずれも塩干物。街路市では、鮮度保持や臭いの問題、水道が使用できない、といった関係で、鮮魚店の出店が実質的に不可能だからである。

出店者の居住地を見てみよう（上の図）。高知市内の二十五地区から出店する人が約七割。なかでも、西部の朝倉・旭街・初月《みかづき》といった畑作地帯の人がその半数以上を占める。市外では、周辺の十六の市町村に分布していて、数は少ないが、大月町、四万十町といった遠方からも来ている。

これらの出店者は、扱う品物や住んでいる場所などの条件によって、どこか一か所の街路市にのみ出店する人、日曜市とあともう一～二か所掛け持ちする人、すべての市に出店する人とさまざまだ。出店者の大半を占める農作物の販売者は、たいてい一～二か所の出店で、日曜市だけという出店者も多い。先述したとおり、街路市の開催時間がほぼ一日なので、自宅での農作業を考えると、人手が少ない農家の場合は一か所で手一杯となる。

地域別にみた街路市の出店登録者数

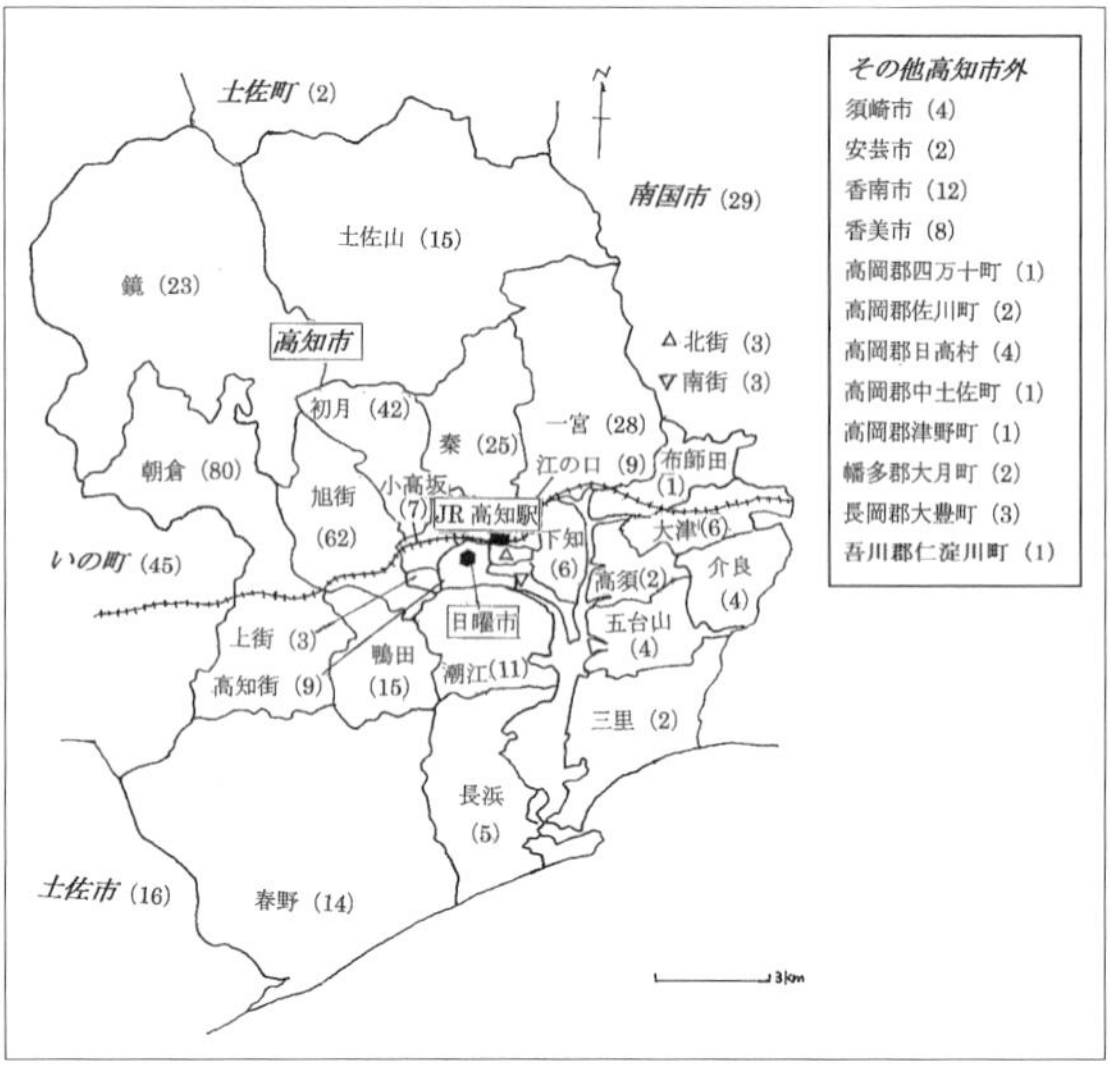

（2008年4月の高知市商工観光部資料より作成）
注記：（　）内は人数。高知市内は大街区域別、市外は市町村別。

一方で、衣料や塩干物などを扱う移動商人は、各所の街路市に連日出店する。街路市全体でみると、日を違えた市場群となっているので、それぞれの都合によって店を出す市を選ぶことができる。

この出店者仲間による自主組織もまた、業種ごとに存在する。街路市生産出荷組合（農産物）のほか、くろしおの会（青果業者）、街路市城南商業組合（刃物・骨董など）、街路市商業組合、街路市振興組合（共に露店商）がある。このうち街路市生産出荷組合、くろしおの会、街路市城南商業組合は「高知市街路市組合連絡協議会」を、街路市商業組合、街路市振興組合は「高知市街路市組合連合会」を構成している。

このほか、平成二年の「街路市創設三百周年」の記念行事や、平成十三年度からの「高知市街路市お客様感謝事業」といった大きな行事やイベントは、高知市街路市組合連絡協議会と高知市街路市組合連合会が共同で行う。また、業種別の組合ごとで年に数回親睦をはかったり、旅行に出かけたりもする。生産農家による「生産出荷組合」は、出店者の居住地別に支部を作っていて、地区集会を開いて情報交換も心掛けているそうだ。なお、こうした組合を作る理由のひとつに、保険の問題がある。万が一、テントが倒れてお客さんがケガをしたときなどに備えて、各自保険に入っているという。

こうしてみると、一日がかりの出店といい、出店者同士の連携といい、さすが長い歴史を誇るだけあって、店を出す側の「本気」が伝わってくる。

そしてその「本気」は、出店者だけのものではない。おそらく全国の自治体で唯一といってよい市専門の部署、高知市役所の街路市係もまた、仕切り役として並々ならぬ力を発揮しているのである。

市専門部署「街路市係」

初めて日曜市を訪れてから半年あまりたった平成十七（二〇〇五）年九月二十四日、約束の午後二時に、高知市役所南別館の五階を訪ねた。

彼岸とはいえ、南国土佐はまだ夏の名残りの中にある。階段を上がりきったところで、汗が噴き出してきた。土曜日なので、庁舎内の照明や冷房は入っていないらしい。

薄暗いフロアの奥に、ポツンと明かりがともった一角があった。天井から下がった「街路市係」の札の下で、四人の職員の方が机に向かっている。

「暑いところ、ようおいでてくださいました」

そういって、濵田末子さんが冷えた麦茶を出してくださった。遠慮なくいただくと、体の中に涼風が吹いたようで一息ついた。

濵田さんとは、その前日、金曜市の開催場所でお会いしていた。それまで、電話や手紙でやりとりしながら、資料を送っていただくなどすでにいろいろお世話になっていたので、遠目に姿が見えたとき、すぐ「この方だ」とピンときた。凛としたたたずまいと穏やかな物腰が、電話でのイメージそのままだったからだ。

街路市係の方々は、定時出店者の出欠の確認や、臨時出店者の場所割りなど、市が開催される当日にこなさなければならない業務がたくさんある。そんなわけで、日曜出勤を含めて通常の市役所職員とは勤務のシフトが若干異なっており、土曜日もこうして、誰もいない庁舎に顔をそろえているのである。

濵田さんと、同じく街路市係の槇村浩一さん（当時）が、お話を聞かせてくださった。槇村さんは、現在は合併で高知市となった旧鏡村の方だ。

「鏡の大利《おおり》というところは、市の始まりとも言われてるんです。ご城下に薪を売りに来る人が大勢いて、飛ぶように売れたらしいです」

旧鏡村は高知市の北側にある山あいの地区で、かつては市街地で必要とされる燃料の貴重な供給地であったようだ。ほかにも、春野・伊野・土佐山といったおよそ一五キロ圏内の農山村から、産物を携えてやってきたという。

街路市の出店者の業種や内訳は、先に紹介したとおりだが、このお話をうかがった当時、新規出店にあたっての重要な条件があった。それは「生産者である」ということで、生産農家や漁業者などがその対象であった。出店の希望者があれば、職員が出向いていく。家庭菜園的なものではなく恒常的に生産していること、保健所の許可が得られる加工場があることなどを確かめ、まずは臨時出店者として登録。三年ほど経験を積んだところで、出店者で組織される各組合の代表と高知市街路市連絡協議会で検討のうえ、市長から許可されると、定時出店者に昇格、というシステムになっていた。

つまりは、「街路市の品質」とでもいうものを一定水準に保つため、出店する側も、それを審査する側も、ともに努力しているわけである。とりわけ農産物など生産者から直接提供される品物は、街路市の目玉でもあるので、生半可なことでは出店できないのだ。

市が開催される当日は、街路市係の担当者が会場を一巡。出店者一人ひとりに声をかけ、品物を確かめ、困ったことがあれば話を聞く。それぞれの都合でもちかけられる相談に応えるのもたいへんだ。とくに場所割りは、客足や売り上げにも関係するので、慎重に対応しなければならない。マニュアルなどはもちろんなく、その時々で状況に応じた判断が求められる。濵田さんや槇村さんのお話をうかがっていると、行政の担当者という立場や責任をこえて、街路市そのものをとても大切にされていることが伝わってくる。

街路市係という担当部署が誕生したのは、昭和三十四（一九五九）年のこと。それ以前には商工係が担当していたというが、じつのところ、こうした街路市の管理そのものを高知市が担うようになったのは、戦前の昭和六（一九三一）年にまでさかのぼる。

当時はすべての曜日に街路市が開催されていた（開催されていた街路市と場所は次のとおり。日曜市＝帯屋町、月曜市＝浦戸町、火曜市＝上町五丁目・新市町、水曜市＝升形、木曜市＝中島町・新町、金曜市＝朝倉町・江の口・旭駅前、土曜市＝県庁前）。それまでは、それぞれの開催場所の町組合が管理をしていたが、昭和六年三月一日に高知市が街路市場取締規程を公布。道路の占用料を一メートルごとに一日五銭と定めて徴収することとなった（高知商工会議所が昭和九年に発行した資料による）。

では、市営となる以前の市はどうだったのか。これを知る手がかりは、実業家の秦孝治郎が書いた『露店市・縁日市』（一九七七年）にある。大正時代末ごろの見聞が、次のとおり紹介されているのである。「当市の市が組合の組織もなく入会出品の面倒な手続きもなく、初めて荷物を肩に小遣いや買物の御用金調達の目的で仲間入りする老爺さんや娘さんも、単に開設の区域内であれば、住居人へ一言断って置けばよい。勿論世話人管理者へ掃除賃を上納する事は申すまでもないが、その手続きは簡単である」

出店を希望する者ならだれでも、場所さえあいていれば、自由に商売に参加できたらしい。ただし、道路使用については高知市や県に許可をもらう必要があり、町の総代と有志者が道路占用の許可を願い出るしくみになっていたことが、この続きに書かれている。

また、市の開催に際して、独自の内規のようなものもあった。道路使用時間は日の出から日没一時間前までとすること、終わったら掃除をすること、掃除費としてひとりあたり三銭以内で徴収するが、これ以外の名義で金銭を徴収しないこと、沿道の住民と金品の贈答をしないこと、販売品は正札とし、値札をつけること、などである。

これを見て、なるほど、と納得した。ここにある道路使用時間は、今でもほとんどそのままであるし（先述）、店じまいのあとに各自が自主的に清掃をして帰るのも同じ。商品の価格も、それぞれの店先に表示してある。店をまわっていて、客引きのような声のかけかたをされたことは一度もない。これらはすべて、長年にわたって継承されてきた街路市の基本ルールだったのだ。

こんなことも書かれている。「露店商人の鑑札を所有しなければ開店し得ない種類」の商人がいて、「これら玄人《くろうと》筋が跋扈《ばっこ》しない所に当市の特色があり、開店数の三分の二までが野菜物である」という。専門的な露店商人ではなく、農作物を携えてやってくる「素人」が中心の自由な寄

濵田末子さん（左）と出店者の井上艶子さん（右）
(2014.11.2)

り合い世帯というのが、ここの市の特徴だというのである。開店の場所決めについても、沿道の住人に話をつければそれでよかったらしく、慣習として三回同じ場所に来なかったら他の人が代わって占有できる、という程度のものだった。徴収される掃除費がつまりは地割代であるが、それぞれが占用場所の住人に多少の心づけをしたり、残り物の野菜を置いていったりするのは、互いの暗黙の了解であったらしい。

「世知辛い商人社会にこれはまた世にも暢気《のんき》な商的集団である事よ」と率直な感想を書き残している秦だが、続きにこうもある。「しかし侮《あなど》ってはいけない。この一日の成果は堂々たる店舗を有するどんな商店でもその足元へも寄れぬ程だ」。

市営になった昭和六年ごろの日曜市の開催区域は、現在のほぼ二倍にあたる二一三四メートルだった。この年以降、出店者はさらに増えつづけ、出店者同士で場所争いが生じて、私設の六つの組合で混乱が続いたという。昭和十三（一九三八）年には、出店者はなんと一七〇〇人にも達し、七十三もの組合が公認されるまでになった。秦がいうとおり、素人集団といえども、商売としてちゃんと成り立つだけの売り上げもあったようだから、店を出す人が増えるのも当然である。

さて、私が初めて濵田末子さんにお会いした当時、街路市係は商工観光部の商工労政総務課の所属であったが、その後の組織改正で、産業政策課となった。

今では市役所を退職され、公益財団法人高知市シルバー人材センターに籍をおいて、「街路市活性化事業コーディネーター」という肩書で世話役を務めておられる。それも、出店者の皆さんの署名運動でもって、街路市との関わりを続けていらっしゃるというのだから驚きである。

濵田さんと一緒に街路市を歩いていると、どの店にどんな人がいて、どんな品物があるのか、本当によくご存知だ。それだけではない。ある店で竹ぼうきを見つけた濵田さん。ご自宅用かと思ったら、別の店の人に「使《つこ》うてみてください」と渡す。前の週に、使い勝手の良い竹ぼうきを探している、という話になったのを覚えていて、この人のために買ったのである。ほかにも、手ごろな杖を見つけて、ご高齢の出店者の方に届けたり、果物店で贈答用の詰め合わせを注文したり。こんなさりげない気遣いの積み重ねが、ゆるぎない信頼関係を生み出してきたのだ。

濵田さんご自身は、街路市係に配属されるまで、市で買い物をする機会はほとんどなかったそうなのだが、詳しく知るにつれ、市の魅力にどんどんはまっていったという。最近では、各曜日の街路市で、出店者の方や季節の品物、お客さんのようすなどを、随時フェイスブックで発信されている（高知市シルバー人材センターのホームページに「とさの街路市」として掲載）。濵田さんもまた、街路市を支えるまぎれもないキーパーソンなのである。

ある「お茶屋さん」の戦後史

日曜市のやや西より、中の橋通りを挟んですぐのところに店を出す横山泰三さん（昭和五年生まれ）は、市に出て六十五年という大ベテランだ。

「御茶処」と書かれたのれんの下には、各種のお茶。「桑の葉茶」「目ぐすりの木」「スギナの茶」「イチョウ葉茶」などなど、手書きのお品書きがズラリと並ぶ。はつらつとした声と姿勢の良い立ち姿は、実際のお年を聞いてびっくりしてしまうほど若々しい。

「小さいころは、日曜市が遊び場でしたきね。場所は帯屋町。父親の代から、帯屋町に店を持っていました。大正十二（一九二三）年の十二月三十日に開店したそうです」

両親の出身は、安芸《あき》市の土居というところ。もとは高知藩士の家で、明治になって高知市内に移ってきたらしい。

戦前、帯屋町で日曜市が開かれていたころは、市の日になると店の前に商品を並べて売っていた。夏になると、「ひやこうて甘いぞ」といってかき氷を売りに来るおじさんや、バナナのたたき売りなどもやって来て、そんな商売人たちの口上を聞くのも楽しみだった。

昭和二十（一九四五）年七月四日、高知市内が大規模な空襲を受け、帯屋町一帯は焼け野原になった。

「命からがらでね。もうちょっとで一家全滅するところでした。町の真ん中でしょ。アメリカ、きついことするわね。町なかを残して、周囲を先に焼夷弾で焼くんですわ。ほうしたら、町の中

出店 65 年の大ベテラン、横山泰三さん（2011.3.13）

のもんは逃げられへん。幸いなことに、お城があったんでね。あそこに町の人は逃げたんです。防空壕がありまして、ぼくもそこへ逃げました」

焼け出され、市街から東にそれた城見《しろみ》町の借家に移り住んだ。

男四人、女五人のきょうだいで、泰三さんは三男。ところが、長男は長崎の原爆で亡くなり、店を継ぐはずだった下の兄も、中国大陸で戦死。弟までが、わずか九歳で亡くなってしまい、終戦の時には、老齢にさしかかった両親と女のきょうだいたちばかり。頼みは十五歳の泰三さんひとりだった。

「生活がたいへんやったわ。戦時統制で、城見町の借家の家賃はたったの一一八〇円。その家賃を払うのがたいへんだったくらいでね」

町の中心部からはずれた城見町では商売にならないので、日曜市に店を出そうと、市役所へ行った。昭和二十一（一九四六）年ごろのことである。

「戦後しばらくは、まだ（日曜市は）帯屋町でやってました。（店を）出すとこないろうか、って市役所に聞きにいったら、もうちょっとしたら追手筋へ移るから、あんた自分が好きなところへ店を出してや、てゆうてくれてね。それで、今のところに店を出さしてもろた。ほんで、ぼくが一号店。

けどね、それから半年以上、移らざったからね。みんな帯屋町でしばらくやりよった。たった一軒やきね、ぜんぜん売れなかったです。友達が遊びに来てね、売れるか？いうから、売れるかい！ってゆうたら、七〇円でお茶買うてくれた。それがいまだに思い出でね。それからだんだんみんな移って来てね、こんな市になったんですわ」

終戦直後の混乱期、厳しい統制の一方で、食べていくための闇市が全国各地で自然に発生した。高知でも、梅ノ辻、菜園場《さえんば》、上町五丁目など各所に闇市ができたが、日曜市の開催場所だった帯屋町にもおのずと人が集まって、物がやりとりされていたのだろう。焼け跡から立ち上がろうとする人たちのエネルギーは、並大抵のものではない。追手筋で日曜市が始まったのは、正式には昭和二十三（一九四八）年とされているが、そこに至る経緯がよくわからずにいた。当時のことを知る泰三さんの貴重な証言である。

小学校卒業後、十三歳くらいから家の手伝いをしていたという泰三さんだが、市に出はじめたころは、恥ずかしくて仕方なかった。

「十五、六で市に出はじめたやろ。恥ずかしゅうてね。（市の店で）ごはん食べるのも恥ずかしゅうて、ようせなんだ。友達はみんな中学に行きゆうのにね。ほんで、うつむいて本ばっかり読みよったから、さっぱり売れんが。それで本が好きになって、今も本ばっかり読むんです。けど、若かったからね、歳のいった人がかわいがってくれる。お茶屋さん、お茶屋さん、いうてね。年上のお客さんがうんとできて、それでなんとかかんとか生きてきたがよ」

高知でお茶といえば「番茶」である。小さな荷車を作ってもらい、最初はそれを引いて、お茶の葉を手に入れるため遠くの農家まで出かけた。

「荷車ひっぱって、城見町から伊野の枝川（いの市）まで、八キロばあるわね。それ歩いてね。まだ舗装もされてない道で、途中にこうない坂って坂があって、それを乗り越えて行ったわ。当時はトンネルがないもんじゃき、苦労した。（道行く人が）おじいさん、おじいさん、ってゆうがやき、わしゃまだ十五や、なんで言いよる、と思って、帰って鏡見たらびっくりよ。トラックの砂ぼこりで髪も何も真っ白でね。本当におじいさんや」

そのうちリヤカーが出て、自転車でこれを引き、桟橋のところにあった経済連（全農の前身）へお茶の仕入れに行った。

「番茶の入れ物は筵《むしろ》。びっしり詰まっとらね。ひとつに四〇キロば詰まっとる。それを二つ積んで持って帰る。ようよう坂を上がって、橋を渡って、下りかけたら今度は止まらん。たまるか、そのまま、はりまや橋まで突っ走った。倒れてね、植木にぶつかって助かった」

日曜市の商売だけでは生活できないので、自転車であちこちへ配達に回った。電話もまだ引かれていないため、注文を受けての配達でなく、自分で売り込み先を探しに行く。

「自転車のうしろに、衣装箱みたいな大きなブリキのカン乗せて、それにお茶入れて、配達に行かあで。東は日章《にっしょう》（南国市）の飛行場（高知龍馬空港）、西は宇佐（土佐市）まで行ったで。まだ若いきに、好奇心満々や。長浜（浦戸湾の近く）行きよって、こっちに行ったら町があるかもしれん、て、西へまっすぐな道を行った。（春野町の）小川のそばにアジサイ咲いとって、別天地や、思いながら行ったわ。

宇佐の町に店があって、〝こんにちは、お茶はいらんか？〟ってゆうたら、そこのあんちゃんが喜んでね。〝おまん、来てくれたがよ、（こうやって来てくれれば）わしら買いに行くがおよばんき（買いに行かずに済むので）、来てや〟っていうからね。けんど宇佐までそう行けるもんか、思うたけど、その時は全部買うてくれた。喜びいさんでね、帰りは山を越して、荒倉峠を通って（近道をして）帰ってきたわね。思い出よ」

宇佐までは、高知市街から直線距離でも二〇キロはある。重い荷を後ろに積んで行くときは、なるべく平坦な海に近い道。売り切って峠を越える帰り道は、ペダルも心も、さぞ軽かったことだろう。

売り込み先は、各地の八百屋、歯医者、工場など。とりわけ八百屋は、かつてはどの町にも何軒かは必ずあったので、よい得意先だった。その後、昭和四十年代後半に現在の家を構えてからは、電話注文を受ける形になった。

仕入れは主に経済連だったが、番茶の産地で知られる土佐山に父親が工場を建て、そこで製茶を始めた。山を焼いたら自然にお茶が生えてくるような土地柄で、山の人たちに頼んで摘んできてもらい、それで作る。売るのは泰三さん。自然の山茶は評判もよく、日曜市でも好まれた。

「高知の人は、お酒の鑑別はようしたわね。けんど、お茶は、番茶のほかは全然知らんのよ。お煎茶を買うてって、〝ひとつもおいしなかった〟、ゆうてね、〝どんな出し方しゆうぞ〟て聞いたらね、沸かしよる。今でもヤカンで沸かすんよ。（ヤカンの湯が）沸きだしたら、お茶をポンと放り込む。お煎茶をそんなことすると、どんなええお茶もだめ。笑うわね」

市に出はじめたころから、煎茶ももちろん売ってはいたが、夏の麦茶のほかは、ほとんどが番茶。確かに今でも、高知に来ると、ヤカン入りの番茶の饗応を受けることがよくある。あの独特の香ばしさに、このごろは懐かしさすら感じるほどだ。

それでも、時代の移り変わりとともにお客さんの好みも変わってきて、二十年くらい前からは、健康茶に力を入れるようになってきた。本から知識を得てお客さんに説明したり、テレビなどの情報にも注意したり、常に工夫を重ねてきたともいう。

「日曜市は相対《あいたい》で売るやろ。楽しみでね。お得意さんで、必ず話をしに来てくれる人がおるきね。どうぞね、ゆうて来てくれる。顔が見えざったら、病気だろうか、て心配してね。来てくれたらほっとするわ。お前、生きとったか、って」

高らかに笑う泰三さん。十代から一家の大黒柱として働いてきた苦労は計り知れないが、日曜市での長年のお得意さんとのやりとりは、もはや生活の一部といえるほど心の支えになっていたのだろう。このごろは歳をとって、テントの支柱を建てるのもたいへんだが、午後は奥さんに店番を交代してもらい、こうやって出店を続けているという。

戦災を受け、焼け跡から再生した日曜市の歴史は、出店する人たちそれぞれの戦後史でもあるのだ。

観光客がやってきた

横山さんの店から少し西より、追手前高校の時計台の前に青果店を出す土居幸一さん（昭和十四年生まれ）もまた、戦後の日曜市をよく知るひとりだ。

といっても、土居さんが日曜市に出るようになったのは、昭和三十七（一九六二）年。それまでは、この近くにあった市場で商売をしていた。常設の市場というよりは、毎日やっている青空市のようなもの。追手前小学校の角、大橋通りに通じる道の塀沿いにテントを建てて、七〜八軒が店を出していた。闇市あとのようなところで、昭和二十二（一九四七）年くらいから自然に始まった市場である。

「道路を不法に占拠して、それでもお目こぼしというか、目をつぶってもらってたんでしょう。うちは果物。隣が花屋さん。その隣が八百屋さん。それから履物屋……。塀のところに竹を斜めに建てて、各自でテントを張ってました。モータリゼーションの時代になって、昭和三十六（一九六一）年に廃止になりました」

土居さんも、父の代から青果商を営んでいて、旧市街地に店を持っていた。戦時中、父が佐世保の軍需工場に行くことになり、家族も呼び寄せられて、終戦はそこで迎えた。その年のうちに高知に戻ったが、元の店は空襲で焼けていて、やむを得ず鏡川の「堤防の上」の家に住んだ。終戦直後の鏡川の河川敷には、焼け出された人や、よそから移ってきた人など、さまざまな人たちがバラックのような小屋を建てて大勢住んでいた。土居さん一家も、一時的にそこで避難生活をして、それから近くに代替地をもらって落ち着いた。

二年ほどで商売を再開し、父は仁淀川を越えた先あたりにまで仕入れに行っていた。渡し船に乗って行ったのを、まだ子どもだった幸一さんも覚えている。先述した追手前小学校のところの市場には、廃止になる昭和三十六年まで、母が毎日店に出ていた。

幸一さんが商売を継いだのは、昭和三十七年の秋。ちょうど日曜市に場所を変えて出店を始めた時期だ。その前の一年半ほど、大阪で仕事をしていた。五月に帰ってきて、父親からリンゴ五〇箱を渡され、あとを任された。

土居幸一さん（右端）とご家族の皆さん（2009.8.24）

「あのころの果物というと、リンゴ、梨、ミカン。メインはミカンでした。今は多種多様になったね」

現在、高知の名産品として人気がある文旦や新高梨《にいたかなし》などは、どちらかといえば県外のお客さん向けに売り出されるようになったもの。かつては、地元のお客さんが主だったので、ミカンのような毎日食べる手軽な果物が喜ばれた。

ところで、当時の日曜市の客層について、昭和三十一（一九五六）年に、高知商業高等学校教諭だった西甸が調べた記録がある（「街路市の実態について」）。

調査は、十一月二十五日、任意の二九九組を対象に行われた。それによると、購買圏は高知市内が九〇パーセント、市外が一〇パーセント。県外という設定は、このころにはまだ存在していない。しかも、日曜市の開催場所から直線距離で五〇〇メートル以内から来ている人が四七パーセントを占めるというのだから、お客さんの約半分は、近隣の町の住人ということになる。

さらに、交通手段についても言及されている。市内の人たちは、七割以上が徒歩。あとは電車、自転車、バス、汽車と続く。市外の人でも、バスが四割強、電車と汽車がそれぞれ二割強となっていて、自動車中心の現在とは隔世の感がある。

これに比べて、近年の客層がいかに異なっているかは、平成十六（二〇〇四）年に高知市が行った日曜市利用者へのアンケート調査（五〇〇名のサンプリング調査）を見れば一目瞭然だ（高知市産業振興総務課『土佐の日曜市に関する調査』）。

来訪者のうち、市内は三一・六パーセント、高知県内が一二・二パーセント。そして、県外が五六・二パーセントと、半数以上を占める。さらに、県外の内訳は、四国が三一・四パーセントと最も多く、中国地方七パーセント、近畿が九・八パーセント、その他七パーセント。つまり、全体でみると、市内の来訪者と、四国からの来訪者とが、それぞれおよそ三割ずつ程度で上位を占めていることがよみとれる。

こうなると、交通手段も当然ながら異なっていて、自家用車が五八パーセント、自転車が一四パーセント、バスが一二・八パーセント。かつて半数近かった徒歩での来訪は、七パーセントである。ちなみに、県外からの来訪者に限っていえば、自家用車は六九・四パーセント。この五十年ほどで、いかにモータリゼーションが進んだかがよくわかる。

さて、これらの数字だけ見ると、徒歩でやってくる市内のお客さんが激減し、かわりに自動車を使ってやってくる県外のお客さんが増えた、ということになるのだが、ここでもうひとつ、忘れてはならない数字がある。来訪者の数である。

さきの昭和三十一年の調査では、冬期（十一月）の日曜市での通行量が約二万七〇〇〇人。そして平成十六年の高知市の調査では、同時期（十一月七日）の通行量が五万〇〇五七人。調査方法などの違いから単純な比較はできないが、日曜市に来るお客さんの数そのものが、大幅に増えているのだ。このことは、店を出す人たち自身も実感として確かにあるようで、何人もの出店者から、「昔よりも日曜市のお客さんが増えた」という声を聞いた。

こうしてみると、市内のお客さんの割合が減った、ということを、単に実数のうえでの減少としてとらえるのでなく――減少傾向にあることは確かだとしても――、むしろ県外からのお客さんの増加でもって、日曜市の来訪者数そのものが増えた、ということに注目するほうが、実態に即していることになる。

それでは、日曜市が県外の人の注目を集め、来訪者を多く迎えるようになったのはいつごろのことなのだろうか。

高知市発行の『街路市資料集』（二〇〇四年）に、高知市観光課が発行した昭和四十四（一九六九）年のポスターが掲載されている。日曜市をテーマとしたポスターの、これが第一号だという（本章の扉参照）。同じく資料集に掲載されている街路市パンフレットの第一号は、昭和四十（一九六五）年。さらには、それまで各自ばらばらだった出店者のテント（天幕）を、現在のような鉄骨を使った同じ規格のものへと統一したのが、昭和三十七（一九六二）年（鎌倉幸次『高知の街路市』）というから、昭和三十年代終わりから四十年代にかけてが、そうした時期にあたるのだろう。

当時は全国的に、戦後の旅行ブームに沸いた時期でもあった。旅行雑誌『旅』で日曜市が紹介されるようになるのも、昭和四十年代以降のことである（高知市史編さん委員会『地方都市の暮らしとしあわせ』）。

高知市役所ＯＢの吉松靖峯さん（昭和二十一年生まれ）は、昭和四十年代の終わりには観光課、その後、平成の初めまでは商工労務課で街路市と長く関わってこられた経歴をお持ちの方である。写真もお好きで、とりわけ街路市のバックヤードに魅かれて撮り続けてきた。ちょうど商工労務課長のときに『街路市資料集』作成の企画に携わり、撮りためてきた写真も提供して、ほとんど独力でこれを仕上げたというほど、街路市に格別の思いを寄せてこられた。

吉松さんによれば、街路市のお客さんの流れに大きな変化が生じたひとつの節目は、昭和六十三（一九八八）年の瀬戸大橋開通だった。それまでは、冬になると閑古鳥だったのが、通年で賑わうようになったという。

それに前後して、市内で博覧会の開催があった。県外からの観光客が大勢集まる絶好の機会だというので、その人たちの目をひくような趣向をあれこれ考えていたところ、当時集客に携わっていた旅行会社から、意外なことを言われた。それは、観光客を過剰に意識するのでなく、あくまで地元の人たちによる地元住民のための「素朴な市」として対応してもらうほうがよい、というものだった。特別な演出などせずにそのまま、というのはかえって新鮮な発想で、吉松さんはそれを受けて、「素朴というのと汚れているのとは違う」と考え、出店者の人たちに「ダキ（不潔）な手はだめだから、ちゃんと洗ってください」と説明してまわったという。

居住地別にみた日曜市来訪の頻度（%）

	高知市内	高知県内	四国
毎回	27.8	16.4	0.0
1ヶ月に2〜3回	20.3	13.1	1.2
1ヶ月に1回	19.0	11.5	4.3
2〜3ヶ月に1回	10.1	24.6	16.0
半年に1回	10.1	16.4	17.9
1年に1回	9.5	9.8	34.0
初めて	3.2	8.2	26.5

（『土佐の日曜市に関する調査』2005年3月より）

注記：来訪者の割合は、高知市内：31.6%、高知県内：12.2%、四国：32.4%である。

「観光客は増えたけど、〝観光化〟はしなかった」と吉松さん。この言葉の意味するところを探るヒントが、さきほど紹介した平成十六年の高知市による調査結果の中にあった。「日曜市に来訪する頻度」という項目である。

それによれば、全体の約三割を占める市内のお客さんのうち、「いつも来ている」と、「一か月に二〜三回」と答えた人が約半数（上の表を参照）。日曜市は、基本的に月四回の開催なので、つまりはほとんど毎回来ているという市内の人が、全体のおよそ一五パーセントはいるということになる。高知市以外の県内のお客さんの中にも、高い頻度でやってくる人が相当数いるので、合わせてみれば、だいたい五人に一人は常連客といってよいだろう。

総数としては観光客が多くても、そこに五分の一であれ、常連客の層が確かに存在しているという事実こそ、「観光化しなかった」ことの裏付けではあるまいか。

実のところ、地元客の大切さを誰よりもよく知っているのは、他ならぬ出店者の人たちである。その土地の人たちに評価され、受け入れられる品質だからこそ、県外のお客さんも喜ぶのだ。

地元の常連客は、いうなら日曜市のサポーター。店先に並ぶ品物を見極める、厳しくも暖かい目をもつこの人たちの存在が、日曜市を支えてきたのである。

日曜市のうた

散り溜る並木の落葉掃き寄せて街路一画今日われの店

この歌の作者は、石本昭雄さん（昭和五年生まれ）。市内朝倉地区の農家の方で、街路市生産出荷組合長を長く務めておられた。「土のうたびと」を自称される歌人であり、文筆家でもある。その石本さんが、ちょうど街路市三百年（平成二年）の前後、高知市農協広報紙「グリーンひろば」に連載していたエッセイを、『日曜市のうた』として出版された。短歌や俳句を織り交ぜつつ、軽妙な筆遣いで綴られたこの本は、やはり街路市組合連合会の会長だった鎌倉幸次さんによる『高知の街路市』とともに、日曜市の真髄を内側から伝える名著だ。

四季折々の風情に富んだ街路市は、巷《ちまた》のうたびとたちの創作心を大いにくすぐるらしい。鎌倉さんの本にも、石本さんの本にも、秀作の数々が並ぶ。

まずは、鎌倉さんの本から、昭和三十年代の日曜市のひとこまが綴《つづ》られた作品を紹介しよう。

売り物の烏骨鶏《うこけ》が鳴いて市のどか（楠瀬薑村）

かつて日曜市で鶏が売られていたようすは、写真でも見たことがある。「人間以外、何でも売っちゅう」とは冗談半分でよく聞く話だが、まんざら虚言でもないようだ。なお、作者の楠瀬薑村さんは、ホトトギス同人で農俳人の第一人者と評される。日曜市の出店者でもあった。

寒風の易に集まる市の人（川田十雨）

正月の市の風景だろうか。「市風に当たると風邪をひかない」などともいうとおり、市独特の賑わいや喧騒が、一年の邪気を払うというところもある。占いにまだ見ぬ未来を託してみたくなるのも、市が醸《かも》す空気のせいかもしれない。

大根を売る市人の大きな手（大野由宇）

農夫が、自ら育てた大根を売る。節くれだった武骨な手は、信頼の証でもある。

菊を買い目刺しを買いて市たのし（町田雅尚）

菊を愛《め》でながら、焼いた目刺しで晩酌だろうか。秋口の宵に、ささやかな幸せをかみしめるひとときが目に浮かぶ。

さて一方で、石本さんの本には、街路市三百年記念事業の「俳句まつり」に入選した作品が紹介されている。

『日曜市のうた』の著者の石本昭雄さん（2005.9.25）

花の城そびらにつづく街路市（筒井白梅）

桜が満開の高知城を背景に、テントの道がのびている。その空間軸の中に、藩政期からの時間軸をも詠みこんだ、最優秀作品だ。

孫嫁に祖母のこと問ひかぶら買ふ（久保内ゆき江）

市の売り手は、二代、三代と代替わりしながら受け継がれていく。買い手もまた、贔屓《ひいき》の店を受け継ぎつつ世代交代する。そうやって三百年の時を刻んできた。

売り下手の市の媼《おうな》に蕪買う（高野恵子）

言葉は足りなくても、実直さと品物の確かさを知っているのは、地元の常連客だからこそ。白くて大きな弘岡蕪は、土地の名産。今日はいい買い物をした、と思えばおのずと笑みもこぼれる。

石本さんによると、日曜市には「市ブラ族」なる人たちがいるのだとか。「市ブラ」とはいうまでもなく、大正ロマン漂うころに銀座の町を闊歩したモガ・モボたちの「銀ブラ」になぞらえた呼び名だが、なかなか言いえて妙である。「この人々は本当の市ファンであり、何とはなしに見て行くうちに一品二品は買ってくださる大切なお客様である」そうだ。鎌倉さんの本にも、「買う買わないは別として、毎週日曜市を一廻りしないと気がすまないという、所謂《いわゆる》市ぶらファン」とある。

いつもの「いも天」の店で買い物する筒井敬士さん（2006.7.2）

市内に住む筒井敬士《たかし》さん（昭和三十五年生まれ）も、そんな「市ブラ族」のひとりだ。幼いころから、親に連れられ、日曜市や自宅近くの金曜市によく行っていた。お饅頭を買ってもらったり、夏の時期にザリガニやカブトムシが店先に並んだりするのが楽しみだった。祖父母やおじおば、いとこたちともよく連れ立って市に行ったのを覚えている。大人になってからは足が遠のいてしまったが、十数年前、単身赴任先の高松から高知に戻ってきたのを機に、毎週のように日曜市に来るようになった。単身赴任中も、帰省時に野菜のまとめ買いをすることがよくあって、値段が安いのと、新鮮さが長持ちするのに驚いたという。

かつて自分がそうだったように、子どもを連れて日曜市に来る。毎週必ず買うのは、いも天とサカキ。あとはその時々で、季節のものを見つけては買ったり買わなかったり、まさに「市ブラ」である。甘い物が好きで、たまに昔から変わらず売られている芋餅を買うこともある。

筒井さんにとって、日曜市は「癒しの空間」なのだという。いやなことがあっても、いも天を手にひと巡りし、店のおじちゃんおばちゃんの顔を見ていると、いつのまにか気持ちが楽になっている。毎週日曜の朝、ほんの三〇分ほどの市ブラが、筒井さんにはなくてはならない生活の一部なのである。

三百年以上にわたって連綿と続けられてきた街路市だが、それはまた、時代や社会の変化と常に向き合ってきた歴史でもある。

高知市北部の鏡大利（旧鏡村大利）に住む筒井須眞子さん（昭和二十一年生まれ）は、日曜市に出店して四代目。数年前に、娘さん夫婦が木曜市と合わせて出店するようになったので、五代にわたって出店を続けているというベテラン農家だ。須眞子さんが姑の弥恵子さん（大正二年生まれ）に代わって出店するようになってから、三十年あまりになる。

先代の弥恵子さんが、いの町中追から大利にお嫁にきたのは、昭和九（一九三四）年のこと。そのころ、日曜市は帯屋町で開催されていた。大利というところは山がちな土地で、当時は弥恵子さんの姑が炭や薪を荷車に積んで、高知の町までそれを引いて行っていた。

弥恵子さんが日曜市に出るようになったのは戦後、追手筋に場所が移ってからである。戦前から、山モモやタケノコなどを担って市街へ売りに行っていた。戦後になって改めて出店の手続きをし、街路市組合長のところへお願いに行って、臨時として出店を始めた。

「（嫁に来るまでは）市は聞いたこともないし、見たこともない。最初行くときは、恥ずかしかった。お友達でも通りよると、弥恵子さんは、あんなざっとした商売をするろうか、と思われはせんだろうか、と恥ずかしくて……」

品物は、柿、栗、梅、芋、炭などの山のものが中心だった。とくに初夏の梅はよく売れて、りんご箱に七つも八つも、リヤカーに積んで持っていく。家の脇に通っている道は、そのころはまだなかったので、下の方まで担い降りなければならなかった。

朝六時ごろ、近所の人と連れだって行き、追手筋に着くと八時前くらいになっている。行き帰りだけでもたいへんだったが、花一輪、一束でもお菜代の足しにしようという時代で、初めは恥ずかしくてしかたなかった商いも、慣れてくると一週間が待ち遠しいまでになった。現金が手に入るということはそれほどありがたく、苦労とも思わなかった。

須眞子さんの代になってからは、季節の野菜を中心に、すし、味噌、梅漬け、イタドリやタケノコの塩漬け、干大根など、自分で作った加工食品を日曜市に持っていく。代替わりしてすぐのころは、弥恵子さんから教えてもらい、こんにゃくを作ったり、餅をついて持っていったりもしていた。すしを始めたのは、平成になって観光客が増えたあたりから。まれに愛媛や岡山などから、観光がてら野菜を買いに来る人もいるが、地元の人以外には、すしや味噌のほうがよく売れるからだ。その一方で、とりわけ野菜を好んで買っていくのは、やはり地元の人だという。

日曜市では、自家製のすしを持参する出店者が多い。使う材料そのものは、季節によっておおよそ似かよっていて、しめ鯖、リュウキュウ（ハスの一種）、ミョウガ、しいたけ、タケノコなど。ただし、実際に店先を回ってみると、味つけや形などが店ごとに微妙に違っていて個性的だ。須眞子さんをはじめ、加工食品を手がけるそれぞれの農家では、保健所の許可をとり、衛生管理にも気をつけていて、販売用のすしには原材料や消費期限を記したラベルを貼るなど、細心の注意を払っている。

こうしたすしは、とくに県外からの観光客に人気だ。バスで来る団体客も、車中で食べるお昼用に買っていくという。そのため、須眞子さんのところでは、午前中でほとんどのすしが売り切れてしまう。

須眞子さんが作るすしのラベルには「田舎寿司」とある。土地の食材を使い、土地の農家の奥さんが作る「田舎寿司」には、素朴な暖かさと、母親の味にも似た懐かしさとが凝縮されている。それがまた、ここでしか手に入らないという特別な価値にもなっているのである。

筒井須眞子さんの「田舎寿司」(2005.9.25)

弥恵子さんの先代のお姑さん、弥恵子さん、そして須眞子さんと、およそ一世紀にわたって受け継がれてきた日曜市の商売。その三世代の間に、売る品物は、炭や薪などの燃料から山の産物、そして観光客相手のすしと変わってきた。買い物の仕方も、かつては大根や梅など、保存食となる漬物用の食材をまとめ買いするのが主だったが、昭和三十年代から四十年代の高度経済成長期を境に、家族構成が変わったり、冷蔵庫が普及したりしたことで、日々の蔬菜《そさい》を少しずつ、いろいろな種類のものを買うようなスタイルへと変わった。

先述の、市役所ＯＢの吉松靖峯さんは「街路市が続いてきたのは、時代のニーズに合わせてきたからだ」という。

一見すると、長年にわたって淡々と繰り返されているかに思える日曜市だが、売り手の代も変われば、お客さんの代も変わる。代替わりとともにお得意さんも変わり、新たな人と人との結びつきが生まれる。つまりは、それぞれの店が交互に新陳代謝を行っているようなものであり、それが日曜市の活力にもなっている。

その日曜市も、近年では出店者の高齢化などで岐路を迎えつつある。各地に直売所ができたり、市内のスーパーマーケットに「産直コーナー」も増えたりして、そこに出店する農家の人も多くなってきた。スーパーの場合は、納品に手間がかかるだけなので、複数の街路市をかけもちするよりも効率がよいという。

良い品物が安く手に入る、というのは、誰もが認める日曜市の魅力だが、出店者によってその意識にもばらつきがあるようだ。戦後まもないころからの日曜市をよく知る青果商の土居幸一さんが、こんなことを言っていた。

「一〇点満点で、七～八点のものを持ってくるのが普通だとしたら、五～六点のものば持ってきてやね、七～八点のが一〇〇〇円、五～六点が七〇〇円やったら、片っぽは売れません。ひどい人は、持って帰ったらゴミ箱に行くようなんを売りゅう人もおられます。日曜市が疲弊していくんは、一番はそれやと思う」

とはいえ、悲観することばかりでもない。それまで日曜市とは縁がなかった人たちが、新たな人生の活路を求めて店を出す場合もある。

高知大学を卒業し、猟師の見習いを始めた若者。ジビエの食材や鹿の角を使ったアクセサリーを、一昨年から売りはじめた。獣害は、もはや全国的に深刻化する問題だ。彼の小さな店先は、そんな身近な環境問題に触れる空間にもなっている。あるいは、定年退職後に趣味で始めた炭焼きが本格化して、ついに日曜市に出を店を出したという男性。ほかにも、発達障がいを持つ弟とともにグアバ農園を切り盛りし、障がい者の社会的自立を支援する若い男性など、ここ数年で新たな顔ぶれも並ぶようになった。

立派なハコモノなどなくても、人と物が集えば、そこにおのずと交流が生まれる。テントが並んだだけの簡易な市場だが、だからこそ、社会の移り変わりにも柔軟に応じることができるのだろう。

ふれあいの心明るしあたたかし冬には冬の花咲く市に

石本昭雄さんが自著の最後によんだ歌。日曜市のよさは、なんといっても人と人とのふれあいにある。年月や季節が移り変わっても、売る人と買う人相互の語らいから生まれるぬくもりに変わりはない。

ただここで、忘れてはならないことがある。日曜市は、れっきとした経済活動の現場だ。まずは商売として成り立たないことには、人のふれあいも、あたたかい交流も、生まれようがない。

現代社会を覆うグローバルな流通網とは対極をなす、地域限定の小さな経済。人の暮らしに寄り添うその実際を、たまたま目に留まったある店から教えられることになった。

土佐流にいえば、自他ともに認める「いごっそう」だというおんちゃんが切り盛りするその店を、次に紹介することにしよう。

第3章

〝いごっそう〟の商売哲学
土佐の街路市

日曜市の渡邉功さん（2012.3.25）

サカキとシキビ

高知では、有名な日曜市以外にも、曜日と場所を違えて市が開かれる。

火曜市が開かれる上町《かみまち》四丁目・五丁目は、市内中心部から西へ二キロほど。「龍馬の生まれた町記念館」にもほど近い、閑静な住宅街だ。

平成二十一（二〇〇九）年二月上旬。高知に足を運ぶようになって数年たったが、火曜市だけなぜか行きそびれていた。南国とはいえ、節分を過ぎたばかりの朝はまだ寒い。たっぷり着こんで、はりまや橋から市電に乗る。九つ目の停留所、上町四丁目で下車。大通りを渡って南に一筋入ったところで、店並びが目に入った。

さほど広くはない道路と歩道の間に、水路が流れている。店はその水路の上。板を渡してテントが建ててある。県外からのお客さんでごった返す日曜市とは違って、ご近所の人たちが、財布片手に三々五々やってくる。店数もさほど多くはない。素朴でのどかな風情ただよう市である。

その一角に、何やら不釣合いとも思える異様な人だかりがあった。

お客さんの背中越しにテントの中をのぞくと、耳当てつきの帽子を被ったおじさんがひとり、緑の枝葉に囲まれて座っている。何の店なのか、なぜこんなに人が集まっているのか、さっぱりわからない。

「はい、おかあちゃん、一五〇万と出たで」

ちょっと抑揚をつけた切れのよい口上にあわせて、秤《はかり》に乗せた枝の束を、新聞紙で手早くくるむ。これで一五〇円とは、ずいぶん安い。

お客さんが店の前にたかっているのは、台の上に山積みにされた枝葉の中から、自分で選んでいるからだ。左右それぞれの手に持った枝の束を、目の前に掲げて比べている人もいる。一対の束を作ろうとしているらしい。店の奥にぶらさげた札に、「サカキ・シキビ 渡邉功」とあるのを見て、そうか、と合点がいった。サカキ（榊）は神棚、シキビ（樒＝シキミ）は仏壇やお墓。ともにお供え用の品だ。

シキビと聞いて、思い出すことがあった。以前、千葉県・大多喜の朝市に店を出す末吉之子《ゆきこ》さんの日記を見せていただいたときに、盆や彼岸のための品ぞろえとして、その名があったのだ。自宅の敷地内にシキビが生えていて、時期になると枝を切って持って行く。あのあたりは日蓮宗の寺院が多く、檀家の仏事にはシキビが欠かせないという話を聞いた覚えがある。

高知もそうなのか？　だが、お盆でも彼岸でもないこの時期に、どうして……と疑問が尽きない。

店の中から、パチン、パチンというかるやかなハサミの音が聞こえてくる。大枝から切り分けて、台の上に補充しているのだ。その合間に、お客さんが選び終わった枝の根本にハサミを入れる。希望を聞いて、それぞれの好みの長さに調節するのである。

水路の上に店が並ぶ火曜市（2009.2.10）

「切ってから目方を計るので、とても良心的なんです」

街路市係の濵田末子さんの声がした。朝の見回りである。確かに注意してみると、枝を切りそろえたところで秤に乗せる。ちょっとした気遣いだが、こうしたことがお客さんの心をとらえるのだろう。

ハサミの音と軽妙な語り口、そして計っては新聞紙でくるむ一連の動作に、独特のリズムがある。品物はサカキとシキビだけなのに、見ていてまったく飽きない。しばらくすると、ようやく少しばかりお客さんが途切れがちになってきた。何のことはない、台の上の枝葉はもうわずか。早くも品切れというわけだ。

「いつも売りに来られているんですか?」

やっと話しかけるチャンスができたので、さきほどからの疑問をぶつけてみた。

「そう、日曜市、火曜市、木曜市、金曜市、みんな出てるわね。ほれ」

ぶら下げてある店札を裏返すと、曜日ごとの店番号が記されている。どうやら高知では、サカキを神棚に欠かさないのはもちろん、シキビも、盆や彼岸に関係なく一年中、また宗旨の別もなく、各家庭で仏壇に供えるのが慣わしのようだ。

「ご自分で作っていらっしゃるんですか?」

すでに、この商売がどうやって成り立っているのか、気になって仕方なくなっていた。

「いや、徳島に近いほうの山で、契約栽培でね。キリコ（切り子）に頼んで持ってきてもらう」

話しながら、残りわずかになった枝を束ねたり、足元に散った葉っぱを集めたり、手を休めることはない。

契約栽培。伐採専門の切り子。おおかた、山持ちの農家の方だろうと思っていたら、ずいぶん勝手が違う。この緑の葉っぱの向こうに、これまで接したことのない、まったく知らない世界が広がっている——そう思うと、たちまちじっとしていられなくなった。

次に高知に来るときには、ぜひ詳しくお話を聞かせてほしい、とお願いすると、何やら怪訝《けげん》そうな面持ちである。

「センセー、よろしく頼みます」

濵田さんが助け舟を出してくれた。なぜか濵田さんは、渡邉さんを「先生」とよぶ。自他ともに認める「いごっそう」なのだそうで、確かにそう言わせるだけの威厳が、どことなく漂っている。

ちなみに、「いごっそう」とは、頑固で一本気な土佐の男性をさす言葉。濵田さんの口添えもあって、「いごっそう」な渡邉さんは無事連絡先を教えてくれ、次は日曜市の店をお訪ねすると約束をかわし、この日は帰路についた。

親子二代で六十年

再会は、その年の八月だった。忙しいお盆が終わった翌週であればかまわないと、お許しをもらっての訪問である。

」

真夏の高知は、強い日差しに加えて、思いのほか湿度が高い。浦戸湾から少し奥まった場所に位置する市内中心部が、ちょうど盆地を成しているせいでもある。

年に数回のペースでも、何度か日曜市に足を運んでいるうちに、私にもなじみの店ができてきた。それらをいくつかまわると、ちょうど約束の一〇時。その時間帯には、お客さんの流れも一段落しているらしい。

渡邉さんの店番号は、一一九番。東の入り口に近い方だ。番号を確かめながら、店を探す。探しながらふと、これまでたびたび来ていたのに、先日の火曜市までなぜその存在に気づかなかったのだろう――と考えた。そして、ようやく店の前に立ったところで、その理由がわかった気がした。

日よけのためか、黒い遮光カーテンが、店のまわりにぐるりと張り巡らされている。その下からお客さんの足先がのぞいているが、店番号を書いた札はおろか、何を売る店なのかさえも、外からはまったくわからない。もちろん、年中カーテンで覆われているわけではないだろう。だが、どう考えてもこのしつらえは、一見の客をそもそも相手にしていない。日曜市を訪れる客層は大半が観光客だが、ここにこの店がある、ということを知っている常連客以外の来店は、まるで期待されていないということになる。自分ではそこそこ足を運んでいるつもりでも、しょせんは物見遊山の観光客とさして変わらなかったというわけだ。

遮光カーテンの間から中をのぞくと、まだお客さんの波の真っ最中である。間口二メートルの店の前に人が五～六人も立てば、もうそれだけでいっぱいだ。その人だかりがひとりかふたりになったところをみはからって、声をかけた。

「おお、こっち入りや」

例のごとく、パチン、パチンと軽やかなハサミの音を立てながら、店の中に招き入れてくれた。

「今日はまた、まっこと暑いわね。あんたが来るゆうから、このギンギラギンをやっといたけんど」

黒の遮光カーテンの下に、銀色の遮熱シートが重ねてある。おかげで、いくらか過ごしやすい。緑の枝葉に囲まれているせいか、木陰で涼んでいるような気分になってくる。

ふいに、えもいわれぬ懐かしさが頭の中をよぎった。サカキとシキビの見分けすらつかないというのに、なぜだろう――。

「こっちがサカキ、これがシキビ」

渡邉さんが、両方の手にそれぞれ枝を持って見せてくれた。言われても、どう違うのかよくわからない。

「(葉の)形が違う。それと、サカキは葉が全部同じ方を向いてる。裏表がハッキリしてるわね」

たしかに、サカキの葉は、つるつるした表面がそろってこちらを向いている。それに比べてシキビのほうは、向きに規則性はない。いわれてみれば、葉の形そのものもまったく違う。シキビのほうが少し大きく、ひらひらしている。

「まちごうて、姑に怒られた嫁さんがあったらしい。サカキがいるがをシキビ買うていってね」

同じ常緑の枝葉とあっては、地元の人でも間違うことがあるのだろう。

「シキビは、ハナシバともいう。今の時期はちょうど、花が実になりよる。それが毒でね。墓に

サカキ（右）とシキビ（左）（2009.8.23）

これを刺しよったら、獣が掘り起こさんかった、という話もある」

なるほど、仏事に使うのは、そういういわれもあるのか。それにしても、毒のある草木を供え物にするとは、なんとも不思議だ。

「葉を線香の材料にしたとか、漢方薬にしたとか……。それで目方ではかりよる、ゆう話もある」

量り売りは、渡邉さんの店の特徴だ。それにもいわれがあるとは、思っていた以上に奥が深い。お客さんも、枝を選びながら渡邉さんのうんちくに耳を傾けている。

シキビの葉には独特の香りがあるのだそうで、散った葉を一枚拾い上げ、ちぎって嗅がせてくれた。

「この匂い……」

メントールとも香辛料ともつかない特徴ある匂いに、たちまち記憶がよみがえった。奈良に住んでいた子どものころ、登下校のとちゅうで、友だちと道端の草を摘んで遊んでいた。その中に、時折独特の香りをもつ葉っぱがあり、どれが一番強い匂いを放つか、競争したものだ。あのときの葉っぱはシキビだったのか——。さきほど脳裡をかすめた妙な懐かしさは、香りからくるものだったと気がついた。

「シキビ、サカキは、むかしから山に自然に生えていたらしい。うちのおやじが（昭和）二十八年から始めたころは、これほど売れてなかった。今は、全部植えてもらうがやけ」

渡邉さんのふるさとは、高知県の北西部、愛媛県に近い山間地の檮原《ゆすはら》というところ。昭和二十八（一九五三）年に、家族で市内に移り住んだという。この商売は、そのときからお父さんの儀七さん（明治三十七年生まれ）が始めた。

「子どもが多かったけね、七人兄弟で。田舎におったら教育ができん、ゆってね。兄貴は二年先に（高知市内に）出て、洋服の仕立て屋のところに行った。そのあと（次男の功さん以下は）親父らと一斉に出てきた。四畳半二間《ふたま》で八人。出てきたが、貧乏した」

昭和十二（一九三七）年生まれの功さんは、当時中学校を卒業したばかり。家計を助けるため、化粧品や洗剤を扱う問屋で働きだした。と同時に、高校にも入学した。

「おやじが、昼間なんとか行かしちゃる、ゆうたけど、夜間に行った。高知商業の定時制。けど、おおかた行ってない。今でも夢見る。日数が足らん、てね。いま思うたら、まことよう行ったで。いちおう肩書が、高校卒になっちょらでね」

子どもに教育を受けさせたい、という思いを抱いて、檮原から一家を挙げて出てきたお父さん。その言葉どおり、功さんは働きながら高校に通い、卒業した。だが、お父さん自身の商売は、軌道に乗るまでが苦難の連続だったようだ。

「（高知市内の）筆山《ひつざん》ゆう山に、お墓ばっかりあってね。そこのふもとで親戚がシキビや花を売りよって、よう売れとった。（父親は）〝これからは、シキビサカキなんじゃ〟ゆうて、それから始めた。けど、三年ば売れんで、〝檮原に帰ろうか〟言いよったね。四、五年してだんだん売れ出した。ぼくらも働きだしたろ、そしたら負担もいらんようになってきたき」

お父さんの商売は、街路市専門。当時は土曜市もあったので、毎日のように商売に出る。ほかに店を持ったり、引き売りに回ったり、というようなことはしていない。

移動はリヤカー。これを自転車で引いて、街路市に出ていた。そのリヤカーを、功さんは今でもバイクで引いて使い続けている。

「おやじが自転車でリヤカー引っ張って、おふくろが後ろついて。なんかそれ、見るに見かねてね。モーター（オートバイ）つけて、日曜市だけ引っ張っていきよったら、ほかの市も全部引っ張っといたってくれんか、ゆうて。こっちもしんどいろ。毎朝起きて行かないけん。わたしゃ、仕事に出勤せないけんけね。それからや。四十いくつで勤めをやめた。おふくろが病気患いよったし、おやじがかわいそうやろ。おやじがおふくろにゆうてた。功が継いでくれるて、うれしいなあ、ゆうて。後で聞いたがね。嫁さんも、やりや、ゆうてくれたしね。

会社やめて、三十年ばなるね。今になったら、よかったと思う。親の面倒みてこれたし、お客さんとアホウゆうて気楽で」

商売の代替わりは、お父さんが八十五歳、功さんが五十二歳のとき。ちょうど昭和から平成に変わるころだ。瀬戸大橋が開通し、それまで市内中心だったお客さんが、県外から大勢やって来るようになったのも、このころである。

「そのころは、よう売れたけね。高知から大阪とか都会に出た人には、毎月来る人もおいでよった。来《こ》んとその月が暮れん、ゆうような人もおいでたわけよ。けど、おやじが始めたころは、苦労やったね」

親子二代、六十年という時の流れは、戦後の日本社会の歩みそのものでもあったのだ。

サカキとシキビの見分けがつくようになって、あらためて気づくことがあった。台の上一面に山積みされた緑の枝葉の七～八割が、シキビなのである。

「一〇〇グラムで、シキビが一〇〇円。カミサマ（サカキ）は一二〇円。というのは、カミサマはね、成長がにぶいわけ。ほんで、どんどんできん。シキビは三回芽が出る。切りゃあ切るだけええもんが出てくる」

同じ常緑の樹木といっても、サカキはモッコク科。シキビはシキミ科（旧モクレン科）。育ち方にも当然ながら違いがある。それだけでなく、ほぼ毎週取り換えるシキビに対して、サカキの交換はたいていが毎月一日と十五日。ゆっくり育つサカキは、枯れていくのもゆっくりらしい。取り換える頻度の差は、需要の差でもあるのだ。

なお、一日と十五日にサカキを取り換えるのは、この日が一般に旧暦でいうところの「休み日」だから。前章でも触れたとおり、明治になるまで使われていた太陰太陽暦（旧暦）では、月の満ち欠けを暦の基準とする。新月（一日）と満月（十五日）は暦の上の折り目とされ、この日は仕事を休んで神まつりをする。そうした旧来の習慣が、新暦になって久しい今でも、場所によっては部分的に残っているのだ。

それにしても、神前にサカキを供える習慣は全国的によく知られているが、仏前にシキビというのは、どの程度一般的なのだろう？　渡邉さんの店で観察しているかぎり、ここでの流通量はサカキをはるかにしのぐ勢いである。そもそも、どこでどのように栽培されているものか、まったく予想もつかない。

「やりはじめたころは、てんで食べるどころでなかった。おやじが自然の山に入って、（山の持ち主にかけあって）一日《いちじつ》なんぼ、一年間なんぼとか、山ぼったり（全部）買うわけよ。シキビ、サカキがぽつぽつあるような山で、一所懸命（木を探して）切ってきてね。

国道三二号線に、根曳《ねびき》峠というところがある。うちのおやじは、自転車で行きよった。三時間、四時間、かかったろうか。坂を自転車であがって行きよった」

急いで地図を広げる。高知市内から国道三二号線をたどると、二〇キロあまり北東に行ったところに根曳峠があった。南国市と香美市土佐山田町との境だ。大雑把な道路地図だが、それでも道がくねくねしているのがわかる。自転車で越えるのは、さぞ難儀なことだったろう。

「そしたら、シキビがあるから切ってきちゃる、て、峠のはた（近く）から十人ば、山の人らが自転車でちっとずつ切って持ってくるようになった。うちのおやじは、シキビの総元締めみたいなもんやね。それからだんだん、シキビが売れるということで、植えてくれだしたわけ。三二号線の近郊の人とか、愛媛の新宮とか。今日のは本山町。嶺北《れいほく》地方いうて、北の山じゃきね」

本山町というのは、四国のちょうど真ん中。根曳峠がある国道三二号線を、愛媛方向へと北上した県境近くにある。東隣の大豊町、西隣の土佐町、大川村とともに、吉野川源流域にあって、嶺北地方と総称されている。県境を越えれば、愛媛県の新宮（四国中央市）。どうやらこの一帯がシキビの産地らしい。

「むかしは、高知は林業でやりよった人が多い。植えてくれるのは、そういう山の人。切る人は農家でない。おやじの代から、専門に切ってもらいよった。切り子、いうよね。親方がおって、三人ば雇うて切らいてね。いま切りゆう夫婦は、その人の弟子。みんな亡くなって、一軒だけになった。前には五組来よったね」

長い海岸線をもつ高知は、概して海の印象が強いのだが、実際に行ってみると、じつに「山の国」であることがわかる。海のすぐ近くまで山が迫っていて、藩政期から名の知れた林業地も多い。だが、戦後の高度経済成長期のあたりから、外国産の輸入材に押されて、国内の林業経営は軒並み厳しくなっていく。

お父さんの儀七さんがこの商売を始めたのは、戦後復興期の昭和二十年代後半だから、まさにそのころだ。山の暮らしの転換点にあって、商品価値が高まってきたシキビに注目が集まり、これを積極的に植える山主と、伐採を請け負う専門の技術者集団、つまりは切り子が現れたということらしい。

切り子の役割は、伐採だけではなかった。苗の世話まで引き受けて、枝の育成や管理にも携わっていたという。その切り子も、今や渡邉さんとつきあいのある夫婦一組を残すばかりとなった。

「植えてくれた人、専門に切る人、で、私、売る人。みながだんだん歳がいってね。山にも人がおらんきね、過疎で」

山の現状は、以前よりさらに厳しくなっているということなのだろう。

気がつくと、台の上の枝葉はすっかりまばらになり、お客さんの足も途切れがちになってきた。そろそろお昼。日曜市は午後遅くまで続くが、渡邉さんはもう店じまいである。

「今日はちょっと売れたき、ステーキにするで」

帰り支度の邪魔にならないよう、また来る約束をして、私も腰を上げた。

シキビを供える習慣

この日の渡邉さんの話から、いくつもの思索の入り口が見えてきた。

高知でのサカキ・シキビのまつり方、そしてそれらの入手の仕方。とりわけ、全国的にはさほど一般的とは思われないシキビが、これほど高知の人たちの日常生活に浸透しているというのは、新鮮な驚きだった。

そもそも、シキビを仏前に供える習慣というのは、いつから始まったことなのだろう。歳事習俗にまつわる植物の流通など、これまで考えてみたこともなかったから、まるで見当がつかない。まずは、その全体像を把握することが必要だ。

文献があるのかさえよくわからないなか、ようやく探し当てたのは、『シバとハナ――神霊の祭りごと』。著者は民俗学者の原泰根《やすもと》氏。シキビを歴史的・文化的に考察した唯一の書といってよい。

副題の「神霊の祭りごと」が表すとおり、現在は主に仏事に用いられる樒《しきみ》（＝シキビ）だが、かつてはこれが神まつりでも供されていた。常緑の樹木を、目には見えない神々が伝い降りてくる依り代として大切にする習慣は、『万葉集』にもうたわれるほど古くから存在する。その『万葉集』はじめ、古典の中に樒はしばしば登場し、『源氏物語』や『枕草子』には死者に樒を手向《たむ》けるようすが描かれる。死者の霊魂は、大切に供養されたのちにやがて神になる、というのが古来の死生観だ。つまりは、死者への手向けは神への手向けに通じているわけで、これが神まつりに使われたというのもうなずける。

とりわけ、樒の特徴である葉の香気と、実に含まれる猛毒とが、この植物を死者供養により近づけたのであろう。香気は死者の穢《けが》れを浄化し、遺体の臭気を消す。実の猛毒は、埋葬された遺体が獣たちに掘り返されるのを防ぐ。山に自生する数多《あまた》の常緑樹のなかから樒が選ばれたのは、その特性をよく心得ていた民の知恵でもあった。

そもそも、神まつりと仏まつりとを明確に分けるようになるのは、明治維新後の神仏分離の政策から。それほど古いことではない。神仏混淆《こんこう》の時代のほうがはるかに長く、樒もまた、そうした時代から培われてきた、神霊への捧げものなのである。

ただし、自然環境が多様な日本列島で、これが自生する地域は限られている。先述の『シバとハナ』には樒の分布地図が掲載されているが、西日本全域と、東日本の太平洋岸。北限は三陸沿岸の南あたりだろうか。西日本も、四国や近畿の太平洋岸に密度が高く、いわゆる黒潮文化圏とも重なる。樒を供物に用いる習俗も、こうした地域に特有のものだろう。

同書には、京都の愛宕《あたご》神社で樒が火伏せのご神花とされていること、大阪でも家の竈の後ろにまつった荒神さまに、コウジンシバ、もしくはコウジンサマのオハナとよぶ樒を供える習慣があったこと、正月の神棚にサカキや餅花（ヌルデの枝の先に餅をちぎってつけたもの）といっしょに樒を供える地域もあることなど、仏前の供花以外にも、場所によってさまざまな用途があったことが記されている。

肝心の死者供養でも、末期《まつご》の水をとらせるときに使うところもあれば、初盆で新仏《にいぼとけ》を迎えるときに、縁側にアラタナという盆棚を作ってそこに樒を供えるところもあり、また盆行事の終わりにホトケオクリとして、河原にハナ（樒）を立てて供え物をするところもあるといったように、使い方は一様ではない。なお、高知でも、『四国の歳時習俗』（一九七六年）のなかに、須崎市の例として、春の彼岸の際に川の水際に樒を立てて先祖まつりをするナガシ参りという行事が紹介されている。

総じてみれば、山に自生していた常緑の樒は、葉の独特の香りや実に含まれる毒性などから、神秘的で霊力のある植物の一種とみなされ、本来は多様な用途があった。それが、さまざまな生活上の知恵の積み重ねによって、次第に仏事に多く用いられるようになってきた、といえるだろう。

なお、現状はというと、樒の商品価値の高まりに注目した別の文献（坂本格「シキミの価格・流通量変動の時系列分析」『高知大学農学部演習林報告』第一七号、一九九〇年）によれば、使用圏は茨城県から静岡県にいたる太平洋に面した地方、および愛知・岐阜・福井県を結ぶ線以西の大部分の地方だが、仏事での使い方は、やはり一様ではないようだ。とくに「シキミ輪」などとして用いる習慣がある京阪神地方が、大消費地として位置づけられるという。またこれらの文献にはないが、日蓮宗系の宗教団体などの仏事でも、これを多用することが知られている。

ちなみに、神前に供えるサカキのほうは、シキビに比べればずっと一般的だ。もちろん、これも常緑樹であるから全国どこでも生えているわけではない。サカキが手に入らないところでは、ヒサカキというサカキによく似た植物が代用されるが、サカキを使うことを前提としていることに変わりはない。というのも、神事に関しては、明治になって神社祭祀の規定が作られ、本来はおそらく地方色豊かだったと思われる供物を含む祭式すべてが、一律に定められた、という事情がある。仏事にはそうした統一的なとりきめというものはないから、供物にも地方ごとの特徴がより濃く反映される。シキビのまつり方がさまざまであるのは、むしろ当然のことなのだ。

シキビの流通

供え物としてのシキビの歴史をあらかた辿ったところで、いよいよ高知のシキビである。

何か手がかりがないかと高知県のホームページをあれこれ検索していたら、これは、と思う情報にヒットした。

「シキミの栽培技術指針――仁淀川流域」とタイトルがついた資料。発行は、高知県中央西林業事務所森林技術センターとなっている。内容を見ると、シキビの基本知識、栽培技術、収穫・出荷、そして流通経路と、知りたかった情報が、ほぼここに集約されている。どうやら、人口減少や高齢化が進んだ仁淀川町で、特用林産物としてシキビの栽培が推進されているようだ。渡邉さんから聞いた嶺北地方とは場所が違うが、同じ土佐の山間地である。参考となる事例であることは間違いない。ともかくも、発行元である中央西林業事務所を訪ねてみよう。そう思って実際に足を運んだのは、平成二十一年十二月だった。

アポイントなしの、しかもお昼の時間帯に重なってしまうというタイミングの悪さだったにもかかわらず、食べかけのお弁当を急いで片付けて、事務所の次長さん、宮﨑伸幸さんが応対してくださった。

急な訪問の失礼を詫び、まずは街路市でシキビの流通に興味を持ったこと、とりわけ切り子という専門の技術者の存在について詳しく知りたい旨を告げる。宮﨑さんは、拙い私の説明をじつに的確に理解してくださって、「ご参考になるかわかりませんが……」と前置きしながら、いくつかの資料を揃えてくれた。

まずは統計資料。高知県林業振興・環境部木材産業課発行の『高知県の特用林産』によれば、この年の高知県におけるサカキ・シキビの生産量は、サカキが約五七トン、シキビが約二三六トン。シキビのほうが驚くほど多い。これには理由があって、現在これらの植物の生産は、八〇パーセントほどを人工栽培に頼っていることと関係するという。というのも、サカキはシキビに比べて成長が遅いうえに、陽に当たると葉が赤茶色になってしまうので、人工栽培そのものが難しいとされているからだ。ただし、サカキの場合は、奥地の国有林に自生しているものが多く、これの伐採は、採取権を入札によって決めて契約するシステムになっている。この国有林での生産量は先の統計資料には反映されていない。

ところで、ここを訪ねるきっかけとなった先述の資料――インターネットで閲覧した「シキミの栽培技術指針」では、シキビが特用林産物として栽培されているとのことだった。これについての詳細はこうだ。高知県では、中山間地域における現金収入手段として、一九七〇年代から特用林産物の栽培が推進されてきた。特用林産物とは、シイタケ・ヒラタケ・エノキタケなどのキノコ類、ゼンマイ・タケノコなどの山菜類、クリ・サンショウなどの樹実類、木炭、竹炭、そしてサカキ・シキビなどの特用樹がそこに含まれる。

昭和五十七（一九八二）年に、土佐山村でシキビの樹林造成と生産出荷施設の設置が実施されたのをはじめとして、以後、毎年場所を変えて振興対策がとられるようになった。シキビを栽培する利点は、年間をとおして需要があるため安定的な現金収入が得られること、そして、お年寄りであっても比較的容易に栽培できること。そのため、現在では県内のほぼ全域で生産されているという。生産されたシキビは、森林組合やＪＡの出荷場に出されたり、花市場に直接出されたりするのが主流のようだ。

さて肝心の切り子だが、これについての情報は、残念ながらなさそうだった。ただ、「とても気になりますね」と宮﨑さん。「少しこちらでも調べてみます」と心強い言葉をいただいた。

その宮﨑さんが、私の名刺をしげしげと眺めて、「もしかして、ここにある研究所というのは、宮本常一先生のご関係ではありませんか?」という。

宮本常一（一九〇七～一九八一）は、戦前から戦後にかけて、日本各地をくまなく歩きつくした稀代の民俗学者だ。私が所属している旅の文化研究所は、宮本が創設した日本観光文化研究所を前身とする。私自身は宮本に直接教えを受けたことはないが、いうなら孫弟子であり、縁は深い。そんなことは名刺のどこにも書いていないのに、なぜわかるのだろう。聞けば、宮﨑さんは宮本のファンだという。膨大な著作のなかには高知を舞台としたものも多く、とりわけ檮原で出会った老バクロウ（畜力として欠かせなかった馬や牛の売買を仲介する人）の語りが綴られた「土佐源氏」は、俳優の坂本長利さんの一人芝居でも知られる宮本の代表作だ。ともかくも、「旅」と「民俗学」というキーワードだけで宮本を連想される洞察力に感服の思いを抱いて、事務所を後にした。

高知県内には、サカキ・シキビを扱う花市場が三か所あるという。その中でも取扱量が多い株式会社土佐花き園芸市場に、それから足を運んだ。ここでの年間取扱量は、平成二十（二〇〇八）年当時でサカキが約一八トン、シキビが約四七トン。やはりシキビの流通量がサカキをはるかにしのいでいる。

市場の人の話では、持ち込まれるシキビのおよそ八割が、個人の山主からの荷だという。一方、消費先は、県外も多少はあるものの、ほとんどが県内の小売店やスーパーなどの量販店。県内の小売店の約七割が、この花市場に加盟しているそうだ。

こうして各所で情報を集めた結果、シキビの流通経路がおおよそ見えてきた。まとめると、左図のようになる。

どの経路をとるかは地域によって違うが、先述したとおり、主流となるのは、生産者から森林組合・JAなどの出荷場、もしくは花市場へと出されるルート。こうした生産者は、たいていが

高知県におけるシキビの主な流通経路（高知県発行の資料と聞き取りから作成）

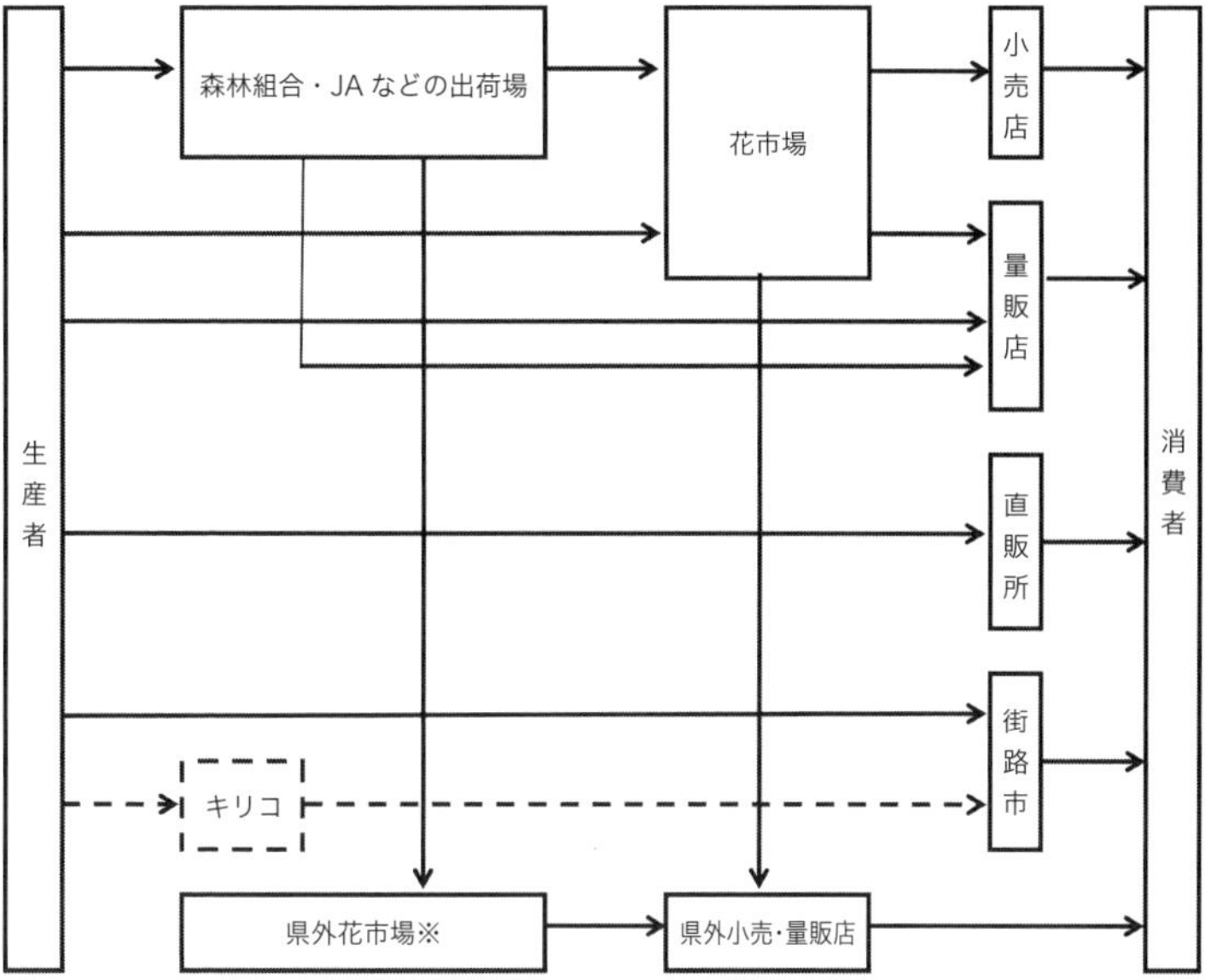

注記：県外とは高知以外の四国の３県を主にさしている。

主な出荷先別によるシキビの規格

市場	品名	規格（注1）	切り下（注2）	重さ	備考
高知	小束（小）	45㎝	約12～13㎝	約200～250g	5束を1括り
	小束（大）	65㎝	約20㎝	約350～450g	5束を1括り
	4kg束	50～60㎝	約15～20㎝	4kg	2箇所結束
愛媛	小束（小）	55㎝	約12～15㎝	約200～250g	5束を1括り
	小束（大）	80㎝	約20㎝	約500～600g	5束を1括り
	4kg束	60～80㎝	約15～20㎝	4kg	2箇所結束
	8kg束	80～110㎝	約20㎝	8kg	3箇所結束
京都	小束	45～50㎝	約12～13㎝	約250～300g	5束を1括り
	5kg束	60～80㎝	約15～20㎝	5kg	2～3箇所結束
広島	小束	60㎝	約20㎝	約200～300g	5束を1括り
	5kg束	80㎝	約20㎝	5kg	2～3箇所結束

（高知県中央西林業事務所作成の資料による）

注1：葉を含めた枝の全長　注2：葉がついていない柄の部分の長さ

持山で比較的大規模に栽培をしている人たちである。出荷にあたっては、葉の部分の高さや柄の長さなど、ある一定の統一規格があり、それに合わせた束に仕上げる必要がある。シキビはとくに、出荷先（高知県・愛媛県・京都府・広島県）によって地域差があり、規格が異なっているのもおもしろい（前ページの表）。

また、集荷場や花市場を通さず、生産者自らが直売所や街路市に持ち込むという経路もある。この場合の多くは、農家の人たちが自宅周辺に植えているものを少しずつ切って、束にして持ち込む、といった規模である。

こうしてみると、渡邉さんから聞いた話は、このいずれでもない。図の中に点線で示した、生産者→切り子→街路市という経路になる。

渡邉さんの話にあったように、かつてはオヤカタに組織された切り子のグループがあり、各所の山主と契約して管理・伐採に携わるなど、街路市に限らず、シキビの流通全体の要ともいえる役割を担っていた。切り子の仕事は、主としてシキビの生育と伐採にあるが、後で述べるように、品質の管理という重要な役割がそこにはあった。

ただしその切り子も、渡邉さんと取引のある一組を残すばかり。それまで切り子の技術によって保たれてきた品質が、切り子そのものが衰退してきたことによって、「規格」という形に置き換わったといえるかもしれない。

もはや、切り子を介した流通の、最後の伝承者となった渡邉さん。教えてもらわなければならないことは、まだたくさんありそうだ。

シキビが「リンになる」ように――山主と切り子

旅に出ると思いがけないことがいろいろあるもので、ちょうどこのシキビ探査のさなか、履いてきた靴のかかとがボロボロに崩れ落ちてしまうという、珍妙な体験をした。後日聞いた話では、ウレタン素材の靴底は、しばしばこういうことが起きるらしい。

この日は朝から、シキビの産地である嶺北地方へと出かける予定で、道案内してくださる岡村雅夫さんと合流早々、靴屋探しをお願いする羽目になってしまった。

岡村さんに最初にお目にかかったのは、初めて日曜市を訪ねた平成十七（二〇〇五）年のこと。当時ボランティアガイドとして日曜市の案内をしておられ、市役所でまとめた資料の所在や担当者のお名前などを丁寧に教えていただいた。以来、高知での道案内を買って出てくださり、ずっとお世話になっている。

岡村さんの確かな情報網によって、早朝から開いている靴屋で無事スニーカーを新調し、急ぎ大豊町（長岡郡）へと向かう。シキビのことを気にするようになってから、産地として名高いという嶺北地方に行ってみたいと思っていた。岡村さんの古い知り合いに、大豊町で山仕事に携わってこられた方がいらっしゃるというので、連れて行ってもらうことにしたのだ。大豊町といえば、かの渡邉さんのお父さんが商売を始めたばかりのころ、自分でサカキ・シキビを取りにいったという場所にも近い。

高知市内から高速道路に乗れば、大豊までおよそ三〇キロ。かつて渡邉さんのお父さんが、自転車で半日かけて行ったという峠越えの道も、今では一時間程度で行くことができる。トンネルに次ぐトンネルで、山並みを潜り抜けるように道が続いている。

待ち合わせ場所だというレストランは、役場に近いスーパーの中にあった。高知市内を出るときには曇天だった空から、ちらほら雪が舞っている。師走とはいえ、南国高知で雪に会うとは思わなかったが、山間地ではこれも珍しくはないらしい。

岡村さんの旧友、山下久寿喜《くすき》さん（昭和十三年生まれ）と、地域の歴史に詳しい石川靖朗《せいろう》さん（昭和六年生まれ）が、すでにそこで待っていてくださった。石川さんは、私の名刺からまたしてもインスピレーションを得られたようで、「もしや、宮本常一先生の……」と、先の宮崎さんと同じことをおっしゃる。偉大な先学に助けられ、たちまち旧知のような和らいだ空気になった。

シキビのことは、このあたりでもハナシバと呼ぶらしい。切り子の存在についてもご存知で、お墓のまわりに植えてあるものを、少しずつ買い集めるようなことをしていたという。墓地にシキビを植えるのは、やはりシキビの実に含まれる毒が獣害を防ぐということから、そんな習慣になったようだ。

このほか、山主にかけあって年間の伐採許可を得て、切ったシキビを地元の農家に頼んで束にしてもらい、それを集めて持っていくようなことをしていた人もいた。このごろは、森林組合で一括して束のシキビを集荷し花市場に出す場合もあれば、個人で花市場やスーパーに出荷する山主もいるようだ。

石川さんがお住まいの大豊町の北のほうでは、明治のころから製紙原料となるコウゾやミツマタの栽培が盛んだった。このあたりは田んぼが少なく、焼畑を作って雑穀を育てる。そのあとに、コウゾ・ミツマタを植えるのである。嶺北地方の西側に位置する伊野町（いの町）は、古くから和紙の産地として有名だが、そこにある製紙工場に原料として出していた。昭和四十年代の半ばくらいから、この製紙原料の需要がなくなったことにより、代わりにシキビを植えるようになったという。その技術は、愛媛県の新宮あたりから入ってきたようだ。新宮でも、同じく製紙業や養蚕業の衰退などで、これに代わる現金収入手段として、シキビの人工栽培が始まったらしい。

「ヤマシ、って聞いたことありますか？」と山下さん。

山仕事で生活する人のことで、木材を切ったり、搬出したり、あるいは植え付けや育林にも携わったり。戦後には、炭焼きをする人もいた。こうした山専門のヤマシたちが、仕事の合間にシキビを切るようなこともしていたという。あるいは、切り子やそれを率いるオヤカタも、もとはこうしたヤマシから発した仕事だったのだろうか。

本格的な雪になるかと案じていたが、二時間ほどお話をうかがっている間に、どうやら回復したらしい。空が少し明るくなってきた。

大豊町では、シキビの人工栽培そのものはさほど多くはないのだが、山下さんが、これを手掛けている人に心当たりがあるというので、連れて行ってもらうことにした。

緩やかな傾斜が続く道を車で上っていくと、休耕田だろうか、シキビが植えられているのが見える。標高は五〇〇～五五〇メートルくらい。青っぽい粘土質の土が特徴のこのあたりは、おいしい米がとれることでも知られている。だが、その米を育てる若い労力が不足しているのだろう。

目の前の休耕田は、こうした山間地の現状をよく物語っている。

このシキビ畑の持ち主は、小川力也さん（大正十年生まれ）。栽培を始めたのは、平成十二（二〇〇〇）年ごろだというから、案外新しい。初めのうちは、地元の森林組合に出荷していたが、規格どおりの束にそろえなければならず、規格に合わないものは受け付けてもらえない。そこで、五年ほどたったころから、切り子を頼むことにした。田中さん（仮名）といい、夫婦で仕事をしているという。

ご夫婦で仕事をしている、切り子の田中さん——。

すでに切り子そのものが衰退している現状を考えると、渡邉さんとつきあいがあるという切り子は、おそらくこの人ではあるまいか。漠然と思い描くばかりだったシキビの流通経路が、しだいに実態あるものとして見えてきた気がした。


それから一年ほどたったある日、高知県中央西林業事務所におられた宮﨑伸幸さんからハガキをいただいた。

「切り子の情報あります。ご連絡ください」

こちらの希望を忘れず気にかけていてくださったことに、感動を覚えた。すぐさま連絡し、高知へ飛ぶ算段をつけた。平成二十三（二〇一一）年三月のことだった。

人事異動で、香美市にある中央東林業事務所の所長となられた宮﨑さんと、ＪＲ土讃線の土佐山田駅で待ち合わせをし、車で連れて行っていただいたのは、以前訪ねた大豊町の西側にある本山町だった。宮﨑さんは、この地域を管轄する部署に移られたことで、切り子の田中さんにシキビの世話をしてもらっているという山主をお知りになったそうだ。

たしか、渡邉さんが扱っているシキビの多くは、本山町のものだと聞いた。山主→切り子→街路市という、先の図でもはや点線でしか描けなくなったシキビの流れを、ここで確かめることができるかもしれない。

本山町のシキビ畑（2011.3.11）

車一台がやっと通れるほどの曲がりくねった道を、山のほうへと上っていく。吉野川の支流にあたる清流、汗見川に沿って走る道だ。その道の脇には、斜面に張り付くように民家と畑が並んでいる。畑のまわりに丁寧に積まれた石垣が、目を見張るほどに美しい。ここで長く営まれてきた暮らしの息遣いが聞こえてくるようだ。

川沿いに点在する六つの集落のうち、上流域の瓜生野《うりうの》という集落の中に、目指す山主、河邑《かわむら》一雄さんの家はあった。車から降りて振り仰ぐと、青々とした樹木に覆われた山が幾重にも連なっている。

ご自宅脇の事務室に案内され、いくつかの資料を見せていただきながらお話をうかがった。

河邑さんが持山でシキビの栽培を始めたのは、一雄さんのお父さん、福重さん（大正九年生まれ）の代のこと。三十年ほど前、このあたりはユノス（ユズのこと）の栽培が盛んだった。ところが、収穫したユノスをコンテナに入れて運ぶのがとても重い。体にも大きな負担がかかるので、別の作物に変えようか、という話になったときに、林業関係の仕事をしていた福重さんの弟から、シキビの情報を教えられた。本山町の北西に白髪山《しらが》という山があり、その周辺で質の良いシキビが自生しているという。高知では、コバ（小葉）といって、小ぶりでつやのよい葉が上等だとされている。白髪山のシキビは、まさにそのコバでつやもよく、挿し木にしたところ、同じように成長した。そこから徐々に面積を拡大して、サカキも含めた二町五反ほどの広い畑を作り上げたそうだ。

宮崎さんによると、白髪山周辺は、江戸時代から良質のヒノキ材などが得られる山として知られていた。そしてそれは、ここに分布している蛇紋岩《じゃもんがん》の影響とも考えることができるという。蛇紋岩には、微量元素のマンガンやマグネシウムが含まれているほか、別名を「温石《おんじゃく》」ともいって、温めた蛇紋岩を懐炉代わりに使った時代もあったのだとか。熱を蓄える特別な地質が、良質の材木や米、そしてシキビも育んだ、ということらしい。

「親父は勉強熱心でした」と一雄さん。

その言葉どおり、シキビとサカキの栽培法が書かれた資料や、土佐花き園芸市場の人を講師に招いて開いた講習会の記録などが、ファイルにたくさん残されていた。なかには、兵庫県宍粟郡《しそう》安富町（現姫路市）の花木園芸協業組合から取り寄せた資料もあって、県外にも広く情報を求めていたことがわかる。そこから苗木も仕入れていたようだ。新しい事業をなんとか軌道に乗せたいという、福重さんの強い思いが伝わってくる。

独学でシキビの栽培を手掛けて十年、ようやく出荷できるまでになった。初めのうちは、本山町内の良心市（無人の農産物直売所）や、隣町のスーパーに出していた。そうしているうち、平成十二〜三年ごろに切り子の田中さんと知り合って、畑の管理を任せるようになった。以来、ずっとつきあいが続いているという。

山の畑に案内してもらった。田中さんがご夫婦で作業に来るのは、年間五十日ほど。運よく会うことがかなえば、などと思っていたが、残念ながらつい先日来たばかりなのだそうだ。

宮﨑さんが、作業場を見ながらしきりにうなずいている。

「きれいに片付いてますね。これを見ただけで、田中さんの仕事ぶりがわかります」

床はきれいに掃き清められ、道具類も隅にきちんと重ねて置いてある。さまざまな現場を見知っていると、こんなちょっとしたことで、人となりがわかってしまうものらしい。

作業場の裏から斜面をのぼれば、一面のシキビ畑。ところどころ、サカキの木も混じっているが、数は少ない。高知県内での人工栽培の比率と同様、ここでも植えられているのは圧倒的にシキビ。その陰にかくれるように、サカキがちらほら見えるのは、日に当たって葉が変色するのを防ぐためなのだろう。

シキビの木の高さは、ちょうど人の背丈ほど。その間を歩きながら、宮﨑さんがまたもや感嘆の声をあげる。

「これを見てください」

地上から伸びた一本の幹が、一メートル二〇センチか三〇センチくらいのところで枝分かれして、緑の葉を茂らせている。その枝分かれの部分に、いくつか切り口が並んでいる。どの木を見ても、だいたい同じだ。

これは「台切り」といって、枝分かれを調整する技術だそう。自然のままのシキビは、根元の部分でどんどん枝が出てきて広がる性質がある。それでは日当たりが悪く、枝が灣曲してしまう。そこで、ある程度の高さまで一本の幹になるように育ててから、枝分かれをさせたいところで台切りする。こうしておくと、腰をかがめなくてよいから作業もしやすい。まっすぐなよい枝葉に仕上がるよう、工夫されているのだ。感心しながら眺めていると、先端の葉が放射状に開き、花のようになっている枝をみつけた。これは「リンになる」といって、とりわけお客さんに好まれる。ここのシキビの質の良さは、こんなところにも表れているのである。

宮崎さんによれば、河邑さんのシキビ畑は、木と木の間隔が、県で推奨しているより若干狭いという。つまりは密集して植えられているわけだが、こうなると害虫被害にあいやすいので、こまめに消毒する必要がある。その一方で、作業はしやすく、効率もよい。

「肥料はどうしてますか?」宮崎さんが河邑さんに聞く。

「肥料はやってません」と河邑さん。「葉が太くなる、といって、キリコがきらうので」

ここは土質がよく、小葉が好まれる高知にあっては、あえて肥料をやる必要もないらしい。それでも十分に葉がつやつやしていて、素人目にも上質であることがわかる。その土地の性質や条件などを総合的に判断して、それにあったやり方を選ぶ。これこそが切り子の技術、ということなのだろう。

斜面のなかほどに、小屋が建っている。小さなキッチン、お風呂にトイレ。生活するのに十分な設備が、ひととおり揃っている。田中さん夫婦は、作業があるときはここに泊りがけで来るそうだ。この小屋は、亡き福重さんが田中さんのために建てたという。それほどに、切り子を大切にしていた。

河邑家を辞し、ふたたび汗見川沿いの下り坂を帰路についた。

台切りされたシキビ（上）とリンになった葉（下）
（2011.3.11）

田中さん本人に会うことはできなかったが、一面に広がるシキビ畑のそここには、手間ひまかけた切り子の確かな技の証と、その技に託した山主の強い思いが残されていた。

薄利多売がモットー

お盆が終わって最初の火曜市。この日も朝から、渡邉さんの店の前には人垣が絶えない。

「さあ、おかあちゃん、長さは切っちゃるき。だいたいこんなもんになった（ここにあるだけになった）」

もはや残りわずかとなったシキビの山から、お気に入りの枝を選んでいた女性のお客さんが、ようやく満足のいく一対をこしらえて渡邉さんに渡す。「切ってよ、仏壇やき。ここのは長持ちする。こないだも、買うてったが長いこと持ってね」。例にたがわず、常連さんだ。

「だんだん持ちだしたけど、まだちょっとね。今、二回目の芽がうんと上がってきてね。二番芽ゆうて、だんだん丈夫になりゆうけど」。パチン、パチンとハサミを鳴らしながら、お客さんが指さすあたりを切りそろえていく。

「これだけで、持つろ？」とお客さん。次の火曜市まで、一週間しおれないかどうか聞いている。

「持つ。これ、日向でね、こっちは日陰で。はい、これ七〇万と出たで」

日向でまっすぐに育った枝は、それだけ丈夫で日持ちがする。渡邉さんの店のシキビは品質がよく、日持ちがするというのがもっぱらの評判だ。

話をしながら、すばやく計量。「受けちゅうきね　はかりの検査　高知市」と検査済みのシールが貼られた秤の文字盤は、ちゃんとお客さんのほうを向いている。

「ほいたら、現金で三〇万。ありがと」

チャリン、と音をさせて、受け取った百円玉を秤の脇においたカンに入れ、そこから三〇円取り出してお釣りを返す。これで取り引き終了。

よく聞いていると、ちょっとしたやり取りの合間に、「二番芽」だとか、「日向」だとか、さりげない専門知識が盛り込まれている。こんなところが、お客さんに信頼されるゆえんでもあるのだろう。

「こないだ、休んどったもんね」と別の奥さん。

「来とったでよ」

「え、ほんと？　わたしが遅かったん？」

「そうそう。……とうからいんだ（早く帰った）！」

「ほんでやわ、もうあんた、だまされた！　朝からおもろいね」

たわいない掛け合いのあいだも、渡邉さんの手が休むことはない。「元気が出る、おじさんとこ来たら」と、お客さんも笑顔で帰っていく。

量り売りは、渡邉さんの店の特徴のひとつだが、面倒ではないのだろうか。

「目方で売る、ゆうのは、めんどくさい。はっきりゆうて。束にすれば楽なわけよ。けんど、それは自分く（自分の山）にある人でないとできん。買うて（仕入れて）やりよる人は、束にしとっ

枝を選んだお客さん（右上）から希望の長さを聞き（左上）、根元にハサミを入れ（中段）、計量して新聞紙にくるみ（右下）代金と商品を交換（左下）（2009.8.25）

たら（採算が）あわん。うちでようせん」

売る場面だけに限ってみれば、あらかじめ束にして値決めをする方が楽なことは確かだが、仕入れに元値がかかる渡邉さんの場合は、準備に時間を費やすだけ損になってしまう。一見、面倒に思える量り売りも、じつはもっとも理にかなっていたわけだ。ただしそれは、次々とお客さんをさばいていく技量があってこそ、というのはいうまでもない。

「本山町の河邑さんのところに行ってきました」

そう報告すると、「おお、そこまで行ったかね」と驚いたような顔をした。「河邑さんのところは、亡くなったお父さんがシキビサカキに惚れてね、ええもの作ってる」。福重さんのことだ。切り子の田中さんをとても大事にしていて、泊まりがけで仕事ができるよう、作業小屋まで建ててやった、というのは、実際に見てきたとおりである。「ちょうど山番にもなるらしいわ」。作業小屋で寝泊まりすれば、盗難防止にもなる。農作物の盗難は、昨今の深刻な問題だ。

渡邉さんによれば、田中さんは、県境を越えた新宮（愛媛県四国中央市）でシキビの栽培をしている人から、伐採と管理の技術を教えてもらったのだという。

「（初めのうちは）自然の山、切りよったからね。どこでも切ってかまん。けど、あんまり切り方知らなかったから、どんどん切ってたら怒られたてね。新宮で。アトメ（後芽）が出るように、切り方教えてもろた、て、そんなことをいいよった」

その後、河邑さんの山で仕事をすることになったが、田中さんのあまりにも大胆な枝の切り方に、福重さんは相当驚いた、というか、不安になったらしい。だが、「来年、同じように芽が出るから」と田中さんが言い、本当にそのとおりになった。以来、河邑家では田中さんに絶大な信頼を寄せるようになったそうだ。

そんな話をしながらも、お客さんが次々と差し出す枝の根元を軽快に切りそろえては、秤に乗せる。

「あんまり切ると、もうけがないで」とはお客さん。目方で仕入れて、目方で売る、というこの店のしくみをよく知っているからこその気遣いだ。

「切るばは損やけどね。そんなこと、ゆうちょれん。お客さまはカミサマです。はい、一五〇万」。ちらっと本音をのぞかせて、さらりとかわす。お客さんの心にも、いい買い物をしたな、とほんのり暖かな火がともる。常連さんを喜ばせる、匠の技である。

絶えず寄せていたお客さんの波が、少し途切れた。

「うちはどっちかというと、薄利多売やき。今はいかん。薄利だけ残ってね」

一番よく売れたころ、というと、ちょうど瀬戸大橋が開通した昭和の終わりから平成の初め。当時はリヤカーで何度も家を往復して、荷を補充しても追いつかないほどだったというが、もはやそんな時代でもない。もっとも、下火になってきたのは需要だけではないようだ。切り子が持ってくる枝の量も、かつては一日一〇〇キロばかりあったものが、今やその半分。山に住む人が減り、自ずと供給源も少なくなった。減ったなりに、需給のバランスはとれているということらしい。ただ、量がさばけなければ、利益も出ない。正真正銘の薄利というわけだ。

「花市で仕入れとったら、とうからやめちゅうわけよ」

花市、とは、つまりは花市場のこと。渡邉さんからあまり聞かない単語だ。どういうことなのか、次の言葉を待った。

「しんどいけんど、キリコかかえとるろ。そいで、山で植えてもうた人がおるしね。一〇〇〇円でも、二〇〇〇円でも、植えた人に還元しちゃらないかんし、切る人もうち専門やきね。花市で仕入れよったら、やめたいときにやめれるで。うち、相手あるけね、やめれな。まあゆうたら、もうけとゆうより、安うに売って、また（お客さんが）買うてくれるろ。ほんで案外やめれな。まあ、やめとうもないけんど。元気の秘訣じゃけね」

そう言って、カラカラと笑う。

小さな店の、小さな商売。たしか、シキビ一〇〇グラムあたり一〇〇円というその内訳は、山主三〇円、切り子四〇円、そして渡邉さんが三〇円と聞いた。たとえ薄利でも、そのもうけが、山主にわたり、切り子の暮らしを助け、街路市にお客さんの笑い声を響かせる。山主↓切り子↓街路市という小さな流通の最前線に立つ渡邉さんの究極の目標は、この連携を継続させることなのだ。

よき山主がいて、そこで働く高い技能を持った切り子がいて、そして、大勢の常連さんをつかまえて離さない熟練の売り手がいる。「三方良し」とは、江戸時代に世間を圧巻する豪商へと成長した近江商人の身上だが、街路市の間口一間の店先に、同じ世界観を見出すとは思いもよらなかった。

それまで私は、市というところは、売り手それぞれが個々の利益をひたすら追求する場だと思っていた。とりわけ、土地の産物を小規模に扱う店では、その日その日で荷を売り切ることに意味があり、目標があるのだと、単純にそう考えていた。

けれども、それはほんの一面的な理解に過ぎなかった。渡邉さんが、今まさにそのことを教えてくれたのだ。

三十円のおばあちゃん

お盆明けの最初の火曜市だったこの日の朝、私はちょっとした失態をやらかしていた。出店準備のようすから見させてもらいたい、と出勤時間を聞いていたのに、少しその時間をまわってしまったのだ。何度か来ているにもかかわらず、市電を降りてから道を間違えた。目指す場所となぜか真逆に向かってしまう、悲しき方向音痴である。

息せき切って現場に着くと、渡邉さんはテントの組み立てもしないで待っていてくれた。ああ、来た、来た、という感じだったが、すでに足を運んでいたお客さんに「遅い！　おんちゃんを待たせて！」と叱られてしまった。準備が終わらなければ、お客さんも買うことができない。平身低頭である。

リヤカーも、テントも、品物を置く台も、すべてお父さんの代から使っているものばかり。あっという間に組み立てを終え、リヤカーに積んであるシキビとサカキを台の上に乗せていく。待ちかねたように、数人のお客さんがさっそく枝を選び始める。その表情は、真剣そのもの。朝一番は、売る方も買う方も勝負時である。

この日に渡邉さんが持参した荷は、シキビ・サカキ合わせて二〇キロほど。近隣のお得意さん相手の火曜市は、店の間口も狭く、全体に規模が小さい。それでも、かつてはこの倍ほどの荷をさばいたらしい。

「日曜市は、（現在でも）最低五〇キロは持ってく。けど、わかるろ、一〇〇円で売って五〇キロ。満額いっても五万じゃき、しれとらァ。もうけ、一万あるかないか。もうけよったらやれん、この商売は」

そうはいっても、お父さんの代から約六十年、こうやって商売を続けてきたからには、それなりの利益が出ないことには成り立たないだろう。

「ふだんばかりの、こればの売れじゃ、ちいとも食うていけるもんか。年間のトータル。月なんぼ、日なんぼ、ゆうたらやっていけん」

シキビはとくに、季節によって需給の差が大きい。そのため商売は、年間とおしたサイクルでもって考えなければならないという。

「冬はね、ほんと売れん。けんど年末は、お正月用に売れる。一月二月は赤字や。日をもつ（日持ちがする）ろ。枯れんでね。山も、雪で凍ったりして上がれんき。

一月二月売れんな、と思ったら、三月お彼岸が来る。いっとき、新芽でもうけにならんな。四月、五月ごろね。古い葉がばさっと落ちて、新芽がよう育たん。そのころは、お客さんもいかんけど、こっちももうけにならん。

ほいたらこんど、お盆がある。（お盆過ぎの）今ごろが、一番品物は切れるわけ。九月過ぎてお彼岸。ほいたらまた十二月。年四回ボーナスがあるわけ。ほんでやっていけるが」

盆と暮れ、そして春秋の彼岸。特別に売れるこの時期があるからこそ、冬や新芽の出るころなど、利益が出にくい時をはさみながらも、なんとかやりくりできるのだ。

「けんどね、一万も売れんときは、休みたい。ほんま。まっこと朝起きて、あーぁ、とね、いやんなるろ」

冬の寒い朝であっても、雨の日でも、渡邉さんはほとんど休むことなく街路市に出続けている。なぜか。いうまでもなく、そこに待っているお客さんがいるからである。

「まえには、三十円のおばあちゃん、ゆうてね。阿弥陀さまにあげる、こんな（小さな葉の）先が二本くらいのを、毎週三十円買うていく。そんな人、来てた。盆とときどき、めんどくさい、思うときもあらあね。けんど、そんな人でもばかにせられんわ。盆や墓参りのとき、どさっと買うてくれるきね」

商売の要となる年四回のボーナス。それをもたらすのは、毎回少しずつでも買い物をしていく常連客に他ならない。日々の積み重ねがあってこその、ボーナスなのである。

カミ、ホトケは見ゆう

日が高く上がり、台の上の枝葉も次第に少なくなってきた。

好みの一対を選び終えたお客さんが、例のごとく、枝の根元を指して、短く切ってくれるよう頼んでいる。

「ごっそり切るけ、ええか?」ずいぶん大胆な切り方を指示されたので、いちおうは確かめて、渡邉さんのハサミがパチン、パチンと音を立てはじめる。

「はや、きのうは洗濯炊事で追いまくられ、嫁さんに使われて……。みな、わしの女房知らんけん、強い。美容院しゆうけんの。けんど、嫁さまさまで家が建ったき、わたしのやることにだまっちょり、って、金があったらなんぼでもいえる」。計量を待つお客さんも、枝葉を選んでいるお客さんも、渡邉さんの店は女性客が多い。わが身を重ねてか、クスクスと笑いがもれる。恐妻ネタは、お得意の持ちネタのひとつだ。

「はい、おかあちゃん、これね、一三〇万もするで」

「ええよ。安い。ありがとぉ」

「安いろ。そのかわりご利益半分もらいゆうで」

お客さんが枝を選び、切りそろえて計量し、新聞紙にくるんで会計。一連の動作は同じことのくりかえしだが、その一回一回が違うように思えるのは、この話術あってこそ。渡邉さん自身も、「ありがとうございます、だけではあかん。いろいろ話題も提供せないかんろ。お客さんも、にいさんの話聞きにきた、ゆうしね。おもしろい話せないかん」というとおり、会話はこの店に欠かすことのできない大切なツールになっている。

会話を楽しみにしているのは、お客さんばかりではない。「ここへ来て、お客さんと話するのが年がいかんなによ」。渡邉さんにとってもまた、お客さんと言葉を交わすことが励みになっている。

「サカキ、いくらです？」

テントの下に現れたお客さんから、ふいに話しかけられた。店の内側にいるので、私を売り子と間違えたようだ。この時点で、常連客ではないことが即座に知れる。

渡邉さんはあわてて、「目方じゃけのう。よそからゆうたら、高う売りゃあせんけどの」と答える。量り売りのシステムを知らないことからしても、初めてのお客さんらしい。

「リン（先端の葉が花びらのように開いているもの）になったら、目方も高うなる？」

続いて放たれたお客さんのこの一言が、渡邉さんの気に、どうやらさわったようだ。とたんに厳しい口調になって、

「高うならん。カミサマは差別せられん。こんまいがでも、リンも、全部いっしょ。ほかのお店やらは、リンは高いて売りゆうで。わたしはそんなことせん」ときっぱり言った。

歳事に使う植物だからか、シキビもサカキも、リンになった枝葉がことのほか珍重されることを、これまで渡邉さんの店でも、嶺北の山でも教えてもらった。この店のサカキ・シキビを選んでいくお客さんの評価の第一は、何よりも、リンを含めた品質の良さにある。「ちょっと品が落ちちょったら、お客さん見てわかるけね」というとおり、特産地である嶺北の山主と、切り子という専門技術者の手を経て育った上質のシキビ・サカキを、安価でたくさん提供する、ということが、売り手である渡邉さんの神髄なのだ。

渡邉さんの怒りの理由をつかみかねているお客さんは、それでも、リンになった太い幹のサカキを買うことにした。

「これ、一五〇万。高いことあらんわ。一五〇円で。たったの」。余分な枝を切り、ちゃんと水が上がるよう、ハサミを鳴らして根元に切れ目を入れながら、なお渡邉さんの機嫌は直らない。その剣幕に押されてか、「山から持ってきたから、きれいな葉っぱやね」とお愛想をいうお客さん。ところが、これがまた火に油を注ぐ。「ないわ、自然はないわ。つくりゆうからあるがやろ。ちゃんと切って、こしらえてもらうがやき。タダで持ってきたんとちがう」

さすがにお客さんも辟易《へきえき》したようで、サカキと引き換えに「はい、これ、見てちょうだい」と、一五〇円をパンと台の上に置いて立ち去った。「見ることないわ」と吐き捨てるようにつぶやき、すぐ別のお客さんの応対にかかる。

自他ともに認める〝いごっそう〟とは、以前に聞いた話だが、これがそうか、と納得した。一見客なら、うまくおだてて常連客に、などと思うのは浅はかな素人考えで、商売の信条と誇りを汚されるのが、いかにも耐え難いのである。なんでも、品物に難癖つけるお客さんに向かって、「気に入らんのなら、自分で山に行ってとってこい」と言ってしまったこともあるという。時折、「おんちゃん、怖い」とも言われるのだそうだ。

渡邉さんもいごっそうなら、商売を始めたお父さんの儀七さんもまた、相当ないごっそうだったらしい。いごっそうな親から、子のいごっそうが商売を継いで、もう二〇年ほどになる。

「継ぐときに、おやじにいわれた。シキビサカキは、もうけて売りよったらいかん。貧しい人も金持ちも、神も福もあるき、貧しい人にもまつれるように売らないかん。それが遺言やったけ。そいで、もうけて売られんという心があるわけよ。シキビサカキはこれ、やけね」そういって、手を合わせてみせる。その言葉のとおり、よく売れたバブルのころも、売れゆきがのびない今となっても、お父さんの代から値段は変えていない。

とはいえ、背に腹は代えられず、一度だけ、値上げをしたことがあった。

「新芽のころにね、もうけにならんき、ちょっと値ばあげたわね。一万円ば、もうけた。火曜市でね。

帰りがけに、カーブ曲がって、空のリヤカー振ってね。軽四にコト、ゆうたら一万なんぼ。一万もうけて、一万五千円ばとられた。カミ、ホトケは見ゆう」

品薄で商売にならない新芽の時期に、少しばかり値上げをしたその日、帰り道でリヤカーを軽自動車に接触させ、罰金をとられた。「バチがあたった」のだそうで、以来一度も値を上げたことはないという。

今では、街路市でサカキ・シキビを専門に扱うのは、渡邉さんの店のみとなったが、農家からの出店者で、家まわりにあるサカキやシキビをとってきて、これを荷に加える人が多くなってきた。自家製品であれば、農家の場合は品ぞろえを各自で工夫することができる。一方で渡邉さんは、サカキ・シキビ以外の品物を持参することはできない。出店登録上の約束事である。

「売る人が増えてきて、ボディブローきいてきゆう。売り上げが違うてきた。（農家の店は）束にして、安う売りよる。あれでかまん人もおいでるでね」

手早く、簡便なことが好まれる昨今では、野菜ものを買い求めるついでに、そこに置かれているサカキやシキビを手に入れる人が増えてきたのだろう。さらには、家庭でこれをまつる習慣そのものが、世代交代とともに薄れつつあることも否めない。

「これもね、自分の代で終わり。キリコがちゃがまる（壊れて動かなくなる）か、あたしがちゃがまるか、リヤカーがちゃがまるか」

そんなおどけた話を聞いてからしばらくたったある日、渡邉さんが商売をやめるということを、長年街路市のお世話をされている濵田末子さんからうかがった。年度で管理されている出店登録を、その年限りで更新されなかったという。

平成二十四年三月二十五日。渡邉さんが出店する最後の日曜市となったその日、私は高知へと飛んだ。

商売が楽ではないことは、常々うかがっていた。子やらい（子育て）も終わって、勤めていたころの年金も受け取るようになり、孫の小遣いと、せいぜい「おかず代があればええが」とも話していた。年齢に見合ったペースで、細く長く、お客さんとの会話を楽しみながら続けることと思っていただけに、あまりに急な引退だった。

店番号一一九番の店先は、いつものとおり人だかりで、この日が最後とは思えない。

中をのぞくと、渡邉さんは少し困ったような笑い顔で迎えてくれた。聞けば、キリコの田中さんが病気になり、品物の確保が難しくなったとのこと。従来どおりの仕入れができないので、や

父の代から使い続けたリヤカーに商売道具一式を載せる（2009.8.25）

めるのだという。「六十年の歴史、終わることにした」。まさに「いごっそう」。以前聞いた話のとおり、山主とキリコとの連携あってこその商売なのである。

最終日は、昼を待たずに早くも品切れとなり、てきぱきと帰り支度を始める。テントをたたみ、リヤカーの荷台に手際よく積んでいく。愛用の秤、売上金が入った缶などをリンゴ箱にしまって荷台に乗せ、それらをロープでしばりつける。あとはリヤカーをバイクにつなげば完了。

と、何やら急に思いついたように、つかつかと向かいの果物屋に行き、ミカンの袋を手にして戻ってきた。そして、見送るつもりでそこに立っていた私に、ついと差し出した。

三年前、パチン、パチンというハサミの音にひかれてのぞいた店は、サカキとシキビだけの小さな店だったが、市とはなにか、商売とはなにかを教えてくれる、大きな世界の入り口だった。

名物翁が去り際にくれたミカンを、宿に帰っていただいた。いままで食べたどのミカンよりも、おいしいと思った。

第4章

移動商人の歳時記
仙北地方の互市《たがいち》

竹駒神社の初午大祭にて（2016.3.13）

古川の八百屋市《やおやまち》

市に興味を持つようになってから、習慣になったことがある。どこかに泊りがけで出かける用があるときには、その近くで朝市をやっているところがないかを調べるのだ。

古川（宮城県大崎市）の八百屋市を知ったのは、仙台周辺の朝市を探していた時だった。「やおやまち」という言葉の響きにまず惹かれ、開催日が三と七のつく日という、旧来の六斎市の市立てそのままなのも気に入った。即座に行くことを決め、古川駅前に宿をとった。平成二十七（二〇一五）年五月下旬のことである。

東北新幹線で仙台から北へ一駅の古川は、旧奥州街道の宿場町でもある。朝市のいわれも古く、慶長九（一六〇四）年、古川城主となった鈴木和泉守元信が町割りを行った折に、御日市《おひいち》を定めたことに由来するという。町の中心部には今でも、三日町、七日町、十日町と、日を冠した地名がそのまま残っている。かつてその日に市が開かれたことの名残りであり、交通と交易の要所だったことがうかがえる。

翌朝、明るくなったころを見計らって、外に出た。まだ人通りも少ない商店街を通り抜け、開催場所の鳥堂熊野神社に向かう。

大通りから脇道にはいると、「朝市」と書かれた幟が見えた。さほど広くはない境内に、二十店ほどの露店が出ている。「八百屋市」の名のとおり、野菜や花、漬け物や総菜のほか、初夏の季節にふさわしく、各種の苗物が並ぶ。地元住民のための、和やかで素朴な風情ただよう市である。

鳥居の脇にテントを張った餅屋さん。シンプルな白い餅に豆餅、ずんだ餅、くるみ餅、ごま餅、納豆餅……。種類豊富な餅はすべて、原材料から自家製とのこと。農家の方で、先代のおばあさんのころ、野菜といっしょに持ってきていた餅が評判になって、今やこちらが専門になったそうだ。話を聞きながら、目の前に並んだ餅の魅力に抗《あらが》えず、くるみ餅を一パック購入。

境内の真ん中あたりに、見慣れない各種のイモらしきものがたくさん並んだ店がある。きりっと髪を束ねた若々しい奥さんが、次々とやってくるお客さんに品物の説明をしている。あれは何だろう？　話しかけたいが、いっこうにお客さんが途切れない。

遠巻きにうろうろしながら、ようやく手がすいたところで声をかけた。

「これは、ドタレ。こっちはトックリイモ」。知らない名前ばかりだ。ドタレはサトイモの子で、トックリイモは長芋の種。いずれも種イモだそう。ほかにも、ショウガや野菜の苗など、畑仕事が本格的に始まるこの時期特有の品ぞろえらしい。

「タガイチがあるから、それに合わせて毎年四月にたくさん仕入れるんです」

タガイチ――。聞いたことがある。たしか、「互市」と書くはずだ。この周辺各地で、決まった季節になるとあちこちで開かれ

八百屋市が開かれる烏堂熊野神社（2015.5.23）

種イモが並ぶ店先（上）と境内の八百屋市の記念碑（下）（2015.5.23）

るということを、以前耳にした。それからずっと気になっていて、いずれ調べてみるつもりだった。古川の八百屋市は定期市だから、互市とはまた別物と思っていたが、思いがけず接点が見つかった。やはり、足を運んでみないとわからないものだ。

この奥さんは、鹿島台、岩出山（いずれも大崎市）、若柳（栗原市）、花泉（岩手県一関市）などの互市に出かけるという。そんなにたくさん市があるのか。種イモの名前に始まって、驚きの連続である。

聞けば、八百屋市は四月から六月までで、七月になると、同じ場所で毎週日曜日に開催の「日曜朝市」が始まる。日曜朝市は、十月いっぱいまで続く。

「タガイチが終わったら、今度は梅干。いっぱい漬けて持ってくるの」

その日が待ちきれない、とでもいうように、顔をほころばせる。こういう話を聞くと、こちらもじっとしてはいられない。梅が漬かるころに絶対また来よう、と思う。

境内の隅に、大きな石碑が見えた。

近寄ってみると、「伝統を誇る古川八百屋市の由来」とある。碑の上方には、「１９８７　河北新報創刊９０周年記念　みやぎ新観光名所１００選　八百屋市（やおやまち）」とあり、昭和六十二年、河北新報社主催のみやぎ新観光名所百選に選ばれた折、記念に建てられたもののようだ。

碑文によれば、この八百屋市にもいくつかの転機があったらしい。慶長九（一六〇四）年の町割りで、三の日と七の日にそれぞれ御日市（定期市）が定められたのを発端に、明治二十（一八八七）年、開催場所の三日町と七日町が国道沿いだったことから、道路取り締まりの規則で、「裏町通り」に移転。太平洋戦争による中断を経て、昭和二十一（一九四六）年に再開。昭和三十八（一九六三）年、交通事情により、この烏堂熊野神社境内に落ち着いたとある。ちなみに、裏町は現在浦町といい、神社のちょうど向かい側の一帯にあたる。

これは後日教えてもらったことだが、古川八百屋市には、商工会議所内に設けられた運営委員会があって、そこでまとめた立派な沿革誌が、平成七（一九九五）年に発行されていた。

それによると、市の名称にもいくつかの変遷があった。「御日市」に始まって、裏町に移転したころは「青物市場」、そして戦後の八百屋市。八百屋市というのは、青物市場だったころの通称らしい。その裏町時代の八百屋市では、「遠くは鬼首《おにこうべ》、近くは薬莱山《やくらいさん》の麓から、わらび、うどなどの山菜を馬の背に積んで、前日の夕方、店をはる家々の軒下に荷をおろして夜明けを待っている。女川、十三浜から、わかめ、こんぶ、ふのりなどを入れた竹行李を背負った年老いた女の方がたは、約束してある家々に一夜を明かす」とある。交通の要所、古川には、山からも海からも産物が集積し、それを目当てに近郷近在の人が集まったようすがうかがえる。

戦後すぐには三〇〇店あまりもの店が並び、「芋の子を洗うよう」な混雑ぶりだったと沿革誌にはある。やがてモータリゼーションの到来とともに、路上での開催が難しくなり、神社境内へと場所を移した。移転を機に、昭和三十八（一九六三）年四月、古川八百屋市運営委員会を商工会議所内に設置。生産農家を中心とした大崎青果種苗組合という出店者の組合を、このとき立ち上げた。その後、平成三（一九九一）年に古川八百屋市組合と改称し、今に至る。なお、七月から十月に開催される「日曜朝市」は、昭和五十七（一九八二）年ごろから始まった。出店者は八百屋市で店を出す人が大半だが、組合組織は別。こちらは「日曜朝市会」という。さらには、平成十年ごろより、別の場所で十日朝市というのも始まった。藩政期に十日町でも市が立っていたことから、「古川十日朝市会」という有志でこれを復活させた。

こうしてみると、この古川だけで、ずいぶんたくさんの定期市がある。かつては出店者も多く、一〇〇店ほどが並んでいた。境内だけではおさまらず、周辺の沿道までもがびっしり店で埋まっていたという。昭和四十年代後半から五十年代ごろの話である。

市を回って五十年

さて、石碑でおおまかな沿革を確かめたところで、少し前の話が聞けないだろうかと再び境内を見渡した。

社殿脇の奥まったところに、カラフルなパラソルを広げて、年配のご夫婦が店を出している。台の上には、蓋を広げたダンボール箱。その蓋が値札を兼ねているらしく、「三陸産　極上若メ」「ふのり　３０ｇ　５００」「チリメン　５００」「とろゝ　７０ｇ　５００」などと手書きされている。海藻を扱う店のようだ。

さきほどの種イモは、畑を持たない身としてはどうにも手の出しようがなかったが、これなら心配はない。まずは財布を手に、買い物から始める。

先客の女性がワカメを計量してもらいながら、奥さんと話をしている。常連さんなのだろう。皿の上に山盛りになった、黒々としたワカメ。これで一〇〇〇円。こんなふうにワカメを計量してもらって買うのは初めてだ。

私の番になった。ご主人が皿にワカメを盛りながら「岩手のワカメだからね、品物がぜんぜん違うから」と自信たっぷりに説明してくれる。同じ三陸産のワカメでも、とれる場所によって味わいが違うらしい。

注文したものの、正直なところ、こんなにたくさんのワカメを消費できるだろうか、という不安があった。日持ちを聞くと、「冷蔵庫に入れておけば、一年はもつ」とのこと。それなら大丈夫だ。

荷台に並んだ袋入りのとろろ昆布が目に入った。私が知っているとろろ昆布とは、見かけがちょっと違う。細かくて、パラパラしている。

「干してあるの」と奥さん。乾燥とろろ昆布。通常のものより長く持つので、汁の実にするにも便利だという。なるほど、と感心し、これも買うことにする。

袋の中に、商標を印刷した紙片が入っていた。「特選　三陸名産　とろゝ昆布」という文字の下に、ご主人の名前と住所が書かれている。そこに「女川町」とあるのを見て、ハッとした。

「いま、そこに家はないの。津波で流されたから」

やはりそうか。女川といえば、さきの大津波で甚大な被害を受けたところだ。震災後は、ここ古川で家を借りて仮住まいしているという。

「どこから来たの？」

今度は私が聞かれる番だ。どんなにさりげなく買い物客を装っても、常連さんばかりが集うこちらのような市では、よそ者だということがすぐにわかってしまう。東京から来たこと、市の歴史を知りたいと思っていることなど話すと、それはそれは、とねぎらわれ、「こっち座って」と店の内側へと招かれた。

ご主人の隆男さん（仮名・昭和九年生まれ）と悦子さん（仮名・昭和十一年生まれ）は、ともに八十代。

古川八百屋市に出店して、もう五十年になるという。ちょうど、裏町から神社境内へと場所を移したあたりからのベテランである。

お二人が商売を始めたのは、長女が誕生した昭和三十八（一九六三）年四月ごろのこと。隆男さんは、もともと父の代からタクシー業を営んでいたが、昭和三十五（一九六〇）年のチリ地震による津波の影響で廃業。役場の運転手を務めるも、「背広着て、かしこまるのがいやだった」そうで、どうにも性に合わなかったようだ。

悦子さんの実家が女川浜の漁師で、海苔や乾燥ワカメなどを作っていたので、それを商売にしようと考えた。最初に行ったのは、栗駒山麓に近い岩ケ崎（栗原市）あたりの集落。そこを教えてくれたのは隆男さんの同級生で、「山のほうだから、海のもの売れるんでねか？」と勧めてくれた。隆男さんひとりで車に品物を積んで行くと、言われたとおりとても喜ばれた。だが、当時は米や豆と交換するばかりで、お金で買ってくれない。その米や豆にも虫がたくさん混じっていて、難儀をした。

そうするうち、女川の夏祭りに来ていた露店商と偶然知り合いになった。「泊まるところがないっていうから、うちに泊めてやった」そうで、その年の十一月に開かれる鹿島台の互市に店を出すよう誘われた。

このころから本格的に商売をするようになり、石巻の問屋で仕入れをして、各地の市に出た。古川の八百屋市は、タクシー業をやっていたころから存在を知っていたので、直接行って出店の申し込みをした。

二年ほどたったころ、女川の港近くに店を構えた。金華山参りの船が発着するので、参拝客が大勢やってくる。そうしたお客さんを相手に普段はそこで商売をし、市になると店番を置いて夫婦ででかけた。

「小牛田《こごた》、田尻、佐沼、若柳、築館《つきだて》、花泉、岩出山、栗駒（岩ケ崎）、鹿島台……。いろんなとこに行った」と悦子さん。中には廃れたところもあるが、今でも近隣の朝市や互市には、軒並み顔を出しているようだ。

古川から陸羽東線で三駅先の小牛田（遠田郡美里町）は、東北本線の沿線にあり、山形方面や三陸方面からの路線が交差する、いわばターミナル駅だ。新幹線が開通してから様変わりしたが、かつては鉄道の町として活況を呈していた。ここの駅前近くでも、昭和五十年代から始められた朝市があり、五月から十一月までの毎週日曜日に開催されている。七月から十月のあいだは古川の日曜朝市と重なるが、ご主人は古川の日曜朝市へ、奥さんは小牛田の朝市へと、二手に分かれて出店しているという。

市回りは近隣だけではない。竹駒神社（岩沼市）は、正月と三月の初午《はつうま》大祭に、山形の初市は新暦と旧暦の両方に店を出す。福島の喜多方には、個人のお客さんもいる。金華山参りにやってきたグループが、女川港から出る船に乗りそびれ、翌朝船が出るまで一晩店で休ませてやった。これが縁で、毎年十二月上旬、品物を持ってその人のところを訪ねるようになった。行くと、ご近所の人を集めて待っていてくれるという。

さらには、「東京にも行った」と言うので驚いた。最近では行かなくなったが、年末ごろ、東京や埼玉のあたりに車で行って、商売をしたこともあるらしい。

市を回る移動商人。八十歳を超えてなお、こうして商売を続けておられることに、心底感服した。そして、私もうかうかしていられない、と思った。お二人の市回りを、できるだけ追いかけてみよう。

隆男さんがアイスクリームを買ってきてくれた。日が高くなり、初夏の日差しがまぶしい。

向かい側に店を出す八百屋さんにも、差し入れする隆男さん。出店を始めたころからの長いつきあいで、震災後の仮住まいも、この人が世話してくれたという。

見れば、この店の内側でも、お客さんが腰かけて話し込んでいる。今日は小学校の運動会とかで、もはやピークの時間帯を過ぎたのだろう。境内の真ん中あたりでは、店主たちが集まって、お茶を飲みながら談笑している。

商売の場であるはずの市が、生活のもっと深いところで礎になっている――。新たな発見への期待と手ごたえを得て、この日は帰路についた。

トビラ一枚なんぼっしゃ？――仙北地方の互市

仙台平野の北部、現在の行政区分でいえば、宮城県石巻市・登米《とめ》市・栗原市・大崎市、といったところだろうか。岩手県一関市の南部あたりまでを含めたこの一帯は、仙北地方とよばれている。

東北きっての大河である北上川が南北に走り、そこに合流するいくつもの河川が網目をなす。伊豆沼、長沼、蕪栗沼といった沼地が点在し、水陸入り混じった情景が延々と続く。

仙北地方は、大穀倉地帯でもある。江戸時代には仙台藩領で、藩はこのあたりの米を集め、水運でもって石巻まで運び、そこから海路で江戸に送っていた。江戸の米消費のじつに三分の一程度が、仙台藩産米でまかなわれていたというほどで、これは本石米とよばれ、江戸での米流通の価格基準米ともなっていた。仙北地方は、仙台藩の巨大な米蔵であり、大切な財源だったのだ。

そもそも、河口域に代表される水陸の接点は、交通や交易の拠点となりやすい。仙北地方も例外ではなく、水運と陸運とが交差し、交易の場としての市が随所で開かれてきた。

なかでも「互市」は、この地方随一といってもよいほど特徴ある市だ。実のところ、初めてこの言葉を聞いたときには、何のことかさっぱりわからなかった。だが、土地の人たちにはしごくあたりまえの存在らしく、こちらの困惑をよそに、何を説明する必要があろうか、といった風である。そこをなんとか聞き出して、春と秋の年二回、商店街や町場で開かれる市、という概略をつかむことができたものの、知りうるかぎり「互市」という名で市を開いているところは全国的にもここしかなく、なぜこう呼ぶのか、いわれもはっきりしない。

東北地方の市について、体系立った成果を残した数少ない先学に、山口弥一郎（一九〇二〜二〇〇〇）がいる。会津出身の地理学者であり民俗学者でもある山口は、師の田中館秀三との共著『東北地方の経済地理研究』（一九五三年）のなかで、東北各県の市の所在と特徴をまとめており、宮城県の仙北地方で互市が盛んであることに触れている。ただし、山口自身も互市を自明のものと考えていたのか、これについての定義づけはなされていない。

山口によると、市日（定期市）が衰退して互市に変わったもの、寺社の縁日や祭礼に合わせて開かれるもの、付近の互市との関係で新たに開設されたものなど、場所によってさまざまな由来がある。また、この一帯は互市の市場群をなしていて、「互市日割表」なるものもあり、商人がこれに従って巡回するという。総じて、「互市群は日限市群の衰退の階梯にあるもの」という見解を示している。

さて、古川八百屋市で海産物商のご夫婦に出会ってから、私は、お二人が店を出す小牛田日曜朝市や古川日曜朝市などにしばしば顔を出すことをくりかえしていた。やがて、秋の互市シーズンが到来し、その年の十月三十日、高清水（栗原市）で開かれる互市に初めて足を運んだ。

高清水は、古川と同様に奥州街道の旧宿場町である。かつては四と九のつく日に市が立ち、周辺の物資の集散地であった。

朝市とは違って、互市は午前から午後まで開催されている。朝東京を発ち、古川から三十分ほど路線バスに揺られ、昼過ぎに高清水に着く。旧奥州街道にあたるバス通りから脇に入った枝道に、車輌通行止めの看板が出ている。露店が見えるが、思ったより数が少ない。

空模様が気になってきた。古川を出るころから妙な風が吹いていて、ここにきていよいよ、頭上一面が鼠色の雲に覆われ、今にも降ってきそうな気配である。出店者はみな予定より早めに引き上げるらしく、ご夫婦の店もすでに、片付けの準備に入ったところであった。

焦って駆け寄ると、この日は悦子さんの姿はなく、隆男さん一人である。互市の季節は、立て続けに市があって準備に手間取るので、比較的規模が小さいところではこうして一人で出店し、悦子さんは家で作業をしているという。

片付けを手伝っていると、お孫さんに付き添われた年配の女性が、手押し車に寄りかかるようにして、ゆっくりゆっくり歩いてくる。

「コンブヤさん、もうしまっちゃった？」とお客さん。「いいですよ」と答え、しまいかけた箱からワカメを取り出す。毎年ここで買っているそうで、間に合ってよかった、と大きく息をついている。「釣りはいらね」と代金を渡し、再びゆっくりとした足取りで、来た道を帰っていく。それを待っていたかのように、ポツリ、ポツリと大粒の雨が落ちてきた。

『高清水町史』（一九七六年）によれば、ここの互市が始まったのは、幕末の文久三（一八六三）年にさかのぼるらしい。火災や飢饉のため衰退してきた宿場を建てなおそうと、住人三名が仙台藩に市の開設を願い出たという。

人がたくさん集まるように、定期市が開催される日と、地元の牟良佐喜《むらさき》神社の祭礼日とが重なる、正月・三月・九月の二十九日から二〜三日間という日程で、神社を中心とした街道に沿って開催された。正月の互市は、昭和四十九（一九七四）年をもって廃止となったというから、さほど古くない時代まで年三回で続いてきたようだ。交通事情によって、国道沿いから移転したのも昭和四十年代。今では、三月と十月のそれぞれ二十九〜三十日と日が決まっている。

明治末から大正ごろにかけての互市のようすは、町史の別冊（高清水町史編纂委員会『町誌資料互市』）に詳しい。それによると、年三回の互市はそれぞれ特徴があり、正月は御年始互市、三月の互市では蓑《みの》や笠、桶、鍬や鎌など「五月物」と称される春の農作業にむけての道具類や苗物が多く扱われ、九月は「刈り入れ互市」といって、年間でもっとも賑わった。客は、半径一〇キロ程度の近郷近在から集まり、二日間でのべ一万人の人出だったというからすごい。まだ暗いうちに出てくるので、提灯《ちょうちん》を下げてやってくる人もいたという。

互市は、商店や家の軒先を借りて店を出すのが特徴だ。場所を借りるときの基準は「トビラ」（扉＝雨戸、戸板）といい、家主と商人との間では「トビラ一枚を貸してください」とか、「雨戸一枚なんぼっしゃ（いくらですか？）」などというやりとりがあって、箱の上に戸板を乗せて露店を作ったとある。

商人は、この周辺のほか、仙台や岩手県の南のほうからもやってきた。小間物、瀬戸物、玩具、衣類など商品もさまざま。ただし「互市もの」などといって、安価なかわりに多少の難があるのは暗黙の了解だった。例えば、「マクリ」と呼ばれる反物は、大きさも新旧もまちまちな端切れを重ねた上に、見栄えの良い布をかぶせた代物で、当たりはずれも大きかった。会場の一角には、見世物や軽業《かるわざ》、活動写真までがやってきたというから、生活必需品を求める市でありながら、祭りのような喧騒と遊興を味わう場でもあったようだ。

高市から互市へ

往時の賑わいは記録の中に見出せたものの、資料を見ながら気になったのは、一体いつから

「互市」と呼ばれるようになったか、ということである。

図書館で周辺各地の市町村史をあれこれ探してみたが、互市そのものがあまりに身近すぎるのか、強いて掘り下げようとは誰も考えなかったらしい。何度か足を運んでようやく『大和《たいわ》町史』（一九七七年）の中に、かつて行われていた吉岡の互市について、これは、と思う記述を見つけた。

吉岡もまた、奥州街道の旧宿場町である。出羽方面や松島方面へと分岐する交通の要所であり、比較的規模の大きな宿場だった。ここの互市開設は、天明七（一七八七）年。そのときのいきさつを記録した冊子があり、表題に「黒川郡今村吉岡鎮守八幡宮御神事之砌《みぎり》高市御免被《なしくだされ》城下候御壱巻帳冊ニ在中」（傍点は筆者による）とある。吉岡の領主但木《ただき》氏が、仙台藩の役人に宛てて書いたものの写しだという。

その概略は、以下のとおりだ。

黒川郡の総鎮守である吉岡八幡宮の社殿や楼門などが、近年著しく破損している。だが、氏子たちも飢饉などで困窮していて、修復もままならない。ついては、八幡宮の祭礼が例年三月十五日と八月十五日に行われるので、このときに合わせて、それぞれ十五日から二十一日までの七日間、境内から町場一帯で農具そのほかさまざまな品物を扱う商売をしたい。十五日は吉岡の市日でもあるので、人も集まりやすい。これを許してもらえるなら、八幡宮の修理も叶い、衰退した宿場を再興することにもなるだろう――。

天明七年といえば、その数年前からおきた大飢饉で、東北各地が深刻な事態に陥った時期にあたる。荒廃した宿場や周辺農村の起死回生をはかっての、必死の嘆願だったことがうかがえる。

この願い出に対する藩の対応は慎重で、一度の祭礼に七日間もの市を認める前例があるかどうかを確かめてから、という。役所の前例主義は、今に始まったことではないらしい。ともかくも、このときの調査で、岩出山、涌谷《わくや》、西山目などの近隣でも同様の願い出が前後して出され、社寺の祭礼に合わせて一日程度の市が開催されていたことが確かめられた。さらに調べを進めると、竹駒明神（岩沼市の竹駒神社）の初午祭にあわせて、従来三日間だった市を七日間に延長したいと申し出があり、これが許可されたという「前例」がついに確認された。これをもって、吉岡の市開催も許可の運びとなったのである。

市は経済活動だから、その土地の支配者にとっては管理が必要となる。しかも飢饉後の混乱に乗じて勝手に商売されたとなると、藩の経済基盤をゆるがす事態にもなりかねない。だからこそ、こうして念入りに調べがなされたと思われる。

ここで注目したいのは、先の冊子の表題にある「高市」である。これは、露店商人がいうタカマチのことで、社寺の祭礼などにともなって開かれる大規模な露店市のことをさす。地方ごとに「高市帳」という年間の高市の日程を記した帳面があり、テキヤ（的屋、香具師《やし》）とよばれる露店商人たちは、それらを参考にして年間の高市巡りの計画を作るという（神崎宣武『わんちゃ利兵衛の旅――テキヤ行商の世界』）。

市と祭礼とは、古くから深い関わりがある。イチの語が神まつりとの関連から発生したことは第１章でも述べたが、イチが常態化してできたマチもまた、神まつりに由来する言葉だ。現在でも、祭りのことをマチとよぶ地域すらある。イチとマチとは、語源をさかのぼれば同じ。市をマチと呼ぶことも、こうした両者の同義性を考えれば不思議なことではない。

どうやら「互市」は、もともと「高市」だったのではないか。そう考えて、改めて資料を見直すと、『千厩町史《せんまや》』（一九九三年）にも類似の記録があった。

千厩（岩手県一関市）は、三陸沿岸の気仙沼と奥州街道の一関とを結ぶ街道にあった宿場町である。十日、二十日、三十日には市が開かれるが、これとは別に、春と秋に市を開設することを届け出た際の「東山千厩高市記録」が残されている。

これが書かれたのは、幕末の慶応二（一八六六）年。千厩は長年、周辺各地の産物の集散地となってきたが、さらに商業を発展させるべく、東方薬師如来の祭日である三月八日と、愛宕山大権現の祭日である八月二十四日に、それぞれ五日ほどの「高祭市」を開催したい、という届け出の書面である。

注意書きとして、お上の取り決めには従う、火の元に注意する、喧嘩などの騒ぎを起こさない、やってくる商人や客人たちをぞんざいに扱わないといった基本事項に加え、茶屋や旅籠《はたご》に飯盛女（娼婦）を紛れ込ませない、とか、客が頼みもしない酒や肴を出さない、あるいは周辺一帯をきれいに掃除する、などと、町の風紀を乱さぬよう留意すべきことが列記されているのも興味深い。

職種別の商人一覧も添付されていて、木綿古手（古着）、生糸・紅花・真綿、小間物・荒物、繰り綿、紙類、和薬類、金物、五十集（いさば＝魚屋）、塗り物、瀬戸物、菓子類、莫蓙《ござ》、筷（箸のことか）、楮《こうぞ》、八百屋類、桶類、古金・鋳物類などなど、多種多様な生活必需品が扱われている。役割分担も細かく定めてあり、「駄送運送人馬采配方」は運輸運搬係、「見世順列手配」は場所割

仙北地方の互市の主な開催地

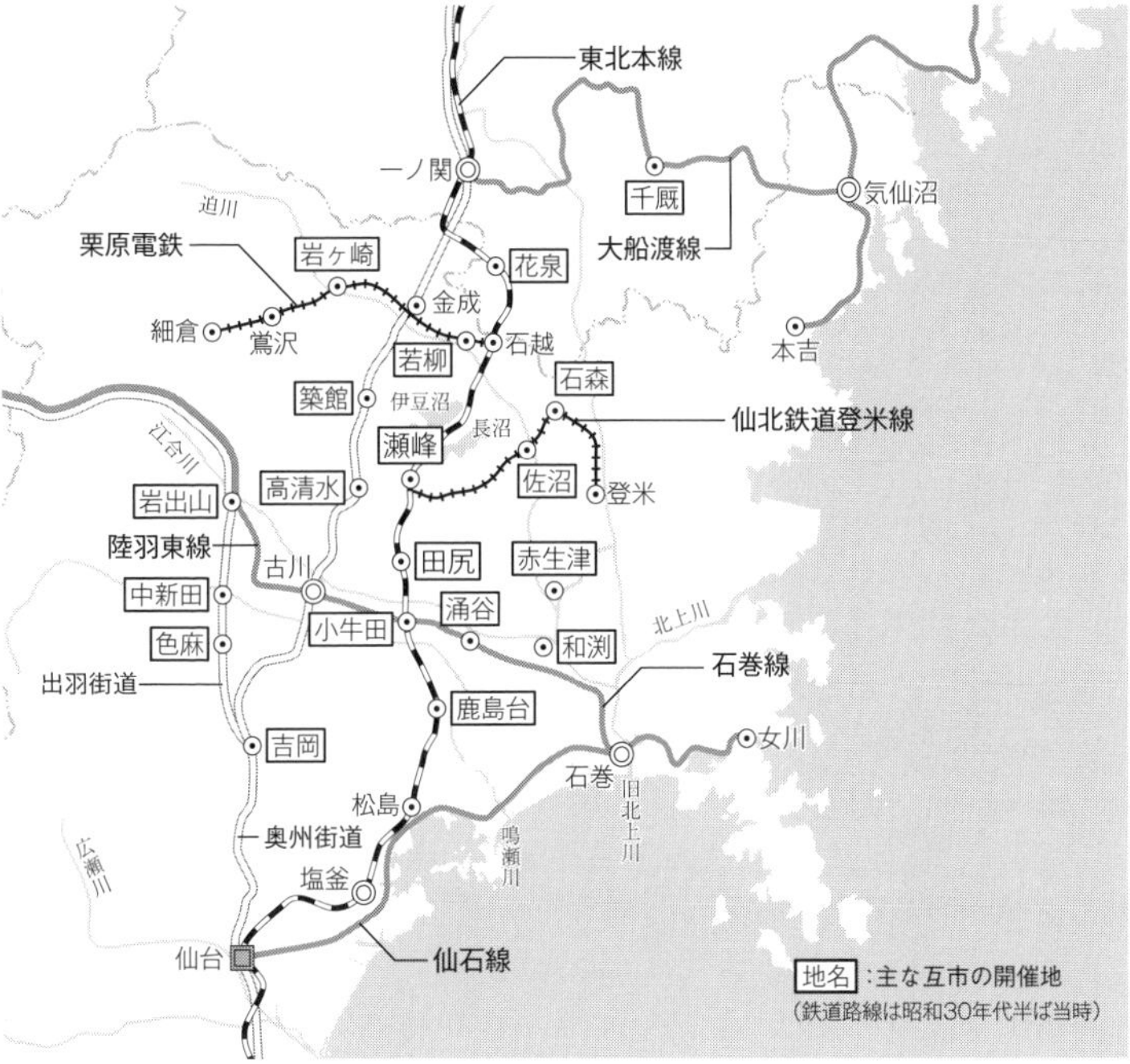

担当、「無頼者取締」とか「火消組」などは防災安全対策といったところか。不特定多数の人が大勢集まる賑わいの場を設けるにあたって、町を挙げて取り組んでいたことがよくわかる。なお、千厩でも、かつて「互市」があったというが、その詳細はよくわからない。

こうしてみると、総じてこの周辺一帯では、天明のころから幕末にかけて、度重なる飢饉や災害で疲弊した宿場町の再建策として、市日や社寺の祭礼日を組み合わせた「高市」を住民自らが計画し、実行に移すことが相次いだ。「高市」はタガイチ（東北では濁音になることが多い）と読めることから、やがてこれに「互市」の字を当てるようになったのだろう。

ここで、上の図をご覧いただきたい。これまで把握した互市の開催場所を地図上に示したものだ。すでに行われなくなったものも含まれているが、開催場所には大きく二つの種類があることがわかる。ひとつは街道の宿場町、そしてもうひとつは、鉄道沿線の駅前である。

この地域の鉄道は、まず明治二十四(一八九一)年に日本鉄道(後のJR東北本線)が開通。これの培養線として計画された仙北軽便鉄道の小牛田・石巻間が、大正元(一九一二)年に開通(後のJR石巻線)し、翌年には陸羽線の小牛田・岩出山間が開通(一九一七年に新庄まで開通、後のJR陸羽東線)。大正十(一九二一)年には、細倉鉱山から石越への栗原軌道(後の栗原電鉄、二〇〇七年に廃止)と、瀬峰・登米間の仙北鉄道登米線(一九六八年に廃止)、さらに大正十二(一九二三)年には、瀬峰・築館間に仙北鉄道築館線(一九四九年に廃線)が開通と、明治後半から大正末にかけて、東北本線を軸とする鉄道網が形成された。

先述したとおり、もともとこの一帯は、北上川とその支流による河川網を利用した舟運で栄えたところだ。鉄道路線も、そうした水運拠点を部分的に取り込みながら敷かれている。ただし、水運が発達したところには、決まって水害がつきまとう。台風や大雨になると各地で川が氾濫し、しばしば甚大な被害をもたらした。鉄道敷設にあたっても、工事が難航したり、開業後に洪水に見舞われたりと、苦労が多かったようだ。それでも、近代化の象徴である鉄道開通は、この土地に新たな光明をもたらした。特産の農作物の運搬はもとより、通勤・通学の足として、通年にわたり規則正しく稼働する移動手段があるということが、どれほど暮らしの支えになったことだろう。

鉄道の駅は、貨物の積み下ろしなどで広い場所を必要とするため、旧来の市街地を避けて作られる。開業したばかりの駅前は、田んぼに囲まれた人家もほとんどないような場所だった、というのは、このあたりでもしばしば聞かれる回想だ。それが、次第に荷置き場ができ、運送業者が店を構え、そこで働く人たちの飲食をまかなう店もできる。駅を中心に、新たな町が形作られていくのである。

駅前商店街で開かれる花泉の互市（2015.11.1）

街道の宿場から、鉄道の駅前へ。交通手段の変化は、人と物の流れを変え、新たな拠点となる町を作り出した。そして、「高市」から「互市」への変化もまた、こうした移り変わりと時を同じくする。

鉄道開通以降に始まった互市のうち、由来がはっきりしているもののひとつに、鹿島台の互市がある。現在でも、時期になると地元のニュースで紹介されるほど、大勢の人出で賑わう。

『鹿島台町史』（一九九四年）によれば、明治四十三（一九一〇）年、前年に実施された村内神社の合祀を記念して、新しく誕生した鹿島台神社の祭日に合わせた互市を、春と秋の年二回開催することにしたという。会場は、鹿島台神社から東北本線の鹿島台駅に至る大通り。当時の鹿島台村長は鎌田三之助。献身的な村政への取り組みから、「わらじ村長」と呼ばれて村民に慕われていた人物で、互市も鎌田村長の発案だったという。年代や経緯を考えると、このあたりが「互市」命名の発端のような気もするが、それは定かでない。

互市開設を、鉄道開通との関連からはっきりうたっているところもある。陸羽東線の岩出山駅前で開催されている互市は、駅の開業によってできた「寿町」という新しい町名のお披露目と、この町の発展を願って、昭和二（一九二七）年に開設された（岩出山町史編纂委員会『岩出山町史』）。「高市」は、社寺の祭礼や縁日にからめて設けられた交易の場だった。しかし、近代化とともにそうした市と祭りとの結びつきは次第に薄れ、商取引の互酬性、平等性といった近代的な価値観に重きが置かれるようになっていく。相互扶助、助け合い、物々交換といった意味を連想させる「互市」は、まことによく考えられた、絶妙な当て字であった。

その一方で、変わらないこともある。町の再興や発展を期して、住民が自発的に計画し実行すること、そして、それが春と秋の年二回であること。「高市」でも「互市」でも、そこに込められた土地の人びとの思いは同じだ。そしてその思いは、巡りくる季節とともに連綿と受け継がれてきたのである。

市神さまとお得意さん——山形の初市

平成二十八（二〇一六）年が明けた。この年最初の旅は、山形。一月十日の日曜日、朝八時過ぎの「つばさ」で東京を発つと、福島の先から雪景色になった。

目的地の山形駅に着いたのは十一時過ぎ。高曇りとはいえ雪はなく、思いのほか暖かい。

目指す初市は、十日町から七日町にかけて、市内中心部の国道沿いが会場だ。駅を背に人の群れが動いていて、道を聞くまでもない。流れにまかせて歩いていると、「初市はどこですかね？」と年配の女性に話しかけられた。鶴岡から家族連れで初めて来たという。わたしが聞きたい、と思いつつ、「たぶんこの先を曲がったところです」と返事をする。一人で黙々と歩いていたので、地元住民と思われたのだろうか？　高知でも、観光客からはりまや橋の場所を聞かれたりする。よくあることだ。

川のような人の流れが曲がったその先は、車輌通行止めになっていた。たいへんな人ごみに唖然とする。

地元商工会の青年たちが、縁起物の団子木が描かれた「しあわせ手ぬぐい」を手に立っている。団子木とは、ミズキの枝に紅白の玉や鯛などの飾りを付けたもの。もとは、米の団子をつけたので、そう呼ぶという。旧暦二月一日まで飾るのが習わしとのこと。後方に張られたテントの下には「ぬりえコーナー」があり、老若男女がカラーのマジックで、手ぬぐいの団子に思い思いの色を塗っている。実物の団子木を飾る場所がない人は、これを代わりにするのだろうか。そんなことを思いながら足を進める先には、本物の団子木を売る店が並んでいる。

店が並ぶ沿道に、幔幕《まんまく》をめぐらした、何やら厳かな空間がある。祭壇の奥に大きな石碑。手前には賽銭箱。幾人かが手を合わせている。

その脇に看板があった。「十日町碑の記」とあり、石碑の由来が次のとおり記されている。

正平十一（一三五六）年、山形城主となった斯波兼頼《しばかねより》が、城南に十日市を置いたことから十日

歌懸稲荷神社境内の市神（左）と、初市の沿道に設置された仮宮（右）（2016.1.10）

町ができた。やがて文禄元（一五九二）年、城下町山形の基盤を築いた最上義光《よしあき》公が、十日町を住民ごとこの地に移し、現在に続く山形の中心市街となった。毎年一月十日の初市はその名残りだが、由来を記した碑が明治初期の道路整備で撤去されたので、昭和三十（一九五五）年、改めて十日町住人の手でここに碑を建てた、とある。

出羽の虎将の異名をもつ戦国大名最上義光は、現在の山形の礎を作り上げたとして、今なお県民に親しまれている武将だ。だからといって、この祭壇は、義光公をまつるものではないらしい。というのも、「歌懸稲荷神社」と書かれた法被《はっぴ》を身につけた方がふたり、隣でお神酒《みき》をふるまっていたからである。見れば、「市神大麻」（お札）も頒布されている。

歌懸稲荷神社は十日町の町内に鎮座する氏神で、境内に市神さまの石がある。もとはここに置かれていたそうで、初市の日にはこうして仮宮を作って「出張」しているというわけだ。

祭壇に、大きなカブが供えられているのが目に入った。そういえば、そちらこちらで、青々とした葉をたずさえた大カブを山積みにして売っている。どの店もたいへんな人だかりだ。カブの隣

縁起物の大カブとシラヒゲを売る店（2016.1.10）

には、見たことのない根っこのような植物が、同じく山積みになっている。あれは何だろう？

店の人に聞くと、「シラヒゲ」といって、根のついたアサツキだと教えてくれた。長寿を願っての縁起物で、大カブは「大株主」にかけた縁起物。真冬のこの時期にあわせて栽培されているという。せっかくなので、一セットを購入。とはいえ、来たばかりでまだ先は長く、これを持ったまま歩くのは難儀なので、帰りに寄ることにして置かせてもらう。

どこからか、香ばしいにおいがしてきた。「縄文岩魚」と幟の立った店先で、串に刺したイワナを炭火で焼いている。かと思えば、シイタケ、なめこなどの各種キノコが並んだ店で、買い物客にキノコ汁がふるまわれたり、「寒鱈汁」を食べさせる店があったり、これまた縁起物の「初あめ」を大量に売っていたり、ぶらぶらしているだけでも気持ちが浮き立ってくる。

さて、と改めてあたりを見渡した。コンブヤさんの隆男さんと悦子さんが、この並びのどこかで店を出しているはずだ。

気にしながら歩いていると、店はすぐに見つかった。お客さんが次々やってきては品選びをしている。相当忙しそうだ。ご夫婦を手伝う女性の姿もある。タイミングを見計らって声をかけると、店の内側に招き入れてくれた。

助っ人の女性は、お二人が常宿にしていた、市内の元旅館の娘さんだという。山形では、十日の初市が終わると、その翌々日あたりから、周辺各地で日を違えて初市が開かれる。それらを順に回るため、山形市内で宿をとる必要があった。先代のご主人のころから市の手伝いにも来られていたそうで、旅館を廃業された今も娘さんがそれを引き継いでいる。

悦子さんが、足元に置いた七輪で、かまぼこをあぶっている。石巻に仕入れに行くときには必ず買ってくるそうで、焼き立てをひとつ食べさせてくれた。

「山形は寒いから、これ（七輪）持ってくるの。宮城では使わない」

太平洋岸の宮城県に比べると、内陸の山形は冬の寒気がこたえるらしい。それでも今年は天気がよく、去年の倍くらいの人出だという。

間断なくお客さんがやってくる。見ていると、「ワカメを十皿分」とか、「とろろこんぶを一万円分」などと、大きな買い物をしていく人が相当数いる。古川の朝市あたりではあまり見ない光景だ。しかもその人たちは、たいていが毎年来るそうで、手みやげ持参で「今年もどうぞよろしく」と年始のあいさつをしていく人もいる。年に一回のこうした市は、その場限りの商売かと思っていたら、そこにも「常連さん」がいる、という事実にいささか驚く。七輪でかまぼこを焼いているのは、馴染みのお客さんに食べさせるため。他にも、おまけ用に塩辛のビンが箱いっぱいに用意してある。ここに店を出すようになって五十二年だそうだから、もはや商売をこえたつきあいであるのは当然のことだ。

こうした市で店を出すには、もちろん相応の手続きが必要になる。隆男さんの店先にも、主催者である山形商工会議所が発行した出店許可証と、山形警察署の道路使用許可証とが目につくところに下げてある。毎年、前年の十一月二十日ごろに場所割が決められ、出店料を支払うことになっているそうだ。

山形の初市は、今でこそ商工会がとりまとめをしているが、かつては露店商が仕切っていた。隆男さんも、五十二年前に初めて店を出すときは、「石巻のオヤカタから山形のオヤカタに話をつけてもらった」のだという。露店商仲間にはなわばりがあって、よそ者が勝手に店を出すわけにはいかない。そのあたりの事情は、山形に限らずどこも同じである。

かつて遠方まで出かけて行ったころは、「こっちのオヤカタが、おらとこのいとこさ行ぐからよろしく、ってむこうのオヤカタに言ってくれる」と悦子さん。ただし、あくまでも「わたしらはシロウト」だそうで、専門の露店商とは一線を画している。もちろん、それなりの出資は必要で、身銭を切ってのことではあるのだが、「サカズキはもらってない」という。盃をもらう、とは、すなわちテキヤの傘下に入ること。そうなると、さまざまな便宜を払ってもらうための代償は、それだけではすまないからだ。かわりに、行った先で地元のテキヤさんたちにコンブやワカメなどの売り方を伝授してくる。「うまく渡ってきたのよ」。私の肩をポン、とたたいて、悦子さんが茶目っ気たっぷりに笑う。上手に商売を続ける秘訣は、この、露店商たちとのつかず離れずのほどよい距離感にあるようだ。

午後三時をまわっても、初市の人通りは途切れることがない。

山形に来てから気になっていた市神さまが、この先の湯殿山神社に祀られているというので、

市神神社のご神体（2016.1.10）

行ってみることにした。

文翔館（山形県郷土館）という、かつて県庁舎だったレンガ造りの立派な建物が置かれた一角に、里之宮湯殿山神社がある。「里之宮」の名称が示すとおり、出羽三山のひとつである霊峰湯殿山から、明治の初め、県庁舎建設にともなって勧請《かんじょう》された山形市の鎮守だ。

その湯殿山神社の境内に、「初市　市神神社」と書かれた看板が建っている。赤い矢印の指し示す方向に、小さいながらも精巧な造りの社殿があり、扉が開け放たれていた。一月十日が市神神社の例祭なので、ご神体を直接拝むことができるというわけだ。

由緒によれば、祭神は「八重事代主命《やえことしろぬしのみこと》」。俗称は「ゑびす様」とあって、つまりは商売の神さまである。扉の奥をのぞくと、うやうやしくしめ縄を巻かれた自然石（安山岩）が、ほのかにライトアップされて鎮座している。供え物は、縁起物の大カブ。この日の朝、参拝者にもカブが配られるというので、行列ができるそうだ。

市神神社のお札を入手したところで、はたと思い当たることがあった。初市の入り口近くで入手したのは、歌懸稲荷神社の市神大麻（お札）。山形には、市神さまが二つあるのか？

地図を取り出し、しげしげと眺めた。歌懸稲荷神社は、初市会場であるメインストリートの南端に近い十日町に鎮座。対する里之宮湯殿山神社は、その通りの北端に位置する。二つの石の市神さまに挟まれるように、十日町、本町、七日町という商店街が連なり、そこで初市が開催されているのである。

この構造は、どこかで見た、と思った。会津の初市だ。

会津初市の市神さま（2017.1.10）

会津若松の中心市街で、同じく一月十日に開かれる初市（十日市）。この日は、初市会場となる大町に鎮座する田中稲荷神社から、祭神である春日大神と住吉大神が運び出され、それぞれ会場の南と北の端に仮設のお宮が置かれる。初市は、この南北の市神さまに挟まれた聖域で開かれるのだ。会津の初市も、もとをたどれば、この地を治めた蘆名《あしな》直盛《なおもり》が、至徳元（一三八四）年、黒川（現若松）に城を築き、町割りを行ったことに始まるという。会津若松の町の発祥にまつわるいわれである。

イチからマチへの発展と、そこに関わる市神さま。山形の市神さまは、明治の市街整備でまつりなおされたようだが、南北に配置して聖域をつくるという暗黙のルールが、時代を越えて受け継がれているのもおもしろい。かつてのまちづくりには、どうやら見えない市神さまの力が欠かせなかったらしい。

そういえば、会津初市の縁起物にも大カブがあったな、などとぼんやり回想したところで、「あっ！」と思わず声が出た。来て

山形の旧暦初市に出張中の市神神社（2016.2.17）

すぐに買い求めたカブとシラヒゲを、店に取り置いてもらったままだった。

日が傾いて、沿道ではみな店じまいに忙しい。急いで来た道を戻ると、件《くだん》の農家の店もあらかた片づけを終えたところだった。縁起物のいわれを教えてくれた奥さんが、「よかった、よかった」と、袋に入れた品物を渡してくれた。「帰ってしまったかと思って、心配してた」と笑いながら、止めてあるトラックのほうに戻っていく。ほんのひとつずつのカブとシラヒゲのために待っていてくれた温かさこそ、この日いちばんの縁起物だと感じ入りながら、暮れはじめた道を駅へと向かった。

それからおよそ一か月たった二月十七日、再び山形に足を運んだ。旧暦の一月十日。山形では新暦と旧暦の両方、初市が開かれる。

新暦のときには驚くような好天だったが、この日はどんよりと厚い雲に覆われ、底冷えがする。平日とあってか、目立った人の流れもない。会場も、市街地ではなく、文翔館前の広場だという。

本当に市をやっているのか、半信半疑で歩いていくと、文翔館の前に「初市　市神神社」の看板が見えた。隣の湯殿山神社から「出張」してきているようだ。その前に、子どもたちのかわいらしい列ができている。地元の小学生が、先生に引率されて見学に来ているらしい。

新暦ほどではないものの、団子木の店や、木工品、山菜など、土地の産物を扱う店が並ぶ。大混雑だった新暦初市よりは、むしろこのくらいのほうがゆっくり話も聞けそうだ。

まずは、隆男さん、悦子さんのコンブヤさんに顔を出す。前の日からの雪が、テントの後ろに小山を作っている。朝は、店を出す前にまず雪かきから始めたそうだ。

山形旧暦初市のコンブヤさん（2016.2.17）

山形の初市は、新暦一月十日に市内で始まって、そこから山辺《やまのべ》（東村山郡）が十二日、寒河江《さがえ》が十三日、中山（東村山郡）が十四日、天童が十五日、楯岡《たておか》（村山市）が十三〜十六日、東根が十七日、尾花沢が二十日ごろと続く。そして旧暦でも、十日は市内（二日間）、十二日は山辺、十三日は宮内（南陽市）、十四日が寒河江、十五日は天童、十六〜十七日は中山、二十日が尾花沢と、新暦同様に周辺各地で日を違えて開かれる。最近ではこれらすべてを回るわけではないが、かつては山形市内の旅館に宿をとり、トラックに荷を積んで巡ったという。

見ていると、新暦の初市ほどではないものの、毎年買いに来るというお得意さんが確かにいる。一年の歳事のなかに、今なお新旧両方の初市が組み込まれていることがよくわかる。

「寒いから、火にあたっておいで」と、悦子さんが向かい側で鮎の炭火焼きを売っている店を指していう。店のご主人は、ここの市の主催者代表だ。主体となっているのは、村山地区おまつり商業協議会という団体。二十年ほど前から仕切り役を任されているそうで、それ以前はやはり露店商が中心だった。新暦と旧暦の両方で市をするのも、悦子さんいわく「仙台商人たちが始めたらしい」とのこと。仙台では新暦でしか正月を祝うことをしないので、露店商たちの商売時期が限られてしまう。旧正月の習慣が残っている山形で、旧暦の初市を始めたのだという。山形と仙台とは、もともと商人の行き来も盛んだったらしい。

午前中は、幼稚園や小学校など、子どもたちの団体でにぎやかだったが、寒気のせいか、午後になると客足もすっかり落ち着いてしまったようだ。

団子木の店のご主人が、やはり火に当たりにやってきた。聞けば、この商売を始めて二代目とのこと。かつての米粉の団子から、今では作り物に変わったが、カラフルな色にはちゃんといわれがあるのだという。

「緑は春の若草、赤は夏の太陽、黄色は秋の稲穂、白は冬の雪」だそうで、総じて一年間の無事を願う縁起物というわけだ。

なるほど、とうなずきながらメモをとっていたが、先ほどから手袋をしている手の感覚がなく、何を書いているのか自分でもよくわからない。火に当たっているのに、足元からじわじわと冷気が這い上がってきて、膝から腰、さらには肩から手の指先まで、関節という関節が、ぎしぎし鳴るように痛んできた。前日から若干体調がすぐれなかったのだが、寒さに恐怖を覚えたのは初めてである。

痛みと寒さが耐え難くなり、とうとう「ちょっと市神さまを見てきます」とことわって、隣の里之宮湯殿山神社の社務所にかけこんだ。大きなストーブが赤々と燃えていて、しばらく温まらせてもらう。

氷結したような関節が次第にほぐれてくるのを感じながら、市に店を出す人たちはすごい、とつくづく敬服の念を新たにした。夏の暑い日も、こうした真冬の極寒の日も、そこにお客さんがいる限り、行って店を出す。そうやって何十年も過ごしてきたのだ。

駅まで歩く自信がなく、ちょうど来たタクシーをつかまえた。「今、零度ですね。これからもっと下がりますよ」という運転手さんの予言を裏付けるように、一度は止んだ雪がちらほらと舞ってきた。

市の上に生涯を浮かべ――市回りの一年

五月に初めて古川の八百屋市で出会ってから、コンブヤさんご夫婦の店に何度顔を出しただろう。

古川と小牛田の日曜朝市、高清水、岩出山、花泉など各所の互市、年末の小牛田の歳市、山形初市、そしてこのたびは、岩沼にある竹駒神社の初午大祭。旧暦の初午の日から七日間開かれる大きな祭りだ。平成二十八（二〇一六）年の初午大祭は、三月十三日が初日。ちょうど日曜日で、神輿《みこし》の巡行もあるという。

昼過ぎにJR岩沼駅に降り立つと、本当に祭りをやっているのかと疑いたくなる静けさである。一抹の不安をかかえながら、駅前の道を南の方角へ歩き出した。

竹駒神社は、旧称を武隈明神といい、倉稲魂神《うかのみたまのかみ》、すなわち稲荷神をまつる古社だ。仙台平野の南を蛇行する阿武隈川が太平洋に流れ出るあたりに位置していて、交通の要衝でもある。伊達家の崇敬を受けたことで発展し、今でも、正月には県内屈指の初詣客を集めることで知られる。

平坦な大通りを一〇分ほど歩いたところで、大きな鳥居が見えてきた。脇道を入ればもう境内周辺で、玉垣に沿って並んだ露店の前に結構な人混みができている。駅は閑散としていたが、参拝客の多くは自動車で直接やってくるらしい。

朱塗りの鳥居の奥に、石の鳥居。参道に並ぶ二つの大きな鳥居をくぐるとすぐ、境内左手に見慣れたコンブヤさんのテントがあった。いつもより若干広めの店がまえに加えて、陳列台の足元には、「宮城県産　寒流のり」の文字とブルーの波が描かれた段ボールが、看板兼目隠しのような感じでめぐらしてある。店の奥には手伝いの人も二人いて、この日は四人態勢での商売だ。そのしつらえから、ここでの商売に対する並々ならぬ期待と気構えが伝わってくる。

ほどなく、背広姿のお客さんが数人、店の前に集まってきた。隆男さんが、店の奥に積んだ箱から品物を取り出す。あらかじめ来ることがわかっていて、準備してあったのだろう。お客さんそれぞれが大きなカバンを広げ、次々と入れていく。

一体なにを買い求めたのかと思えば、乾燥したマツモだった。マツモは、一般にはあまり知られていないが、主に三陸沿岸でとれる海藻の一種。シャキシャキした食感と、かすかなとろみが特徴で、酢の物にしたり汁の実にしたりする。漁期も限られていて、さほど大量に流通するわけでもないので、海藻のなかでも高級感がある。

年に一度の「常連さん」でいっぱいの店先（2016.3.13）

　このお客さんは、秋田県横手市の人たちで、竹駒神社とは相互に交流があり、毎年バスで六十人ほどが神輿を担ぎに来るという。秋田では、彼岸の時期にマツモを食べる習慣があり、内陸部の地元で手に入れるよりもこちらのほうが比較的安価だというので、みやげを兼ねて大量に買っていくそうだ。このほか、なまり節（生のかつお節）も人気があり、やはりカバンが満杯になるまで入れていくという。

　こうしたお客さんは、秋田の人だけではない。会津方面のお客さんも多く、そちらでは正月や彼岸など年中行事の際に食べるコヅユという郷土料理のだしにホタテの貝柱（乾物）を使うので、これまた大量に買っていく。函館には竹駒神社の分霊社があり、そこからグループで参拝に来た人は、ワカメやコンブを大量に注文。北海道ならむしろ海藻の本場ではないかと思うのだが、ここの店の品物がよいからというので、毎年の恒例になっている。

　聞いていると、「岩手の人はフノリをよく食べる」とか、「秋田の人は漬物をつけるときにコンブをびっしり樽に敷く」とか、とりわけ悦子さんは、海藻や海産物にまつわる各地の食文化をとてもよく知っている。東北といっても、北と南、沿岸部と内陸部、あるいは日本海側と太平洋岸とでは、それぞれ生活習慣が異なる。各地をまわってお客さんと話をするなかで、それぞれの土地ではどんなものを食べ、どんなものが必要とされているのか、悦子さんの頭の中に豊富なデータベースができているのだ。年に一度のこうした市であっても、確たる常連客をつかんで離さないゆえんは、見えないところで続けてきたこの努力にあるに違いない。

竹駒神社へは、正月にも店を出す。暮れの二十八日から準備をし、小屋がけをしてコタツなど持ち込んで、大晦日からは泊り込みで元朝参りのお客さん相手に商売をする。初午大祭でも、かつては臨時列車を仕立てて何百人ものお客さんが来た。まだ幼かった子どもを連れて、夜ごもりして朝から商売をしたという。「コンブヤさん、いつ寝るの?」とお客さんに言われるほどだった。昭和四十年代の話である。

この初午大祭が終われば、また春の五市シーズンと、古川の八百屋市の季節がやってくる。前年の五月からおよそ一年、お二人の商売先を聞いては追いかけることを続けてきた。仮住まいの住所も、電話番号も知らない。けれども、次にどこの市に行くかを聞いてそこに足を運ぶと、必ず会える。デジタルな情報網が発達し、遠く離れた外国でも瞬時に通信可能なこの時代に、こんな会い方もできるのかと、途中からはどこか自分を試すようなつもりで歩いていたところもある。お会いするごとに聞きためていった市回りのスケジュールを、一覧表にしてみた（左ページ）。

コンブヤさん夫妻の市回り（聞き取りから作成）

	定期市	互市	社寺関係	その他
1月			岩沼・竹駒神社（～3）	山形（10）、山辺（12）、寒河江（13）、中山（14）、天童（15）、楯岡（16）、東根（17）、尾花沢（20）
2月			岩沼・竹駒神社旧正月・初午	山形（旧10）、山辺（旧12）、宮内（旧13）、天童（旧14・15）、中山（旧16・17）、尾花沢（旧20）、寒河江
3月		高清水（29～30）	岩沼・竹駒神社（初午大祭・1週間）	〔山形・天童市内のお雛市（23～25）〕
4月	古川八百屋市（3・7の日）	花泉（1～3）、鹿島台（10～12）、岩出山（15～16）、岩ケ崎、若柳、〔田尻〕		
5月	古川八百屋市（3・7の日）、小牛田日曜朝市、若柳（1・6の日）	築館（8～9）、鳴子（28～29）	〔福島県瀬上・宮代日枝神社祭礼（1～3）〕	〔女川の旅館にリヤカーで売りに行く（朝・夕）、山形のお薬師さん（卸、8～9）〕
6月	古川八百屋市（3・7の日）、小牛田日曜朝市、若柳（1・6の日）			〔女川の旅館にリヤカーで売りに行く（朝・夕）〕
7月	古川日曜朝市、小牛田日曜朝市			〔女川の旅館にリヤカーで売りに行く（朝・夕）〕
8月	古川日曜朝市、小牛田日曜朝市			盆市（小牛田・古川・岩ヶ崎・佐沼など各所）、〔女川の旅館にリヤカーで売りに行く（朝・夕）〕
9月	古川日曜朝市、小牛田日曜朝市		岩沼・竹駒神社秋祭り	〔女川の旅館にリヤカーで売りに行く（朝・夕）〕
10月	古川日曜朝市、小牛田日曜朝市	築館（8～9）、高清水（29～30）、岩ヶ崎、若柳		〔女川の旅館にリヤカーで売りに行く（朝・夕）〕
11月	古川日曜朝市	花泉（1～3）、鹿島台（10～12）、岩出山（15～16）、和渕		
12月	古川歳市、小牛田歳市		岩沼・竹駒神社（30～）	喜多方・猪苗代の個人宅（10日頃）、〔東京・埼玉方面（暮近く）、黒磯のコウマルさんの祭り（13）〕

注1：（　）内は開催日を示す。〔　〕内は現在では行かないところ。

注2：互市は、かつて瀬峰、丸森、石森、佐沼などでも開催されていた。

注3：「その他」に記した山形県内の市（1・2月）は初市。新暦と旧暦の両方で行われる。

市には開催周期があり、その長短によって、市の性格そのものにも違いがある。たとえば、五日とか一週間といった短い周期で繰り返される定期市は、生鮮食料品などの日用品を中心に扱う近隣住民のための身近な市。対して、半年とか一年といった長い周期で開催される市は、総じて「大市」とよばれ、祝祭性・娯楽性が強く、近隣のみならず遠方からも人が集まる。扱う品物も、生活必需品だけではなく、縁起物のようにそのとき限りの特殊なものが商われることが多い。

表をみると、お二人が回る市の種類にはさまざまなものがある。初夏から秋口にかけては、短い周期で繰り返される定期市が商売の中心。そして、定期市が休みとなる冬から春先にかけては、年一回の長い周期で開催される初市や祭礼市などの大市がメインとなる。

大市を商売の主軸とする暮れから三月にかけては、市の回数は限られてはいるけれども、遠方まで足を延ばし、たくさんの荷をさばく。山形の初市や竹駒神社の初午大祭で目撃したとおり、万単位でまとめ買いをする人も少なくない。とりわけ三月は、ワカメやコンブの新物が出る時期とあって、比較的よい値で売れる。

一方で、夏場の定期市を主とする時期は、市の回数は多いものの、やってくるお客さんのほとんどは、頻繁に顔を合わせる地元の常連さんたちだ。海産物とはいえ日持ちのする商品なので、こうしたお客さんが一回ごとに買っていく品物の量はさほど多くはない。震災前、女川に住まいがあった当時は、この時期に悦子さんが朝晩リヤカーをひいて、近隣の旅館に売りに行くこともしていた。定期市と地元での引き売りという、地道で着実な日々の商売が、この時期を特徴づけている。

そこで気になるのが、もうひとつの市のグループ、仙北地方特有の、かの「互市」である。再び表で確かめると、大市を主とする冬の時期から、定期市を主とする夏の時期へと移行する間に春の互市が、そして、農作業が終わり、定期市のシーズンから再び冬の大市へと移行する時期に秋の互市が、それぞれ存在していることがわかる。大市と定期市とで二極化した商売を、互市がちょうどつなぐようなかっこうで、年間のサイクルが形作られているのだ。

互市は年に二回のお祭りのようなものだから、形態としては大市に分類されるが、農産物や苗物、農具なども商われるので、日常の生活必需品を扱う定期市とも相通じるものがある。買い物に来るのも地元の常連客で、半年ぶりの再会を心待ちにしている。開催時期にしろ、市の性格にしろ、まさに定期市と大市との中間といったところである。思い起こすと、互市で急に雷雨になったり、大風に見舞われたり、天候の急変に直面したことが多々あった。十一月に開催される鹿島台の互市では、「互市荒れ」という言葉も聞いた。季節の変わり目には、そこを無事に過ごすためのさまざまな習慣や行事が地域ごとに伝えられている。互市もまた、そんな節目の行事のひとつとして、その土地の暮らしのリズムを形作ってきたのだろう。

栗駒山麓の旧城下町、岩ケ崎（栗原市）で開かれる互市に顔を出したとき、悦子さんがこんな話を聞かせてくれた。互市が盛んだった昭和三十〜四十年代には、開催場所近くの民家が商人の宿泊を請け負うこともあり、お二人も決まった家をヤドにしていたという。

「泊まらい、泊まらい（泊まりなさい）、っていわれて、旅館よりも安いから、品物置いてったりして泊めてもらった」

そういえば、お二人が商売を本格的に始めたのは、夏祭りに来た露店商を泊めたことがきっかけだった。商人が集まれば、そこに新たな商売が派生する。互市の開催は、地元の町に益をもたらす役割も果たしていたのだ。

こうして、コンブヤさん夫婦の市回りを見ていると、互市だけでなく、定期市や祭礼市など、開催周期や目的が異なる各種の市が、年間とおして重層的に存在するこの地域の特徴が浮かび上がってくる。

その背景には、やはり東北特有の冬の厳しさがある。冬場はとりわけ菜物が少なく、売るものが限られていて、通年での安定した定期市開催は難しい。だからこそ、こうした重層的な市のサイクルが形成されたのではなかろうか。商人は、各自の都合でこれらを選択し、組み合わせることで、生計を成り立たせることができる。土地の人たちも、季節ごとに特徴ある市が開催され、そこでさまざまなものを手に入れることができる。この地域ならではの気候風土から編み出された、独自の流通システムなのである。

お二人に、作った表を見てもらった。すると、隆男さんも悦子さんも、納得しかねるというふうに首を振る。

「どこか間違ってますか?」不安になって聞くと、隆男さんが言った。「こんなもんじゃない」

これまで聞いてきたのは、概ね震災前後のことで、それまでの半分、いや三分の一にもならないという。福島でも露店商仲間に入って各地を回ったし、栃木のほうのお寺の祭りでは、わざわざ宮城から来たというので、出店場所を優遇して貸してくれたこともあった。互市ももっとたくさんの場所でやっていて、その周辺の神社やお寺では祭りも盛んだった。山形は初市だけでなく、個人のお得意さんもあった。表にあげただけでもたいへんな数だと思ったが、それどころではなかったわけだ。

「いろいろ旅して回ると楽しい。全国の人と友達になれる」と悦子さんがいう。

苦労もあるが、やってみなければわからない魅力があるからこそ、こうして二人で市回りを続けているのだろう。そもそも、五十年あまり積み重ねてきた日々が、ほんの一年足らずでわかるはずもない。この表の完成には、まだまだ時間がかかりそうだ。

被災、そして再出発

竹駒神社の初午大祭は、消し難いあの日の記憶とも密に結びついている。平成二十三（二〇一一）年三月十一日、三陸沿岸を巨大な津波が襲った、あの大震災の日である。

この年は、三月十五日から祭りが始まるというので、その準備がしてあった。毎年やってくる秋田のお客さんのため、箱で仕入れたマツモを何日もかけて手ごろな大きさに切り、袋に入れて小分けにする。北海道のお客さんには、同じくコンブを袋詰めにする。そうやって支度を終え、保冷の設備がある大きなトラックにすべて荷を積み、あとは当日を待つばかり、という矢先のことだった。

「トラックごと、すぽーんと流された。手間が、いたましい」

いたましい、とは、直訳すれば「もったいない」とでもいうのだろうが、淡々と語る悦子さんの言葉の端々に、それでは言いつくせない思いがにじむ。手間ひまかけてコンブやマツモを小分けにする作業に、五十年かけて築いた小さな商売の軌跡が重なる。それらが一瞬にして消え失せた悔しさ、虚しさ、やるせなさ。

地震の直後、自宅にいた悦子さんは、近くの病院に逃げた。十五分で津波が来て、四階建ての二階まで浸水した。隆男さんは、高台にある倉庫に行っていて難を逃れた。

「お父さん、二日間来なかった。瓦礫《がれき》よけよけ、病院に来た」

二日ぶりに再会し、一週間ほどでようやく携帯電話が使えるようになったが、ものの何分ももたない。まずは、古川八百屋市の出店仲間に電話をし、無事を伝えた。この人が古川で貸家を見つけてくれて、地震から十日ほどでそこへ移り住んだ。

毎年四月一日から三日間、花泉（岩手県一関市）で互市があり、ここへも五十年ほど行っていた。自動車とガソリンを譲ってくれる人があり、三箱だけ残ったワカメを持って、四月一日に行った。商売ではなく、長年世話になっている商店街の人たちに、無事であることを知らせたかったからだ。

「食べてけれ、って、ひともりずつごちそうしてまわった」

すると、商店街の店の人やお客さんたちから、次々と見舞金を渡された。思ってもみないことだった。

それをもとに、石巻の問屋で可能な範囲の仕入れをし、少しずつ商売を再開した。家や店は津波で流されたが、積み重ねてきた人と人とのつながりは、流されることはなかった。そのことが、生活の再建へとつながった。

お客さんが多い竹駒神社の初午大祭で、コンブヤさんご夫婦を手伝うもう一組のご夫婦の姿があった。小牛田の朝市に店を出す仲間だが、ちょうど親子ほどの歳の開きがある。

奥さんは田尻（大崎市）の出身で、子どものころ、地元の加茂神社で祭りが始まると、おばあさんが「コンブヤさんとこ行くぞー」と、手をひいて連れて行ってくれた。その店が、隆男さん、悦子さんの店だった。後年、小牛田の朝市に出店するようになって偶然再会した。祖母だけでなく母も常連客だったから、これで親子三代でのつきあいになる。

「私も主人も親を亡くしたから、なんだか、お父さんとお母さんみたいな感じ……」と奥さん。震災のあとも、何かにつけ高齢の二人に手を貸しているという。

鉄骨組みのテントは、建てるだけでもかなりの労力がいる。商売を始めたときに鉄工所で作ってもらったもので、震災のときも、高台の倉庫に置いていて無事だった。

「このハカリが（津波で流されずに）ひとつ残ったの。また商売しなさいっていうのかと思って」と悦子さんが大事そうに傍らに置く秤も、ずいぶん年季が入っている。

考えてみれば、どこの市でもみなそうだ。二代、三代と出店を続けている人たちは、陳列台や秤、運搬のためのリヤカーなど、先代から受け継いだ道具をあちこち直しながら、何十年も使い続けている。常設の店舗なら、商売の進展とともに設備投資をしたり、店舗を拡張したり、改装したり、どんどんリニューアルして大きくしていくことを目指すのに、それとは対照的である。

ふいに、年末の小牛田歳市で見た光景が思い出された。

小牛田の日曜朝市は、年内は十月いっぱいでおしまいだが、正月準備のための歳市が十二月末の一日だけ開かれる。去年（二〇一五年）の暮れは、たしか二十七日だった。

早朝から雪が降りしきり、凍えるような寒気のなか、みな店を広げてお客さんを待つ。小牛田でも古川でも、早いお客さんは午前四時ごろにやってくる。まだ暗いうちから、ランタンをつけて商売をするという。それだけに、終わる時間も早い。七時か八時には帰り支度が始まる。

この日も、午前八時前になって、悦子さんが段ボールにワカメやコンブ、海苔などを詰めはじめた。そろそろ店じまいかな、と思ったら、それを向かいの八百屋さんに持っていく。すると、その八百屋さんからは、大きな袋に入った野菜が届く。悦子さんはまた箱詰めをして、奥のほうの別の店に持っていく。見れば、あちらこちらで同じような情景が繰り広げられており、私の手元にもなぜか、ミカンの袋とたこ焼きがまわってくる。

にわかに始まった贈答大会に唖然としながら、「この人たちは、いったい何のために商売をし

震災で「ひとつ残った」という秤（2016.11.20）

ているのだろう？」と考えた。個人の利益のためだけなら、こんなことは必要ないはずだ。おそらく、市という場があること、そのことこそが、この人たちにとってもっとも重要なのではないか。そして、日ごろの稼ぎの一部をこうやって年末のあいさつにかえ、市の場に還元することで、そのことを確かめ合っているのではなかろうか——。

竿の先の目籠から色とりどりの護符が振りまかれる（2016.3.13）

「そろそろお神輿が帰ってくるよ。見てきたら？」

悦子さんの声がした。

初午大祭の期間中、日曜日に神輿の渡御と竹駒奴の練り歩きが行われる。初日と日曜日が重なって、ちょうどこの日はそれが見られるという。

参道を、揃いの半纏《はんてん》を来た竹駒奴たちが列をなして歩いてくる。白装束の一団が高くかざした目籠から、パラパラと、色とりどりの紙片が落ちてきた。沿道の参拝者たちは、キャッキャッと声をあげて拾い集めている。

つられて私もいくつか拾った。三センチ角ほどの色紙に、「商売繁盛」「家内安全」「五穀豊穣」「海上安全」「学業成就」などの文字と宝珠が描かれている。

コンブヤさんの店に戻り、拾った紙片を悦子さんに渡そうとしたら、「持ってなさい」とそっと押し戻された。それからビニール袋を取り出し、そこに入っている自分の紙片の束を見せてくれた。

「これ、集めたら、本当に商売もよくなって、子どもたちも大学に合格した。前は枡いっぱい、山盛りにあったの。（津波で）全部流された。また、溜めようと思って」

小さな紙片をこつこつと溜める姿は、被災からの再出発の足取りそのものであるかのようだ。夫婦ふたりの市回りの日々。

ささやかに思えるその商売は、幾度も苦難に直面しながらたゆみなく道を切り拓いてきた生命力と、長年培った人と人との結びつきとに支えられていた。

第5章

震災を越えて
気仙沼の朝市

長いもを買って朝市から帰る（1990 年代、中田俊夫氏撮影）

「気仙沼方式」——一回ごとの出店登録

平成二十一（二〇〇九）年三月の終わり、積年の念願だった東北の市をいくつか回る旅をした。メインは秋田県内で、まず横手盆地の増田に行き、そこから北上して五城目の朝市を訪ねた。そして、秋田市内の県立図書館で調べ物を終え、帰る道すがら、せっかくここまで来たのだからと立ち寄ったのが、宮城県の気仙沼だった。気仙沼には、昭和四十年代に始められた朝市があった。

そのころの私は、どちらかというと歴史を重ねた市に対する関心が強かった。秋田の市は、江戸時代の国学者である菅江真澄《すがえますみ》（一七五四〜一八二九）の紀行文にも描かれていて、ずっと行きたいと思い続けていた場所だった。三月末の秋田は、野菜物にはまだ早く、リンゴや山菜の塩漬けなどが品物の中心だったが、ようやく自分の目で確かめることができ、とても満ち足りた気分だった。

新幹線で一ノ関まで南下し、そこからバスに乗った。ＪＲ大船渡線を使って鉄道で行く方法もあったが、乗り継ぎの時間が合わないのと、駅前ではなく港に近い場所に宿をとっていたので、そこまで直接行けるバスを選んだ。

一ノ関から気仙沼は、思った以上に遠かった。気仙沼といえば、カツオやサンマの漁船で賑わう港町というイメージがあったのだが、バスの窓から見える景色は山また山の連続で、海に向かっているという感じがしない。いったいどこに行ってしまうんだろう……、と不安に駆られたのを覚えている。二時間ほどバスに揺られるうち、乗客はひとり、またひとりと降りていき、し

「朝市広場」の名で親しまれていた港近くの会場（2009.3.22）

まいにはとうとう貸切になった。やがて道の両側に商店が連なる街並みが現れ、運転手さんに魚市場に一番近いバス停を聞いて、そこで降ろしてもらった。予約していたホテルは、魚市場の真ん前にあった。

気仙沼の朝市は、毎週日曜日の早朝、港近くの広場で開かれる。翌朝五時半ごろに起き、ホテルから歩いて行った。

魚市場前の大通りは静まりかえっていて、車通りも人影もない。だが、見通しのよい直線道路の数百メートル先に、この静寂からは信じがたいほどたくさんの自動車が群れをなして止まっている。一目で、そこが朝市会場と知れた。

近づくにつれ、ざわざわとした喧騒までが耳に入ってきた。「宮城県漁連」の看板を掲げた建物の前に、「船員憩の広場」という札が建てられた四角い広場があり、そこにいくつものテントがひしめいている。たいへんな人だかりだ。ここ数日回ってきた秋田の市の比ではない。

リンゴの木箱がずらりと並んだ店から、重そうな大袋をかかえて出てくるお客さん。殻がついたままのホタテ貝や、平べったいエイのような魚をそのまま並べて売るおじさん。農家の店の野菜は、秋田ではまだ見なかった青々とした葉っぱがみずみずしい。ジャンク系フードもあれば、ドリップコーヒーを飲ませてくれる屋台もある。大きな米袋が足元にいくつも置かれた店では、なぜか陳列台にポータブルミシンが三台。摩訶不思議なこの店はいったいなんの店なんだろう？　花、履物、乾物。さほど広いとは思えない会場を一巡してみると、驚くほどなんでもある。

こうなったら、何か買ってみないことには気がすまない。鮮魚にはさすがに手が出せないので、まずはしらす干しに目をつける。話しかけるとじつに気さくな奥さんで、もとは洋服を売りに来ていたのだけれども、売れ行きがはかばかしくなく、最近になって妹のところで扱っている干物などを売ることにしたのだという。野菜を売っている男性は、脱サラ組。一〇〇円のホウレンソウをたった一束買っただけでも、ニコニコしながら名刺までくれた。どの店の人もみな、なんだかとても楽しそうだ。つられてこちらも気分が乗ってくる。

広場の奥に、プレハブの建物が見えた。そろそろと扉を開けると、ここは市の管理をする事務所のようだった。真ん中に置かれたテーブルを囲んで、数名の方々が談笑している。

「朝市の歴史を知りたいのですが……」と来意を告げると、あらかじめ連絡していたわけでもないのに、すぐ招き入れられた。まるで旧知の人であるかのように、テーブルを囲む一員に加わる。穏やかな面差しの年配男性が、名刺をくださった。「気仙沼朝市運営委員会　委員長　菅原勝一」とあった。

菅原勝一《しょういち》委員長（昭和四年生まれ）によれば、気仙沼朝市が始まったのは、昭和四十九（一九七四）年のこと。前年に初当選した新市長と新人議員五人の発案で始められたという。菅原さんは、この五人の議員のなかのひとりである。

そのときの発案というのが、「タガイチをやろう」だった。ちょうど第一次石油危機のころで、先の新人市議たちが集まって、物価問題懇談会という自主的な勉強会を開始。町の活性化のため、生産者の生活を助け、近隣農村と港を中心とした町の住民との交流の場を設けようという気運が高まった。それには県北各地で開かれている互市のような市がふさわしいというので、各方面に声をかけ、紆余曲折がありながらも開催にこぎつけた。互市のことは、前章で詳しくとりあげたが、じつはこの言葉を初めて耳にしたのは、ここ気仙沼だった。

主体となっているのは、出店者や消費者を含む三十人ほどの委員で構成される朝市運営委員会。うち十人ほどが常任委員として、実際の運営に携わっている。出店者や買い物客のために駐車スペースの確保は必須なので、日曜日の朝の決まった時間帯だけ、路上駐車を認めてもらう措置もしてあり、安全のため交通監視員を四人置いている。まことにそつのない管理体制だ。聞けば、組合組織もなく、委員会によるまったくの自主運営だというので、なお驚いた。市長や市議の協力はあっても、行政や既存の組織団体は運営そのものに関わっていない。

出店者の人たちが、かわるがわる事務所に顔を出し、お金を払っていく。出店料のようだ。出店場所は、二メートル単位の小間《こま》とよばれるスペース（面積は三・三平方メートル）が基準になっていて、一小間が七〇〇円（当初は五〇〇円）。これを毎回支払うシステムになっている。

この話をうかがって、ひとつ疑問がわいた。各地で開かれている定期市では、出店者の管理はたいてい年間で行われていて、半年か一年分の登録料――これはすなわち場所代であったり、道路使用料であったりする――を一括して支払うというのが一般的なのだが、ここはそうではないらしい。

「（出店の登録は）一回限りなんです」と菅原さん。そうなると、毎回場所の割り振りをしたり、顔ぶれが変わったりするのだろうか？　それはあまりにも煩瑣《はんさ》なことだ。

すると、「みなさん、たいてい同じ場所に来週の予約をしていかれるんですよ」と、小間割の管理を担当している事務局長の金澤貴美子さんがにっこり笑って補足してくれた。

なぜこのようなシステムにしたのか、菅原さんたちの説明によれば、理由はこうだ。朝市を始めた昭和四十年代当時は、屋外での催し物の際に、暴力団関係者が場所の権利をあらかた押さえてしまうという事態がしばしば生じた。出店を希望する人たちが、彼らに高い場所代を払わざるを得なくなるので、それを避けるため、長期的な登録制度をとらずに一回ごとの申請にした。これが功を奏して、不法な力の介入を防ぐことができたという。

「気仙沼方式です」。そう言って、小間割の図面（左ページ）と、番号が書かれたカードを見せてくれた。カードは小間札といい、いわば出店許可証のようなものだ。

四角い会場は、広さ一四三三平方メートル。区割りされた小間が一八四。こんなにたくさんの店がおさまるのか、と感心する。二月は農産物が乏しいので店数も少なくなるが、それ以外はおよそ一五〇ほどの店が並ぶそうだ。東北地方の市は、野菜物が出にくい冬場を休みにしてしまうところも少なくない。太平洋に面した気仙沼が、気候的に恵まれていることもあるのだろう。通年で開催できることで、いろいろな選択肢も広がる。聞けば、年間での休みは、正月の第一日曜のみ。他に、八月の盆市や年末の詰市といった臨時の市もある。出店者も、市内のみならず、若柳（栗原市）あたりの県北地域や、さらには陸前高田や大船渡、藤沢や千厩（一関市）といった隣接する岩手県方面からもやって来るという。

ひとしきりお話をうかがいながら、これはみごとだ、と目の覚める思いだった。毎回出店登録

朝市の小間割図（上）と小間札（下）（2009.3.22）

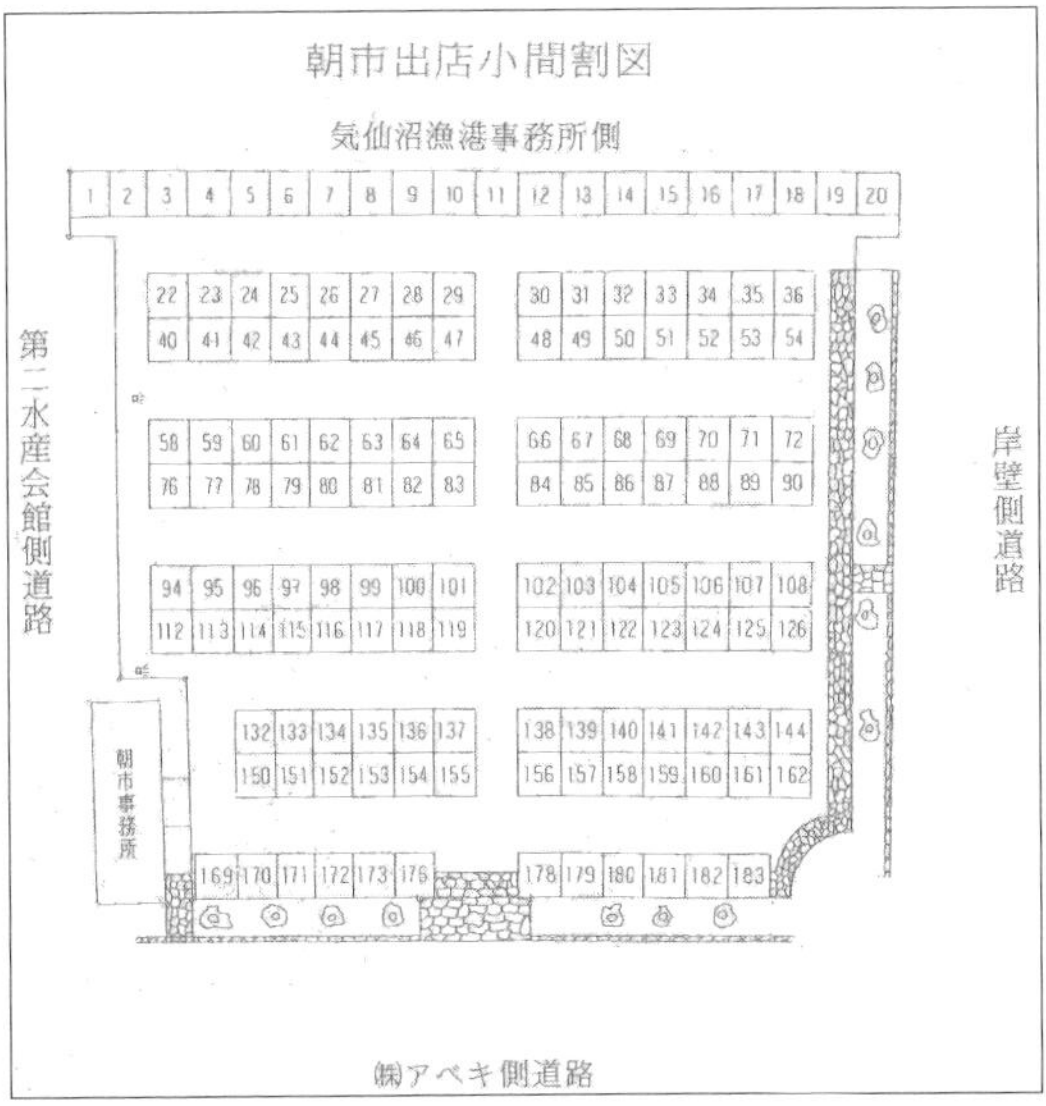

をして、場所代を払って、と聞くといかにも面倒なようだが、実際にはほとんどが毎週来る顔見知りであって、名前も住所もひかえてあり、登録というよりは出欠確認に近い。一方で、このやり方ならば、リンゴの季節だけ店を出したいという人や、苗物の季節だけ来たいというような季節限定の出店者も柔軟に受け入れることができる。じつに合理的で、何よりも出店者にとって負担が少ない。負担が少なければ、品物も安価に提供できる。いくつか回った店の人たちが何だかとても楽しそうだったのは、そういうわけか、と合点した。

これまで、長い歴史を重ねた市をいくつも見てきた。そこで決まって突きつけられるのは、社会の変化にどうやって適応し、新しい世代にどう受け継ぐのか、という課題である。気仙沼の朝市は、戦後に始められた比較的新しい市だが、これからの社会に適応しうる現代的なシステムをそなえた市のモデルケースといってよいのではないか、と思った。新たに市を始めようという場合にも、大いに参考になるに違いない。

朝市開始以来の出店者、小野寺りつ子さん（2009.3.22）

八時過ぎ、交通監視員の方々が事務所に戻ってきた。朝市用に許可された路上駐車の時間は五時から八時まで。つまりは朝市もおしまいで、事務所の皆さんも解散の時間である。

再び会場に出てみると、店もお客さんもみんな撤退していて、さきほどまでの喧騒がうそのような静けさである。家族の迎えを待っているという年配のお母さんがひとり、ストーブや腰かけなどの荷物の間にぽつねんとしゃがんでいる。小野寺りつ子さんというそうで、朝市が始まったころから出店している市内の農家の方だ。りつ子さんとしばらく話をし、その後、南気仙沼駅から列車に乗って帰路についた。

それからちょうど一年ほどたった平成二十二（二〇一〇）年二月、再び気仙沼を訪れる機会を得た。参加していた共同研究の会合が、市立のリアスアーク美術館で土曜日に開かれたので、これ幸いと、翌朝早く港近くの朝市会場に足を運んだ。

前年よりも一か月あまり早い時期とあって、まだ薄暗く、寒気が厳しい。店数も若干少なく感じるのは、やはり農産物の店があまり出ていないからだろう。にもかかわらず、賑わいそのものは前回とほとんど変わらない。人いきれで、そこだけ湯気が立っているようだ。

暖かそうな襟巻をした奥さんの店先で足を止めた。「あずき」、「ささぎ豆」、「きなこ」などと、丁寧にワープロ打ちされた荷札とともに個性的な品が並ぶ。色とりどりの造花をあしらった手作りリース、さらには、椿油まである。こんな北の国で椿油？と思って聞くと、自宅の庭の椿が原材料だというので驚いた。ただし自宅では加工ができないため、「大島に工場があるから、そこに頼んで作ってもらってる」という。とっさに伊豆大島かと勘違いしそうになったが、大島は大島でも、気仙沼湾にうかぶ大島のことだった。

そうやって説明してもらいながら、どうにも気になって仕方ないのは、当の奥さんのお顔である。薄暗いなかでもそれとわかるほどに、つやつやと光を放っている。「どうしてそんなにつや

つやつやした頬が印象的な吉田みつ子さん（2010.2.14）

つやなんですか？」と思わずたずねると、「これよ！」と件《くだん》の椿油を指さした。即座にひと瓶を購入。こんな説得力あるセールスは初めてだ。

瓶の中の椿油は、寒気のせいで蠟のように固まっていた。零下かそれに近い気温なのだろうが、そんなことも忘れてしまうほど、朝市は熱気に満ちていた。

鏡のような気仙沼港に、漁船が数隻横づけされている。岸壁の近くには、網を広げた隣に、褐色のカーテンのような昆布がきれいに並べて干してある。風もなく、朝の陽光が、港いっぱいに射してきた。

思えばこれが、この景色を見ることができた最後だった。翌年の三月十一日の大津波以後、気仙沼港の一帯は何もかもが激変してしまったからである。

イチからマチへ

朝市の始まりは昭和四十年代の終わりだが、じつのところ気仙沼の町の成り立ちそのものは、戦国時代に開設された市に由来する。

鎌倉時代からこの地を治めてきた熊谷氏が、永正十六（一五一九）年、城下町の古町で三日市を開設した。さらにはその北側にも八日市が置かれ、月六回の六斎市が開かれることとなった。古町というのは、現在のJR気仙沼駅周辺をさす。海から一・五キロほど離れた台地にあるが、かつてはこのあたりが海岸線だった。魚や塩の交易拠点にふさわしい場所だというので、ここに市が開かれたのである。

その後、天正年間（一五七三〜九二）あたりから、本格的な宿場町整備とともに沿岸部の埋め立てが始まった。寛永年間（一六二四〜四四）には、その埋め立て地に新たな町場ができ、ここに市が移されて、三日町・八日町と名付けられた。

埋め立てから一五〇年ほど経過した江戸時代の終わり、この地を訪れた旅人の記録の中に、当時の気仙沼の市や町のことが書かれている。

天明六（一七八六）年七月、東北各地を遍歴したことで知られる国学者の菅江真澄がここを旅した。紀行文「はしわのわかば　続」には、気仙沼湾にある大島から船で市にやって来る人がたくさんいて、その帰り船に乗せてもらって大島に渡ったことが書かれている。七月十八日の記事なので、八日市のことなのだろう。

その二年後、天明八年には、幕府の巡見使一行が気仙沼に立ち寄った。随員の一人である地理学者の古川古松軒《こしょうけん》は、「気仙沼と言所も入海にして、三百餘軒の町にて大概の所なり。（中略）気仙沼は商人多く、大海より三里の入海にて五百石積位の船かづく入津してあり。鰹魚の名所にて数多取れる故に価賤《やす》し」（『東遊雑記』）と、商人の町としての気仙沼の賑わいや、カツオ船で活気あふれる港のようすを書き残している。

仙台藩定期市開催地（「在々駅地市日記」より）

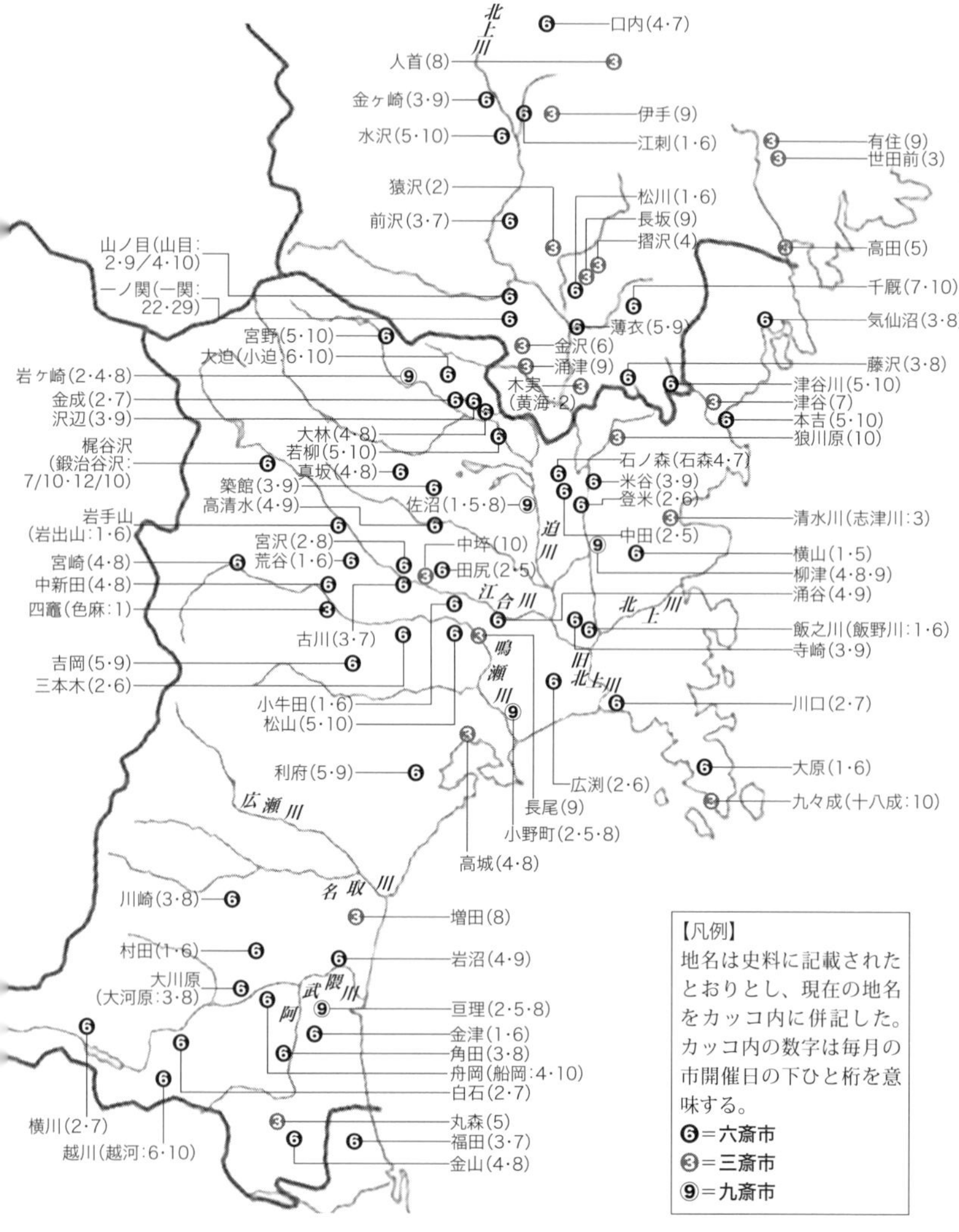

江戸時代の気仙沼は、仙台藩領である。大藩にふさわしく領内の経済活動はさかんで、六斎市が五十九か所、三斎市が二十一か所、そして九斎市が五か所で開かれていた。右ページの図をご覧いただきたい。これは、志津川（宮城県本吉郡南三陸町）の個人宅で所蔵されていた古文書「在々駅地市日記」に記載のある領内の定期市を、地図上に示したものである。見ておわかりのとおり、領内の北部は北上川とその支流、中部は鳴瀬川水系、南部は阿武隈川水系と、河川に沿うように市が点在している。陸路よりはむしろ、水運の発達が、この地域の経済を支えていたことをうかがわせる。気仙沼の周辺でも、高田（岩手県陸前高田市）、千厩（岩手県一関市）、藤沢（同）など、近隣各所で市が開かれていて、この地域もまた、陸海運の要所であった。

ところで、入り海になった気仙沼湾の最も奥まったあたりの一帯は、現在「内湾《ないわん》」と総称されていて、この内湾の北側（現在の魚町）をかつては「釜ノ前」、西側（現在の南町）を「西風釜《ならい》」といった。

気仙沼出身の民俗学者・川島秀一さんの著書『津波のまちに生きて』（二〇一二年）には、気仙沼の地形や自然現象と地名との関わりが書かれていて興味深い。それによれば、「カマ」という言葉のいわれは、塩を炊く釜があったことに由来するという説があるものの、そもそも埋め立てによって造成された港に、塩田の浜が広がっていたとは考えにくい。むしろ、先述した江戸時代初期の町づくりによって、この一帯が港湾として整備され、船を繋留させるために深く掘ったことから「カマ」とよぶようになったらしい。

さらには、西風釜にナライという、気仙沼で北西風をさす呼び名がついていることは重要だ。

港に入った船が、湾の入り口、つまりは南東方向へとこぎ出すときに、北西のナライの風を待って船出をするという。この風はダシノカゼとも呼ぶそうで、いかにも船出にふさわしい名である。広げた帆いっぱいに北西風をはらませて、悠々と出航する船が目に浮かぶようだ。ちなみに、同書によると、ナライという風の名は全国的に聞かれるものの、土地によって方角が違うという。山並に沿って吹き下ろしてくる風をそう呼ぶのだそうで、気仙沼の場合は、北東の唐桑半島から北北西にかけての丘陵が屏風のように気仙沼湾を取り囲んでいて、北西の奥にある室根山あたりから風が吹きおろしてくるので、北西風がナライとなる。まさに五感と一体化した命名というわけだ。

さて、気仙沼の港の周辺には、廻船問屋や魚問屋、米問屋、質屋といった商人たちが店を構え、さまざまな職種の商売人や職人が住み着くようになった。明治になると、漁船の動力化や汽船の就航などで地域間の交流もますます活発になり、定期的に市が開かれていた三日町や八日町は、常設の商店街として活況を呈してゆく。

当時の町の賑わいを知る手がかりが、『気仙沼市史V　産業（上）』（一九九六年）に紹介されている。明治の末に発行された『気仙沼案内』の広告に、次のような商売人たちが名を連ねているとある。

食料缶詰製造、海産物、呉服太物、小間物洋品、旅館、銘酒、和洋料理、銀行、醬油醸造元、味噌製造、縄筵《なわむしろ》問屋、果実卸小売、内外米雑貨商、砂糖掛物麦粉商、御菓子調進所、片栗粉商、御銘茶所、材木商、乾物類商、機械製麺、麻苧《あさお》船具、石灰製造販売、養蚕具一式、美術漆器製

造、図書雑誌、東京仙台各新聞、肖像と風景（写真）、各国流行靴製造販売、薬品機器、医療薬品、無菌全乳、自転車と付属品、乗合馬車業、蹄鉄《ていてつ》、龍丸合資会社（回漕）、湾内巡航発動機船運送店。多様な業種もさることながら、ここにあげられているだけで、店数は一〇〇をゆうに超える。

船出に最適なナライの風は、思わぬ災厄をもたらすこともあったようだ。大正四（一九一五）年と昭和四（一九二九）年の二度にわたって、気仙沼の町は大火に見舞われた。だが、この災禍からの復興が、港町にさらなる近代文明の風を呼びこむことになる。

街路の拡張や埋め立てが進み、大火後の昭和四年七月には、大船渡線気仙沼駅が開業。海運に依存していたこの地に、鉄道による大量輸送の基盤が整う。サンマ、カツオの漁も好調で、昭和十年には魚市場が開業。翌年には、気仙沼港で初めて南方マグロ延縄《はえなわ》漁船の進水式が行われて、本格的な遠洋漁業も始まった。

さきの『気仙沼市史』には、昭和五（一九三〇）年の『気仙沼案内』に掲載された商工人名録も紹介されている。

職種そのものは明治のころと大差はないが、海産物商だけで一一八名、金融業も一二名、そして料理店・芸者置屋業が二五名と、花街の賑わいまでもが加わった、目覚ましい発展ぶりが伝わってくる。

港町は、概して外来の文化に寛容で、むしろそれらを積極的に受け入れようとする気風が強い。思えば、初めて訪ねた朝市の事務所で、まるで旧知の間柄であるかのようにすんなりと迎え入れてもらえたのは、そうした港町に育まれた気仙沼の人たちの気質によるのかもしれない。そして、戦後になって朝市が始められたのも、イチから発展した港町という歴史を考えれば、ごく自然の成り行きだったのだ。

オイルショック後の「キンピラゴボウ問題」

気仙沼港は戦後、第三種漁港（利用範囲が全国的）の指定を受け、昭和三十一年に魚市場も新設されて、カツオ一本釣りやマグロ延縄漁、サンマ漁などの拠点としてますます賑わった。昭和四十四（一九六九）年には、水産振興のうえで特に重要だとして政令により定められた特定第三種漁港（全国に十三港のみ）にも指定されている。

港中心に繁栄してきた気仙沼で朝市が計画されたのは、周辺の農村地域との交流の場を設けようというねらいがあったのは先述したとおりだが、その背景には、第一次石油危機、いわゆるオイルショックによる物価の狂乱という大きな問題があった。

気仙沼朝市運営委員会が発行した『けせんぬま朝市十年誌』（一九八四年）には、当時の市議会で噴出した「キンピラゴボウ問題」が、朝市発足のきっかけとなったことが記されている。

その顚末とは、このようなものだ。昭和四十九年三月の定例市議会で、市議のひとりが袋入りのきざみごぼうを手に、質問を投げかけた。――一〇〇グラム一円で出荷されたこのきざみごぼうが、店頭では三十円で売られている。物価高騰が問題になっているけれども、一方では生産価格はこんなにも安い。当市には、三日町・八日町と、市日（定期市）の名前のついた町がある。

かつて開かれていた市のように、生産者と消費者とが直接取引できる場を設けてはいかがか——。

宮城県内では、「おひきな（引き菜）」といって、千切りにした大根、にんじん、ごぼうなどが袋入りで売られているのをよく見かける。正月の雑煮の具にしたり、煮物や汁物に入れたりと、とりわけ寒い時期には欠かせない食材だ。ここで問題となったのは、その引き菜のことで、一円の原価が三十円の売値、つまりは三十倍だから、オイルショック後の市場の混乱は、こんなささやかな食材にまで及んでいたことになる。

実物のきざみごぼうをかざしたこの市議の質問は、「キンピラゴボウ問題」として大きな波紋をよび、事実上これが、朝市開設を後押しすることになった。

朝市運営委員長の菅原勝一さんのお話にあったとおり、「互市をやろう」と結束した市議の有志五人が世話人となり、件の市議会から間もない昭和四十九年四月、四百年の歴史を誇る古川（大崎市）の八百屋市《やおやまち》や、近隣の盛《さかり》（岩手県大船渡市）で開かれている朝市などを見学。月二回のペースで打ち合わせを重ね、開催場所の検討、駐車のための道路利用の協議などを経て、同年七月十六日に気仙沼朝市運営委員会総会（運営委員会の創設もこの日）を開催するに至る。

朝市の開催場所については、紆余曲折があった。菅原さんによると、周辺各地の互市はたいていが商店街の街路で開かれるので、まずは町の中心商店街に呼びかけた。ところが、市街地の商店では卸売市場をとおして仕入れた品を扱っていることから、生産者が直接販売するやり方を受け入れるわけにはいかないという。商工会議所に相談を持ちかけるも、反応は同じ。青果市場はいわずもがな。このとき、難航する会場探しに唯一理解を示してくれたのが、漁協だった。大いに賛成だと激励され、漁協が所有する海岸近くの土地を提供してもらう算段がついた。

場所が決まれば、あとは出店者である。以前から、港周辺の市街地には、近隣の農家の人たちがリヤカーを引いて、野菜を売りに来ていた。こうした振り売りの人たちに声をかけ、さらには養殖業を営む漁業者にも呼びかけて、出店を勧めた。

昭和四十九年八月十一日の日曜日、記念すべき第一回朝市が開催された。「事務所はプレハブの棟を設け、机等も用意したのですが、椅子がないので、気仙沼中学校から廃品の椅子数脚を譲り受けて準備をした」(『けせんぬま朝市十年誌』)と初代委員長の吉田小次郎さんが回想しているとおり、手探りの状態でのスタートだったようだ。出店者も、三十店ほどを目論《もくろ》んでいたのだが、初回のこの日は十九店。しかも、それぞれが風呂敷包みをひとつ抱えてくる程度の品物しかない。一方では、市民に向けて地元紙の三陸新報などでも開催を宣伝していたので、花火の合図とともにお客さんがたくさんやってきて、瞬く間に売り切れてしまった。

第二回は、二週間後の八月二十五日。品物も店数も十分ではなかった初回の様子から、三日坊主で終わるのでは?などと揶揄《やゆ》されたが、売れ行きが好調だったことが幸いして、出店者が倍増。四十店に届くほどの店がそれぞれたくさん荷を持ち寄り、お客さんも四〇〇〇人あまりが集まって、大盛況となった。

はじめのうちは、第二・第四日曜の月二回のペースであったものを、半年後の昭和五十年四月からは、市民の要望で毎週の開催となる。店数も八十店ほどに増え、わざわざ宣伝しなくても、毎回一万人ほどのお客さんが集まるようになった。「気仙沼の日曜は朝市で始まる」とは、朝市開設を推進した当時の市長・菅原雅《まさし》さんの言葉。まさにその言葉どおり、市民の台所として定着していく。

こうして数年が経過したところで、再び会場の問題が起きた。漁協が経営立て直しのため土地を処分することになり、場所の移転を迫られたのだ。

従来の開催場所の近くに、宮城県が所有する手ごろな大きさの土地があった。そこの前の道路は四車線と広く、出店者や来場者が自家用車を駐車するにも都合がよい。ちょうど、県が警察の独身寮建設用地として広い土地を探しているという情報があり、気仙沼市が所有している山手の土地と、この海岸近くの県の土地とを交換してはどうかという妙案にたどりつく。市議会内外では、市が所有する土地のほうが三倍もの広さだったことから反対意見もあったが、朝市の必要性を市長が訴え、議会を説得し、交渉成立にこぎつけた。駐車場所についても、朝市の開催時間となる日曜日の朝五時から八時までを交通規則対象外とする許可を、県の公安委員会から得て、看板を建ててもらって場所を確保した。

昭和五十四（一九七九）年、宮城県漁連第二水産会館前の「船員憩の広場」に場所を変え、新生朝市は再スタートをきった。この場所はその後、東日本大震災で被災するまで、「朝市広場」と呼ばれて親しまれることになる。

ところで、場所の移転と同じ昭和五十四年に、気仙沼朝市は、宮城県の地域流通対策モデル朝市の第一号に指定された。これは、宮城県の流通形態のあり方を研究していた県流通問題懇談会（座長・馬場昭日本大学経済学部教授ら委員十名）から出された、次のような提言を受けたものだ。

――全国的な巨大流通のなかでは、それぞれの地域食生活が壊されている。生産者も市場で高く売れればよいとだけ考え、人間味を失った商品があふれている。その打開策として、生産者と消費者がじかに取引できる朝市が一番望ましい――。この提言を具体化するため、県では、県北、仙台市中心部、県南の三か所にモデル朝市を設置することにし、その第一号として、県北地区の気仙沼朝市が指定されたのである。ちなみに第二号は県南の角田朝市、第三号は仙台市の泉朝市だった。

この県の懇談会の座長を務めていた馬場昭教授の寄稿文が、『けせんぬま朝市十年誌』に掲載されている。馬場教授が気仙沼朝市を訪れたのは、昭和五十三年。「一見して、予想以上に素晴らしい朝市だと思った」とあり、出店数や品数だけでなく、「市民の心の通った朝市」であることが、何より賞賛されている。「古くからある朝市とはまた違った独特の活気がみなぎっていた」とも書かれていて、これはまさに私が最初に訪れたときに抱いた感想でもある。「しかも運営のすべては、市民の人々からなる朝市運営委員会がとりしきっているということを知って、驚かざるをえなかった。必ずしも行政や既存の団体によらなくとも、協力さえ得られれば、市民の力でこれまでできるということの実証であった。本当に力強く思った。それが気仙沼朝市の第一印象である」とあって、四十年近く前のこの当時すでに、気仙沼朝市が時代の先端を行くモデルケースとして専門家の目にも写っていたことがわかる。

モデル朝市に指定されたことで、県内はもとより、全国各地から関係者が視察にやってきた。テレビ中継でもたびたび放映され、朝市広場近くのホテルや旅館から、浴衣姿の観光客が朝市に顔を出すようにもなった。生産者と消費者だけでなく、市民と遠来の人たちとの交流も生まれ、古くは戦国時代のイチから始まった港町気仙沼の歴史に、日曜朝市という新たな歩みが重ねられていったのである。

振り売りから朝市へ

気仙沼の町には、朝市の開設以前から、農家の人たちがリヤカーに野菜を積んで売りに来ていた。その人たちに声をかけて出店者を募ったことは、先述したとおりである。

小野寺りつ子さん（昭和八年生まれ）は、そんな開設当初からの古参の出店者のひとりだ。市内中心部から四〜五キロほど西に行った農村地域に住んでいる。

りつ子さんもまた、朝市が開催される以前から、気仙沼の町場にリヤカーで野菜を売りに来ていた。リヤカーでの行商のことを、りつ子さんは「野菜売り」と呼んでいた。嫁ぎ先の姑がこれをやっていて、三十歳くらいのときに引き継いだ。注文があって行くわけではなく、一軒一軒訪ねて回るので、初めのうちは恥ずかしくて仕方なかった。それでも、一年中ほとんど毎朝、天候も関係なく売りに出た。「それが仕事だから」と思って歩いていたという。

リヤカーを気仙沼駅近くに預けておき、駅までは家族の自動車で荷を運んでもらってリヤカーに積み替える。そこから駅前通りを歩き、市役所前を通って、港の方へと向かった。港近くの坂を上がった先に、太田という繁華街があった。港に入ってくる漁船の船員相手の花街が栄えていて、そこの旅館などでよく買ってもらった。冬場でも、秋に収穫したダイコン・ニンジン・サトイモ・ゴボウ・ジャガイモなどを、畑の土を掘って造ったムロに入れて凍らないように保存しておき、それを持って売りに出た。そのうち朝市が開始されることになり、出店を勧められて出るようになった。

「ここに来て、お得意さんたちと話をするのが楽しい」とりつ子さん。その言葉のとおり、りつ子さんの店先には、長年のお得意さんが入れかわり立ちかわりやってくる。お客さんが買い物をすると、同じくらいのおまけをつけて渡す。これでは商売にならないのでは？と心配になるほどだ。すると、お客さんが「申し訳ない」といって、また別の品物を買う。一〇〇円、二〇〇円の小さな買い物だが、そこにはお金では換算できないもっと大切な何かが行き交っている。

朝市の設立当初から運営委員としても携わってきた齋藤憲衛《のりえい》さん（昭和五年生まれ）・美重子さん（同）ご夫妻も、同じく古参の出店者だ。市内中心部から南へ三キロほど、大川を渡った先の五駄鱈《ごだんたら》で農業を営んでいる。

美重子さんの実家は、五駄鱈の北隣、大川に近い舘森《たてもり》というところの農家。昭和二十五（一九五〇）年にお嫁に来たが、嫁入り前からときどき大川を渡って、海岸に近い村に野菜を売りに行っていた。

「実家にいたときから、裁縫に行く前に、ひとかつぎボテカゴでかんづいて（担いで）行った。（野菜を）売ってきて、裁縫に行き行きしたの。実家が川のそばだから、小船が家にあるから、その船で。ダンベッコって小さい船。ふつうダンベっていう」

ボテカゴとは、ボテフリ（棒手振）に使うカゴのこと。天秤棒の両端に下げて担ぐ。大川にかかるあけぼの橋がまだないころ、裁縫の手習いに行くついでに、家にあった船を使って川を渡り、野菜を売りに行ったという。その船を動かすのも自分でやった。

「（船を動かすのに使うサオは）竹のハンザオっていって、船さ積んでおくと（対岸から誰かに）乗ってこられてしまうから、草の中さハンザオ隠して。嫁ごに来ねえときさ、（船を使って）ノリトリにも歩いたんだよ。櫓こぎで大島の兄の家さも行った。（大島に往復する間には）カツオ船がどんどん来るっちゃ。波が来るから、おっかねえ」

気仙沼湾では、かつて、大川の河口に近い沿岸部一帯で海苔養殖が盛んだった。その歴史は幕末にさかのぼり、大森（東京都大田区）から技術導入されたものだという。昭和三十四年の魚市場新設に伴う埋め立て以降、徐々に姿を消したが、それまでは、海苔のほかにコンブやワカメの養殖も盛んだった。アサリもとれたので、美重子さんは結婚後、ナメタガレイの餌にする生アサリをむく仕事などもしたという。

五駄鱈の農家は海にも近いことから、漁業権を持っていた。冬は海苔、夏は農業という暮らしが、昭和四十年代半ばくらいまでの齋藤家の一年だった。海苔養殖は、長男の憲一さん（昭和二十八年生まれ）が高校生のころにはまだやっていたが、昭和四十八（一九七三）年にハウス栽培を始めてからは、冬も農業が忙しくなり、海の仕事はやめて陸の仕事だけにした。それでも、アサリだけは昭和五十年代半ばくらいまでしばらく続けていた。

アサリとりは、この地域の人たちはどこもみんなやっていた。ワカメが終わったあとの五月ごろ、まだ寒さが残る時期に、胴長をはいて船の上からジョレンを引いてとる。この時期は一年でもっとも干満差が大きいので、シオが下がった（引いた）ときにとりに行く。各自が家に持ち帰り、身をむいて漁協に出荷するなどした。

齋藤家では、憲衛さんのお母さんも振り売りをしていた。美重子さんは結婚後ほどなくそれを継いだ。「おかさんのときは、ボテカゴ担いで歩かねえで、背負い籠だったけんども、おかさん体弱かったから、あんまり歩かねえわね。早く亡くなったからさ」

あけぼの橋ができるまでは、嫁入り前と同様に、天秤棒でボテカゴをかつぎ、渡し船で対岸に渡った。昭和二十八（一九五三）年に橋がかかってからは、リヤカーに運搬手段を変え、気仙沼湾沿岸の潮見町、弁天町、幸町、港町といったあたりを、日によってコースを変えて歩いた。

「おはようございまーす、って行くのっさ。今日いりませんか？っていうと、私行くのを待ってるから。お得意だね」

品物は露地ものの野菜がほとんどだったが、イチゴを作って持って行ったところ、とても評判がよかった。昭和三十年代のことである。気仙沼では、気仙沼湾の入り口に近い階上《はしかみ》がイチゴの産地として知られている。昭和四十年代、海苔などの養殖業に携わっていた人たちが陸《おか》上がりして、イチゴのハウス栽培を始めたことによるという。

齋藤家のイチゴ作りはそれ以前のことで、もちろん露地栽培だ。現在のようなイチゴを入れるカップ（パック）もないころで、近所のお菓子屋さんに頼んでバラ売り用のキャラメルの箱を一年分とってもらっておき、それに入れてリヤカーで売り歩いた。そのうち、現在のようなイチゴ用のカップができたが、当初は五〇〇グラム入りで、三段重ねて入れるようになっていた。カップはできたものの、それを入れる箱はまだなく、桐材でわざわざ箱を作って、振り売りだけでなく市場にも持って行った。

「男の人たちは、ドカタ稼ぎにあるいたりしてたけど、わたしが商い好きだから、うちのお父さん、稼ぎさ歩かねえで、ヤオヤいっぱいつくらい（作ろう）って」

高度経済成長期のころは、あちらこちらで土木工事をやっていて、農閑期にそうした仕事につくのは農家では一般的だった。多くが日雇いで、農作業の合間にできることから、会社勤めをするより都合がよかった。

齋藤家の場合は、振り売りの商いが、これに代わる大切な現金収入手段となっていた。商いが好き、という美重子さんだが、このあたりの農家の奥さん方がみなそうだったわけではない。中には、売りに行くのがいやだというので、たとえばナスの花が咲く時期になると、あまりたくさん実にならないように、花をもいでしまう人もあったらしい。

「わたし、違う。なんぼでも作らい、って。（ナスの苗を）五〇〇本植えるのを六〇〇本植えらい、って、そうやって植えたのさ。ナス漬けもね、今はビニール袋に詰めていくけど、そのころはコガっていう木の桶をリヤカーに積んであるいたんだよ」

おっとりとした口調でやさしく語る美重子さんだが、こと商売にかけては性根がすわっている。自分で船を操って大島まで渡ったり、天秤棒で重い籠を担ったり、イチゴ作りに挑戦したり、他所の家よりも少しでも多くナスを植えたり。常に一歩先、一段上をめざそうという気概でもって、新たな販路を切り拓いてきた。「商いが好き」とは、つまるところそういうことなのだろう。

「リヤカーで歩いてたころは、スーパーってないから、これけらいん（ください）、あれけらいんって注文されるっちゃ。ジャガイモけらいんとか、玉ねぎけらいん、キュウリけらいん、持ってきてけらいんって。そうしたら、自転車で配達したの。自転車の新車、二台乗ったよ」と、誇らしげにほほ笑む。

美重子さんの年代では、自転車といえばたいていが男性の乗り物であって、女性でこれを乗りこなす人はそうはいない。闊達《かったつ》な美重子さんには、自分の手でいかようにも展開できる商いが、きっと性に合っていたのだろう。


振り売りの行商から朝市へ。その背景には、当時の交通事情も関係していたようだ。『けせんぬま朝市十年誌』に、初代事務局長だった小野寺悦男さんのこんな談話が掲載されている。「（野菜の）振り売りによってすごく交通が渋滞しまして（中略）……その面から〝振り売りを朝市へ〟という名分で促進をはかってくれました」。自動車の普及とともに、リヤカーを引く振り売りの人たちが、交通の妨げとなってきた。事故の心配もあり、安全対策としても朝市の開設が望まれていたのである。

一方で、朝市が始まってからも、振り売りを続けながら出店する人もいた。各農家では、経営の規模に応じて、市場出荷と朝市と振り売りとを適宜《てきぎ》組み合わせていたようだ。同じく『けせんぬま朝市十年誌』には、昭和五十九（一九八四）年七月に日本大学経済学部農業経済論ゼミナールの学生たちが市内の農家で調査した結果が記載されている。それによると、調査した十五戸の朝市出店農家の経営規模はさまざまだが、大きな農家は、卸売市場・朝市・行商の三ルート、中規模農家は、卸売市場と朝市、あるいは朝市と行商という組み合わせが見られ、規模が小さくなるほど、朝市に重点がおかれるようになるという。

朝市や行商などの小さな商いでは、たくさんの種類の品物を少しずつ扱う「少数多品目」が求められる。当然ながら、それにあわせて作付けも工夫しなければならない。先の日大経済学部の調査では、経営規模ごとの栽培品目にも注目していて、大規模農家よりも、かえって規模が小さい農家のほうが、多品目を栽培する傾向にあることが指摘されている。たとえば、比較的規模が大きい農家で二十六品目を朝市に出している（栽培は三十二品目）のに比べ、調査農家のうち最小規模だった農家（水田三〇アール、畑二五アール）の場合は、なんと四十一もの品目を扱っている。

朝市開始直後には、生産者と消費者との直接取引に異を唱える人たちから、苦情や嫌がらせを受けたこともあったという。すべてが順風満帆というわけではなく、試行錯誤の連続だったが、運営委員はじめ関係者の並々ならぬ熱意のもと、そうしたことも乗り越えながら、年数を重ねていったのである。

3・11

この日、私は、高知県中央東林業事務所長の宮﨑伸幸さんの案内で、県北部の本山町にいた。第3章で書いたシキビの生産農家、河邑一雄さんのもとを訪ねていたのだ。午後二時過ぎ、土佐山田駅まで宮﨑さんに送り届けてもらい、市内の宿に戻って東京に電話をした。午後三時すぎだったと思う。すると、「この地域はただいま地震のため通話ができません」と、自動音声の無機的なアナウンスが流れてきた。

全身から血がひくような思いで、急いで部屋のテレビをつけた。

しばらくは、何がどうなっているのか、まったく理解できなかった。アナウンサーの緊迫した声が「津波です、逃げてください」を繰り返していて、たいへんなことが起きていることだけはわかった。テロップに、「お台場テレコムセンターから白煙」などという文字が流れ、とっさに、首都直撃だ、と思った。次の瞬間、東北の太平洋岸に津波の危険を知らせる地図が出て、三陸沖が震源と知れた。

その後流れた映像は、現実とは思えない光景だった。黒々とした波が、生き物のように地を這いながら、そこにあるものすべてをのみこんでいく。この世の終わりとは、こういうことをいうのかと、足元が崩れ落ちるような恐怖を覚えた。

平成二十三（二〇一一）年三月十一日に発生した東日本大震災による大津波で、気仙沼湾の沿岸各地は甚大な被害にみまわれた。石油の流出などによる火災も起き、津波に覆われた町が、さらに火の海となった。

知人の無事は確かめることができたが、港を前にした朝市の会場は、瓦礫《がれき》に埋もれてしまったことだろう。そう思いながら一か月ほどがたったある日、気仙沼朝市が復活したという驚くべきニュースを目にした。なんと強靱な人たちだろうと、胸が熱くなった。

震災後の朝市広場に集まった菅原委員長（左）はじめ関係者の皆さん（内海智富氏撮影）

震災後は身辺でも雑事が続き、思うように動けずにいたが、ようやく機会を得て気仙沼を再訪できたのは、震災から三年が経とうとする平成二十六（二〇一四）年二月だった。震災前の朝市会場はもはや使うことができず、何度か場所を移しながら、一年ほど前から市内の大型商業施設イオンの駐車場で開催しているらしい。

久しぶりに乗った大船渡線の沿線は雪景色だったが、翌朝は雨になった。

まだ薄暗いイオンの駐車場を訪ねると、冬場の、しかも雨の日とあって、店はまばらだった。駐車場の奥に、かつての三分の一ほどの小さなプレハブ小屋が見え、そこだけポッと明かりがともっている。近寄ると、曇ったガラス窓の向こうに人の姿が見えた。

石油ストーブを囲んで座っていたのは、菅原勝一委員長、元市長の菅原雅さん、事務局長の金澤貴美子さん。懐かしい顔ぶれだ。五年前

津波の直撃を受けた朝市広場（内海智富氏撮影）

に初めてお会いした時と同様に、その輪の中に加えていただき、これまでのいきさつをうかがった。

三月十一日の震災で、朝市広場は津波の直撃を受け、事務所の建物もすべて流された。二十日ほどたった三月三十日、連絡のついた運営委員や出店者の人たちで、会場のあと片づけをした。その時に、お客さんからの問い合わせや朝市開催の希望が出店者に寄せられていることを知った。ならばここでなんとかやろうじゃないか、ということになり、市役所に相談に行くと、「海岸の近くは道路が傷んでいて、そこで不特定多数のお客さんを集めて朝市を開くのは危険が伴うので、許可することはできない」と言われた。

同じ場所での再開は断念したものの、「すぐに復活させようという意気込みがすごかった」と、菅原委員長も金澤さんも声をそろえる。「休んでしまったら立ち上がるのがたいへんだから、とにかくみんな一所懸命だった」

どこか場所はないかと探していたとき、大川沿いの舘山というところにあった自動車学校の跡地が空いていると知り、話を持ちかけたところ無条件で提供してくれた。そして、四月十七日の日曜日、震災から約一か月後に、この自動車学校跡地で朝市が復活した。

震災で散り散りになってしまい、かつての半分にも満たない店数だったが、その日は、出店者もお客さんも、互いに再会を喜び合った。あちらこちらで、「お互い元気で会えてよかった」と抱き合う姿が見られたという。気仙沼朝市も参加している全国朝市サミット協議会という任意のグループがあり、その仲間からお見舞いの数々が寄せられた。函館朝市からは、ワゴン車二台に米や毛ガニを積んで来てくれた。米は避難所となっていた市民センターにおさめ、毛ガニは買い物客に配った。翌月には、熊本からNPO法人のボランティアの人たちがラーメンの炊き出しに来てくれた。秋田の五城目朝市からも、世話役の伊藤萬治郎さんが手伝いに駆けつけてくれた。

震災後に復活した朝市での炊き出し（内海智富氏撮影）

　半年ほどたった秋ごろ、この場所に、被災した福祉施設が再建されることが決まり、新しい場所を探さなければならなくなった。年が明けた平成二十四（二〇一二）年、正月の初市であいさつをした菅原委員長がそのことに触れたところ、会場に来ていた当時の市長が、さっそく市役所の産業部長と相談して、川の対岸にあった青果市場の跡地に移転できるよう手配してくれた。二月にそこに移り、再スタートとなる。

　気仙沼朝市では、震災前から季節ごとにイベントが行われていた。春の感謝デーでは、郷土料理の「カニばっとう」（カニ入りのすいとん汁）を二つの大釜でふるまうのが恒例だったので、それも復活させようと考えたが、肝心の大釜を流されてしまっていた。市役所から借りようか、などと話をしていたところ、思いがけないところから寄付の申し出があった。高知県の黒潮町だ。

黒潮町では、南海トラフによる津波が予想されることから、まずはその視察ということで関係者が来訪していたのだが、朝市のことを知り、大釜の寄付を買って出てくれた。

四月十五日、黒潮町から二つの大釜が寄付され、それを使って来場者にカニばっとうを振舞った。その後も、黒潮町からはたびたび応援があった。カツオのたたきを持ってきてくれたり、十月には高校生たちが「Tシャツアート展」を企画してくれたりもした。これは、黒潮町の砂浜美術館で毎年開催されているもので、Tシャツに思い思いの絵を描き、砂浜に渡したロープに飾る。子どもたちが描いたTシャツが気仙沼の海岸いっぱいにはためくさまは、とてもきれいだった。

そもそも、気仙沼と黒潮町との関わりは、震災に始まったことではない。気仙沼港の賑わいを支えてきた、カツオ船の往来に端を発している。黒潮町のカツオ船が漁をしながら北上し、ちょうど夏休みごろに気仙沼港に入港する。その際に、船員の子どもたちを気仙沼に招き、入港した父親と対面させるという行事を長年続けていた。こうしたカツオ船の行き来がきっかけとなって、気仙沼から黒潮町に嫁いだ女性も多いという。

カツオ船のネットワークは、じつのところ、被災した気仙沼港復興の立役者ともなった。震災直後、気仙沼漁協の人たちは、自らも被災者でありながら、壊滅状態となった漁港を何としても復興しようと決起。三か月後の六月には、水揚げ再開にこぎつける。全国のカツオ船が気仙沼の復興を願って入港し、その年のカツオ水揚げが、前年までに続いて全国一となったのだ。

さて、青果市場跡で再々開となった朝市だが、一年後、ここも被災者用の公営住宅用地として提供されることになった。またもや、会場探しである。

頭を抱えていたところ、イオン気仙沼店の大津裕志店長（当時）が、市役所の相談を受けて自ら朝市に足を運び、「どこかに行かなければならないということなら、私どもの駐車場が早朝なら使えます。どこでもかまいませんから、場所を確保してやってください」と申し出てくれた。じつは県内の名取市で、同じく被災して行き場を失っていた閖上《ゆりあげ》朝市が、震災後に名取のイオン駐車場で再開したということを聞いていた。「イオンさんに相談してみようか」という意見はあったのだが、どう話を持ちかけるべきか思いあぐねていたところだった。

平成二十五（二〇一三）年四月七日、二度の移転を経た朝市は、赤岩舘下のイオン気仙沼店西側駐車場で、三度目となる復活のスタートをきった。この日はあいにくの雨となった。テントなどの備えもなく、大津店長のとっさの判断で、特別に開店前のイオン店内の通路を開放してもらい、ブルーシートを敷いて出店した。

そんな話を聞いていた矢先、事務所のドアが開き、当の大津店長が姿を現した。震災時には、ここイオン気仙沼店も津波の被害を受け、一階部分が浸水している。

「ナショナルチェーンですけど、地元の方の暮らしに貢献できる、こういう仕事ができるのは、うれしく思ってます」と大津さん。

菅原委員長たちと大津さんとのやりとりを聞いていて、ひとつ気づかされたことがあった。朝市のような限られた地域内での小さな流通と、大型チェーン店を支えるグローバルな流通網

イオン駐車場での朝市（2014.6.15）

とは、相反する、交わることのない対極にあるものだと、そう思っていた。ところが、ここ気仙沼では、同じ被災という危機に直面した者同士、互いに寄り添って共存する新たな形が生まれている。

かつて気仙沼朝市は、宮城県の地域流通対策モデル朝市の第一号に指定された実績がある。昭和五十年代当時、時代を先駆ける新しい朝市として注目され、お手本とされた。そしてまた、数百年に一度という未曾有の大災害に遭遇し、新たな局面を切り拓く必要に迫られている。なぜか、常にモデルケースとなる宿命を背負わされているかのようだ。

これまで、各地で古くから続いてきた朝市が、大型スーパーの出現などによって衰退していく話を何度も聞いた。スーパーと朝市とは共存できないものだと思っていたが、必ずしもそうとは言えないのではないか。スーパーにも朝市にも、それぞれ利点と欠点がある。価値観も違う。どちらかでなければだめなのではなく、どちらもあれば、暮らしはより豊かなものになる。

振り返ってみれば、気仙沼朝市が開設されたとき、きっかけとなったのは「互市をやろう」という草の根的な発案だった。

そもそもこの地域で盛んな「互市」には、幕末期以降、飢饉や災害などで疲弊した町の再建策として、町の住人自らが働きかけることによって開設されてきたという歴史がある。そして、既存の商店や祭礼などの賑わいとの相乗効果でもって、人と物とが盛んに行きかい、町の活力を高めていった。それを思えば、オイルショックで混乱した昭和四十年代の終わりに朝市が開設されたことも、そしていま直面している震災からの再建の足取りも、この土地に育まれてきた人びとの叡智に他ならないのではないか。

気がつくと、八時半を回っていた。雨はやんだが、出店者はすでに引き上げてしまっていて、ひとりもいない。「さて、また来週」と事務所の皆さんも立ち上がる。

金澤さんが、ストーブに乗せていたタイ焼きをひとつ、手渡してくれた。ほんのりとした温かさが、手のひらから全身にしみわたるようだった。

「カニばっとう」は復興の味

それから四か月後の六月十五日、黒潮町から寄付されたという大釜に対面した。この日は「春の感謝デー」。名物「カニばっとう」を朝市来場者に振る舞うイベントがある。

各出店者から提供された材料を使って、午前三時からここで準備をしたという。震災前は、前日に朝市広場で材料を切るなどの下ごしらえをしていたが、今はそれができないので、それぞれ自宅で準備したものを持ってきてもらう。できたものはもちろんみんなで味わうのだが、出店者

出店者の居住地と業種

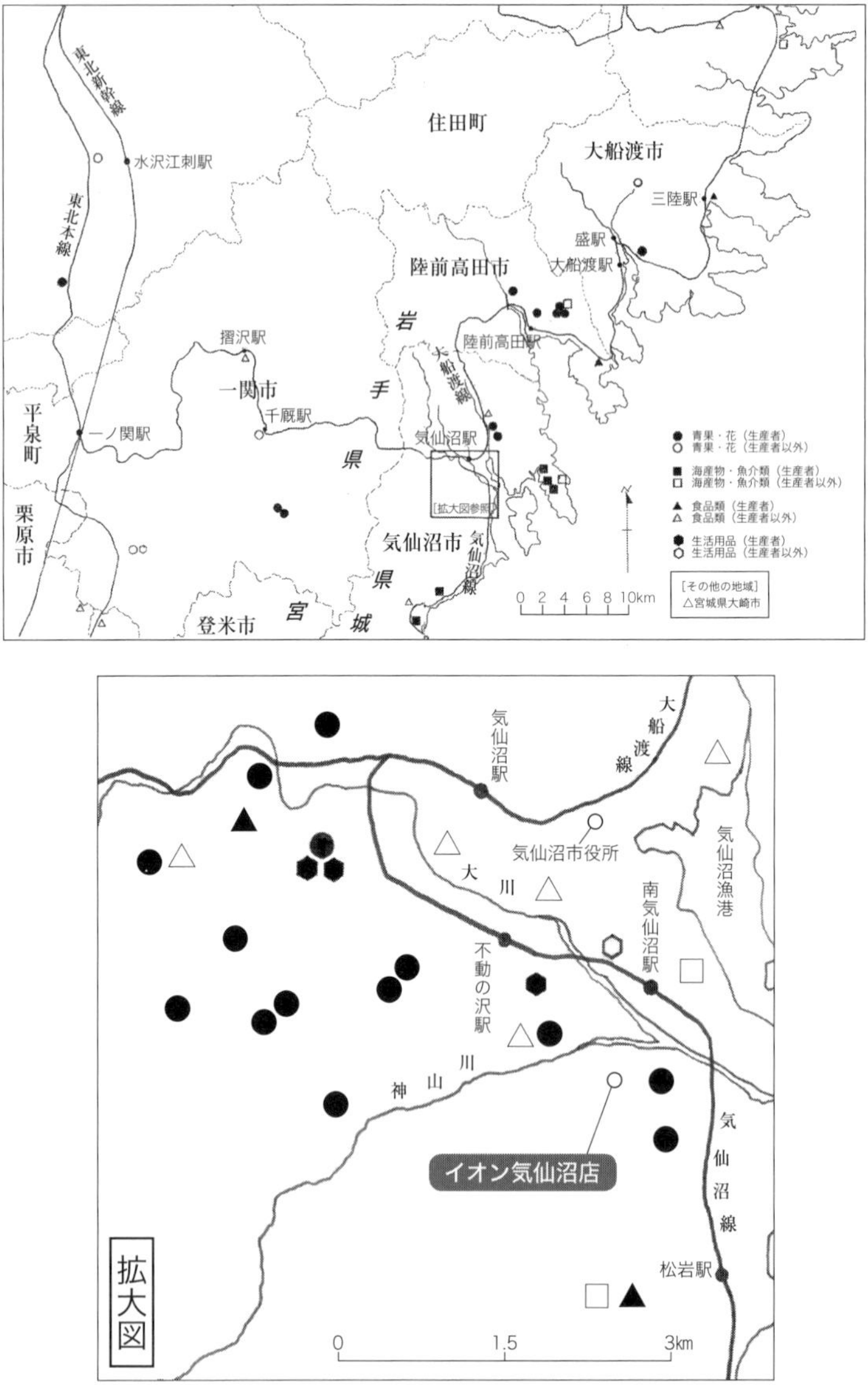

注記：2014年6月現在。記載した鉄道路線は不通の箇所を含む。

気仙沼朝市の業種と居住地別出店者数（2014年6月現在）

業種		市内	市外	合計
青果・花	農産物（野菜）	12	2	14
	花	－	4	4
	果樹	4	6	10
	青果物	2	1	3
海産物・魚介類		8	2	10
食品類	総菜・漬物	2	1	3
	卵	1	－	1
	米	－	2	2
	パン	－	1	1
	焼鳥・たい焼・たこ焼	3	2	5
	珍味・その他食品	1	1	2
生活用品	履物	1	－	1
	ザル・籠	－	1	1
	手芸品	1	－	1
	正月用品	2	－	2
合計		37	23	60

（気仙沼朝市運営委員会の資料による）

注記：果樹・正月用品など季節限定の出店者も含む。
市外は宮城県大崎市・登米市・栗原市・岩手県陸前高田市・大船渡市・一関市・奥州市・釜石市。

のなかには、「お客さんを迎えるためのものだから」と、あくまで自分は手をつけない、という人もいる。

イベントの効果もあってか、二月に来たときよりも、はるかに賑わっている。冬場は休んでいた農家の人たちも出てきていて、震災前からの見覚えある店も少なくない。かつて椿油を薦めてくれた奥さんは、いくぶんやせておられたけれども、気の利いた品ぞろえと丁寧に印字された値札はそのままだ。

出店のしくみも、震災前と変わらない。ただし小間割は、これまでは朝市広場でのルールを踏襲《とうしゅう》してきたが、ここイオンの駐車場に移ってからは、駐車スペース一台分を一小間とすることにした。以前と比べて、向きによっては二倍の広さを使うことができるので、小間代も一〇〇〇円に改めたという。

事務局長の金澤さんにお願いして、ここ最近出店されている方々の居住地と業種を書き出していただいた。それをもとにまとめたのが、右ページの図と上の表である。震災前の資料はすべて津波に流されてしまったので、気仙沼朝市の出店者構成を知る唯一の情報源だ。

早朝から荷を広げる齋藤美重子さん（2016.7.17）

これを見ると、出店者の総数はおよそ六十店。みな震災前から来ている人たちだが、かつての半数にも満たない。業種としては、約七割が野菜・果物・魚介類などの生鮮食料品。そのうちのさらに七割程度が農家からの出店者である。この農家出店者の中には、お隣の陸前高田市（岩手県）から来ているリンゴ農家の方もいる。限られた季節ではあるけれども、毎年心待ちにしている人たちがいて、店を出せばお客さんが途切れることがないくらいだ。

特徴的なのは、海産物の店である。表にあげた十店のうち、半数ほどは漁業者自らが店を出す。気仙沼朝市の開始時間は早いので、まだ暗いうちから、朝とった魚介類を持ってくる。これがたいへん人気で、量が限られていることもあり、あっという間に売れてしまうという。

お客さんが朝早くからやってくるのは、農家の店でも同じ。五駄鱈の齋藤憲衛さん、美重子さんご夫妻の店にも、四時くらいにはもう常連客が現れる。

震災のとき、齋藤家は幸い難を逃れて無事だったが、あけぼの橋近くにあった美重子さんの実家は、大川をさかのぼってきた津波に流された。実家から五人、前浜にあった弟の家も被災して、そこからも六人。大人ばかり十一人が齋藤家に避難した。

電気、ガス、水道も止まったままだったが、トイレは昔ながらの汲み取り式のものがあったの

駐車場で始まった「餅まき」（2014.6.15）

で、それを使うことができた。タケノコを茹でたりする大きな釜があり、それに薪で湯をわかして、ビニールハウスの中で風呂代わりに使った。そのビニールハウスに実家の家族がスーツを干していたら、一晩で盗まれてしまった。トラクターの燃料も、一晩ですっかり抜かれていた。しばらくは、自宅周辺を見たことのない人がときどきうろついていて、気味が悪かった。米はたくさん備蓄していたので、息子の憲一さんが消防団の作業に出る際に、梅干し入りのおにぎりを一〇〇個作って持たせた。米はすぐに底をついた。

震災で、それまでの常連さんたちは散り散りになり、お客さんもずいぶん入れ替わった。イオンの裏には仮設住宅があり、津波で家を流された人たちがよく買い物に来る。「来るとサービスしてやるっちゃ。かわいそうだと思ってね」と美重子さん。そういうお客さんと話をするだけで、涙が出てしまうのだという。

名物「カニばっとう」の大釜がすっかり空になったころ、朝市会場の横に、何やら人が集まってきた。停めてあるイオンの軽保冷車の屋根に、かの大津店長が乗っている。何事かと思えば、「ラジオ体操」だった。音楽に合わせて、大津さんはじめ、集まった人たちが大きく手を回し始めた。

人の輪がどんどん増えていく。と、ラジオ体操が終わるや、大津さんともう一人の店員さんとが、盛大に「餅まき」を始めた。まるでお祭りか、家の建て前の時のように、袋入りのお菓子などを屋根の上から威勢よくばらまく。集まったお客さんは大喜びだ。イオンでも、店の前に台を並べて「日曜朝市」をやっていて、時折こうした餅まきサービスをするという。大津さんが乗っている保冷車には「移動販売車」の文字も見える。震災後、町の中心部に店がなくなってしまい、買い物をするところがないという話を聞いた覚えがある。近年、移動販売車が各地で改めて見直されているが、ここでもそうした取り組みがされているのだろう。

黒潮町寄付の大釜と次に対面したのは、同じ年の九月末。秋の感謝デーのこの日は、サンマのすり身汁がふるまわれる。

カニばっとう同様に、出店者が具材を提供し、早朝から仕込みを開始。二つの大釜いっぱいになったサンマすり身汁目当てに、長い行列ができる。朝市もいつもに増して賑わっている。

同じ日の午後、会場を気仙沼プラザホテルに移して、「気仙沼朝市創立四〇周年記念祝賀会」が開催された。市長や議会議長はじめ、議員、商工会議所会頭、漁協組合長など、錚々《そうそう》たる顔ぶれを来賓に迎え、運営委員ほか出店者も交えた三十人あまりが集まる。

開設当初から朝市に関わってこられた方々の思い出話に続いて、よさこい踊りのアトラクションで盛り上がり、最後はカラオケ大会。皆さん、なかなかの芸達者だ。赤い市松模様の揃いの法《はっ》被《ぴ》は、この四〇周年に合わせて新調した。かつては青地に波の柄だったそうだが、「津波を思い出してしまうから、というので、柄を変えたんです」と金澤さん。

歴史的に、何度も地震や津波の被害にあってきた気仙沼。そこに息づく朝市もまた、たびたび苦難を乗り越え、四十年という年月を数えてきた。ここに足を運んで学ばなければならないことは、まだたくさんある。

コタツで談笑（1990 年代、中田俊夫氏撮影）

朝市に帰ってきた笑い声

市内在住の写真家・中田俊夫さんは、平成の初めから十年ほど、毎週のように朝市に足を運んでいた市民のひとりだ。中田さんは、朝市に集う店やお客さんのようすをたくさんの写真におさめている。

どの写真を見ても、とにかく人が多い。コンテナのまま並べられた野菜や果物、山と積まれたホヤや目刺し、各種の苗、刃物、洋服、焼き鳥や串に刺した団子など、私が初めてここを訪ねたときにも、たいへんな賑わいだと思ったが、それをはるかに超える盛況ぶりが伝わってくる。

露店の間にコタツを持ち込んで談笑する人もいれば、子犬を懐にかかえて、大きな荷物を手に帰り道を急ぐ人もいる。背中のリュックからにょっきり突き出た長いもは、とろろにするか、はたまた和《あ》え物か。うず高く積まれた注連縄《しめなわ》は、年末の詰市での光景だ。

写真をながめながら、現在の朝市との大きな違いに気がついた。子ど

桜咲く春の朝市広場（1990 年代、中田俊夫氏撮影）

もたちの姿が、とても多いのだ。どの写真にも、じつにたくさんの子どもが写りこんでいる。父親や母親、あるいは祖父母に手をひかれ、よちよち歩きのちびっ子までが、朝市を満喫しているように見える。お菓子やおもちゃなど、子どもが喜びそうな店もある。この子たちの記憶には、きっと朝市の楽しい思い出が今なお残っているに違いない。

朝市広場の前には、桜の木があった。満開の桜の先に、停泊している漁船も見える。豊かで平和なかけがえのない時の流れが、確かにここに記録されている。

菅原勝一さんから委員長を引き継いだ内海智富《ちとみ》さんは、やはり朝市開設当初からの主要メンバーのひとりで、出店者でもある。

内海さんによれば、震災後、とくにイオンの駐車場で開催するようになってから、近くにある仮設住宅に住む男性客の姿をよく見かけるようになったという。毎週やってきては、一～二時間ほど話をしていくので、会場に長椅子を用意した。そこはコーヒーを飲ませてくれる店で、買い物がてら十人ほどが腰かけて、話をしていく。とくに買い物がなくても、コーヒーを目当てに来るという人もいる。マスターの気さくな人柄もあって、人気のコーヒー店だ。

こうした男性客の中には、震災で家族を亡くし、一人住まいになった人も少なくない。漬物を食べたいけれども、漬物石を津波で流されてしまった、という人には、ビニール袋に水を入れ、輪ゴムで止めれば重石代わりになると教えてあげたり、少し風邪気味でお粥を作りたい、という人には、炊いたご飯を二回くらい沸騰させて、それから三〇分くらいおいて、と細かく作り方を教えてあげたりもする。

奥さんを亡くした男性が、「かあちゃんがよく作ってくれた煮しめを、また食べたい。作り方を教えて」と言ってきた。具材にする野菜と作り方を教えてあげたところ、次の朝市で「お煮しめ、よくできたよ」と報告に来た。「近所の仮設のおばちゃんたちが、いい匂いだこと、と集まってきたよ」と、うれしそうに話す。料理に不慣れな男性が作り方を聞くのは、なかなか勇気のいることだ。だが朝市では、買い物をしながら気兼ねなく聞くことができるし、店の人たちも心配していろいろ細かく教えてくれる。

またある朝は、両手に買い物のビニール袋を持ったまま、「何か言って！」と話しかけてくる人もいた。震災後の朝市は、単なる買い物の場ではなく、人の心と心をつなぐ大切な役割を果たしてきた。そのことがよくわかるエピソードだ。

「これが生きた福祉のあり方です」と内海さんは言う。震災から七年。復興住宅の建設も進み、仮設から出て新たな生活に踏み出す人も次第に増えてきた。朝市も、この場所での開催が定着してきたが、もとの港近くに戻りたいという希望もある。朝市そのものが、いまだ復興途上であって、これから乗り越えなければならない試練がいくつもある。

平成二十八（二〇一六）年一月末、雪の気仙沼に足を運んだ。季節と天候のせいもあってか、いつになく出店者が少ない。心なしか、金澤さんも元気がないようだ。聞けば「保健所の立ち入り検査が二度も入った」という。

気仙沼朝市では、漁業者の方が朝とった魚介類を直接持ってくる。お客さんの人気も高く、この朝市の特徴のひとつでもある。ところが、保冷設備や売り方に問題があるというので、保健所の注意を受けた。鮮魚を扱う場合、外気に直接ふれないような冷蔵設備を必要とし、露店で並べて売ってはいけないのだという。

「保冷車だとか、冷蔵庫だとか、みんながそんな設備、できるわけない。朝とってきたばかりなんだから、その辺で売っているパック入りの魚よりも、よっぽど新鮮なのに」と金澤さん。保健所の厳しい指摘にすっかり気後れしてしまい、魚介類のみならず農産物を売る店の中にも、しばらく休みたいという人が急に増えたという。

「朝市がつぶれてしまう」

保健所も、それが仕事である以上やむを得ない。とはいえ、朝市のような仮設の店舗を、常設の大型店舗と同じ基準ではかることにそもそも無理がある。つまりは、保冷車などの大がかりな設備を持たない限り、朝市で鮮魚を売ることはできないのだ。

細かく衛生管理されたものを求める人は、それなりの設備のあるところで買い物をすればよいし、そうした管理がされていなくても、生産者から鮮度のよいものを直接買いたいという人は、朝市に来ればよい。客の側にもそれぞれの好みや事情があるのだから、要は自己責任なのではないか――とそう思うのだが、そんな人情論は、どうやらここでは通用しないらしい。条例で決められている以上、違反は違反なのである。

どうしたらよいかわからない、と意気消沈する金澤さんに、私もかける言葉がない。何もできない自分がもどかしく、不甲斐なさが身にしみる。

あの大震災を乗り越えた気仙沼朝市が、ここにきて、消えてしまうのだろうか。それはあまりに悲しいことだ。

気になったまま二か月ほどが過ぎたころ、調べ物に行った青森県八戸市の図書館で、ある新聞記事が目にとまった。八戸では、市内のあちらこちらで朝市が開催されている。図書館にも、朝市関係のコーナーがあり、そこに過去の新聞記事をまとめたファイルが置かれていた。

「『安心して売れる』八戸朝市出店者、歓迎の声　魚介類販売　県条例改正へ」とタイトルがついた記事は、平成二十三（二〇一一）年三月三日、『デーリー東北』掲載のもの。「古くから魚介類が店頭に並んでいた八戸市内の朝市文化。本来、鮮魚の販売はできず、青森県が事実上黙認していた状態だったが、県が朝市などの臨時店舗で販売できるよう条例を改正することを受け、朝市の主催者から『安心して売ることができる』と歓迎の声が上がっている」とある。確かに、日曜日に開催されている館鼻《たてはな》岸壁朝市ほか、いくつかの朝市を見て回ったが、タコ、ドンコ、アンコウなどの堂々たる鮮魚がたくさん並んでいて、たいへんな迫力だった。

この記事を見る限り、どうやら魚介類の販売は都道府県単位で条例が定められていて、それを改正すれば、朝市でも売ることができるようだ。宮城県でもこうした改正ができるなら、まだ道が開ける可能性もある。参考になれば、と願いを込めて、記事のコピーを金澤さんに送った。記事の中にあった「朝市文化」という言葉が、強く心に残った。

七月、半年ぶりに気仙沼を訪れた。

夏野菜のシーズンとあって、まだ薄暗いうちからお客さんが次々にやってくる。特産のホヤや生のマツモなど、朝とれたばかりの海産物も並んでいる。

金澤さんも、笑顔だった。あれから、私が送ったコピーを県議の方に見せたところ、すぐに八戸に行って情報収集し、県議会にかけてくれたそうだ。気仙沼のみならず、宮城県内では鮮魚を来場者にふるまうイベントも多く、じつのところこの問題が共通の課題だった。震災復興には観光イベントも重要で、そのあたりの事情もあって、もうまもなく条例が改正される見込みだという。

これは後日、八戸で聞いたのだが、青森県の条例改正を直接働きかけたのは、毎週日曜日（冬期を除く）に開催されている館鼻岸壁朝市の主催者の方だった。青森県でも、そして宮城県でも、まさに「朝市文化」が条例を動かしたのだ。

気仙沼港の周辺では、このところ各種整備が急ピッチで進んでいる。

三陸沿岸道路の全通や大島との架橋も、目前に迫ってきた。内湾とよばれる港の最奥には、観光客も意識した新たな複合施設がまさに建設中で、そのフリースペースに朝市が移転する計画もあると聞く。

年配者が中心の朝市にも、新しい若い力が加わりつつある。金澤さんのサポート役として運営スタッフを手伝う小山志穂さんは、三十代の前半。おじいさんが朝市立ち上げに関わっていたこともあって、幼いころからおじいさんに連れられ、朝市に来ていた。とにかく楽しくて、以来ずっと通い続けている。出店者の人たちもみな、志穂さんの成長を見守ってきたようなものなので、どの店に行っても顔を知っている。

「友だちに、朝市に行く、っていうと、驚くんですよね。野菜ならスーパーで売ってるでしょ、せっかくの日曜日なのに、なぜそんな朝早く起きて行くの？って不思議がられる」

それでも、朝市での買い物は、他の商業施設での買い物とはまったく違う、と志穂さんはいう。この楽しさを、どうしたら同世代の人たちにわかってもらえるか、朝市に足を運んでもらえるか、いつも考えているそうだ。

毎週日曜日、朝市に必ず顔を出す、元市長の菅原雅さん。「私は朝市の応援団です」という菅原さんは、開設時からの功労者のひとりでもある。その菅原さんが毎週朝市に通う理由は「心の健康のため」だという。

菅原さんの家は、気仙沼を代表する老舗《しにせ》酒造元のひとつ、男山本社だ。港近くの本社屋と倉庫が、津波の直撃を受けた。昭和初期に建てられた木筋コンクリート三階建てのモダンな本社屋は、国の登録有形文化財となっているが、津波で一・二階部分がそっくり流出し、まるで達磨落としのように、三階だけが地上に残された。近づくと、津波の威力がいかにすさまじかったか、まざまざと思い知らされる。復興が進みつつあるとはいえ、市内のところどころには、まだこうした震災の爪跡が生々しく残っている。

空が明るくなってきた。コーヒー店のベンチは、今日も満席だ。そこここで、店主とお客さんとが車座になって歓談している。その声が、事務所の中にも聞こえてくる。

「朝市の笑い声は、いいねえ」

菅原さんが、顔をほころばせて言う。

激動の四十年あまりをくぐりぬけてきた気仙沼朝市。そこに集う人たちもまた、雪の下の凍土で芽吹きを待つ草木のように、しなやかでたくましい。

市は、人の命を支える力にもなる。震災で傷ついたこの地で、またひとつ、大切なことを教えられた。

第６章

転生する朝市
小さな「見世」からの発信

全国朝市サミット 2017 in 牛深（2017.10.21）

野《の》根《ね》キッチンの「こけら寿司」――高知県・東洋町

高知へは、街路市を目当てにもう十五年ほど足を運んでいる。

とはいえ、たいていが二泊か三泊の限られた旅なので、日曜市を主体に効率よく街路市を回ろうと思うと、日程はおのずと決まってくる。木曜日の朝早く羽田を発ち、お昼前に高知市内に着いて、まずは県庁前の木曜市へ。翌日は愛宕町の高架下の金曜市に行き、一日おいて日曜市をじっくり見て帰京するというのが、だいたいのパターンだ。

街路市がない土曜日は、出店者の方を訪ねたり、図書館で調べ物をしたり、あるいは市電で周辺をうろついたり、それはそれで有意義に過ごしていたのだが、平成二十八（二〇一六）年の暮れ、ふと思い立って、土曜日に朝市をやっているところがないか、探してみることにした。

インターネットを使ってあれこれ調べていると、「野《の》根《ね》の朝市」という文字が目に入った。野根とはどこだろう？　東西に長い高知県の東の端、徳島県境に近い東洋町にあるらしい。

主催者は、野根キッチン。ホームページに「こけら寿司の継承と販売に熱いオバちゃんグループ」とある。この土地に伝わる「こけら寿司」という名の押し寿司を再現して、朝市で売っているようだ。続けて、「こけら寿司モーニング、始めました」と写真入りで紹介されているのを見て、即座に行くことを決めた。

十二月二十四日の朝、六時過ぎにレンタカーで高知市内を出発。外はまだ真っ暗だ。県の東部へ行くには、海岸沿いの国道五五号線をひたすらまっすぐ行けばよい。といっても不安なので、念のためカーナビを作動させる。すると、はりまや橋の交差点を曲がったところで、「この先、五〇キロ以上道なりです」と丁寧に教えてくれた。

東の空が、ほんのり明るむ。その光に導かれるように、海岸線に沿って車を走らせる。そのうち太陽が顔を出しはじめた。真正面から陽が射してきて、どう顔を傾けても避けようがない。安芸《あき》、安田、田野、奈半利《なはり》を過ぎて、室戸市に入る。室戸岬まで行きたいところだが、こけら寿司モーニングに間に合うには、わずかな時間のロスも許されない。尖った岬の手前で左折して、気持ちばかりの峠を越えると、東海岸に出た。

それまでの長く弧を描いた海岸線から一転、こんもりした緑の山が、そのまま海に落ち込むような地形である。濃い藍色の海と、真冬とは思えない陽光。どこかで同じ光景を見たような――と、そこで思い出したのが、以前に行ったことのある和歌山県の南紀。何のことはない、紀伊水道を挟んだ対岸だ。

高知県東部は、歴史的にも文化的にも、紀伊半島や大阪とのつながりが強い。野根の北には、甲浦《かんのうら》という古くからの港がある。甲浦は「神の浦」の転訛《てんか》だといわれていて、当地の熊野神社は、那智の熊野権現十二社のうちの一社が飛来したと伝えられている。藩政期には、藩主の山内家もこの神社を崇敬していた。奈半利から野根山を越えて甲浦へと出る公道があり、参勤交代の際は、ここで海上交通の安全を祈願するのが慣例だったらしい（寿美金三郎『甲浦物語』）。

野根も海に面してはいるが、野根川沿いに拓けた耕地と、その奥に山野が深く広がっていて、どちらかといえば農林業を暮らしの主体としてきた。明治になると営林署が置かれ、町の賑わいが加わる。商家が所有する帆船が十二隻あり、甲浦港を基地に、薪炭を積んで大阪へ運び、向こうで呉服や雑貨を仕入れて戻っては、こちらで販売するような商売をしていたともいう（山岡亀太郎他『野根町政六十年史』）。このほか、製材業、造船業なども、明治から大正にかけて盛んだった。

朝日を浴びた野根朝市の会場（2016.12.24）

右手に海を見ながら、山裾の道をひた走る。左に迫る山が少し遠のいてきたと思ったら、野根川を越えた。その先の左手に、「朝市」と書かれた小さな看板と、「こけら寿司」の旗が見えた。

道路から少し下がったところに広場があり、木造の建家が燦々《さんさん》と朝日を浴びている。広場の脇に車を停め、日除けの葦簀《よしず》の間から中に足を踏み入れた。

長机が四つ、その前に縁台が二つ。縁台の上に、野菜の入ったコンテナがいくつか置かれている。まもなく九時だが、もう買い物のピークを過ぎたのか、品物は数えるほどしか残っていない。

「こけら寿司モーニング、まだ大丈夫ですか?」と、品物を整理している女性に声をかけた。なにしろ、そのために三時間かけて高知から車を走らせてきたのだ。「はい、やってますよ、ちょっと待ってくださいね」と晴れやかな声が返ってきて、ほっと胸をなでおろす。

葦簀が立てかけられたさきほどの荷台の先に、木のテーブルと長椅子が置かれた、イートインのようなスペースがある。店の裏が調理場になっていて、鍋を火にかける音や、油のはじけるような音も聞こえてくる。

ほどなく運ばれてきたモーニングに、思わず「うわぁ〜」と感嘆の声がもれた。出汁《だし》味がよくしみこんだ大根の煮物、香ばしい鯖のから揚げ、ほうれん草のおひたしに、サツマイモのサラダ。そして、カラフルな寿司が三つ。もう一つの盆には、味噌汁と櫛形にカットされた甘夏とお茶。これで六〇〇円。すべてが土地の産物で構成された、みごとな朝餉《あさげ》である。

「こけら寿司モーニング」（2016.12.24）

鯖のから揚げに添えられたレモン。皮が肉厚で、絞るのにずいぶん力がいる。すると、「そのまま食べられますよ」と教えられた。「ここでとれたレモンですから。甘夏みたいに、果肉を食べてみてください」。恐る恐る、言われたとおりにかぶりつく。震えるほどの酸味を覚悟していたら、予想に反してさわやかな風味が広がった。香りは確かにレモン。甘みこそないけれども、柑橘類を口にしているという実感がある。私の中のレモンの概念を覆す、新しい味覚だ。じつに美味しい。

主役のこけら寿司は、表面にニンジン、シイタケ、薄焼き卵、ニンジンの葉が敷きつめられていて、形も彩りも可愛らしい。ほおばると、ふわっとユズの香りがする。

「こけらはもともと、皿鉢《さわち》の一番下に敷くお寿司なんですよ」

モーニング初体験の私に、さきほどからつきっきりで伝授してくださっているのは、野根キッチンのメンバーのひとり、松本善子さん。

「仕出し料理がなかったころ、お祝い事や（子どもの）名付けなんかのときに、近所の人たちが集まって前日から料理を作るんです。皿鉢の一番下に（こけら寿司を）置いて、その上にカマスの姿寿司が乗ったり、巻き寿司が乗ったり、縁の下の力持ちです」

皿鉢料理といえば、全国的にもよく知られた高知独特の饗応の食だ。大きな皿に、寿司、焼き物、揚げ物、果物や羊羹までもが山と積まれているのを、私もかつて目にしたことがある。こけら寿司は、どうやらこの皿鉢料理の主役というわけではなかったようだが、それがこうして日の目を見るには、どんないきさつがあったのだろう。食後のコーヒーをいただきながら、くわしくお話をうかがうことにした。

十二年前、というから、平成十六（二〇〇四）年のこと。野根のまわりでも次第に過疎化が進んできて、なんとか活気を取り戻したいという気運が高まっていた。ちょうど道の駅が各地で話題になりつつあったが、東洋町にはまだなく、ならば自分たちでやってみようではないか、というので、五人の女性グループでもって「野根キッチン」を始めた。

農家のお母さんたちが作っている野菜で朝市をすれば、みんなの楽しみになる。ただ、野根では畑作よりむしろ、米作りがメイン。ならば、昔から各家庭で作られていた「こけら寿司」を看板にしよう、というので、廃れかけていたこけら寿司の掘り起こしを始めた。

皿鉢料理の一番下に敷いていた、とは先ほどうかがったとおりだが、当時のこけら寿司は、とにかく酸っぱいのが特徴で、形も分厚くて大きかった。一晩重石をしておくので、「投げても壊れない」くらいに堅かったそうだ。いろいろと研究を重ね、今のような食べやすい大きさとやさしい味付けに落ち着いたという。

こけら寿司を作るには、専用の押し型が必要だ。このあたりではスシオケといい、かなり大きなものだという。

店の裏に、最近寄贈されたスシオケがひとつあるというので、見せてもらった。大きな段ボール箱くらいのしっかりした木枠で、とても重い。なるほど、これだけの大きさなら、近隣の人たちが集まって作っていたというのも納得できる。材はヒノキ。さすが、全国有数の林産地を背後にひかえる土地だけあって、これが各家にあったというのだから驚きだ。

中に敷くヘライタという仕切り用の薄い板が何枚かあり、これを使って何層にも重ねて重石をする。このヘライタが、屋根葺きなどにも用いられる「こけら」に通じることから、「こけら寿司」とよばれるようになったらしい。良質の木材と、これを加工する製材技術、そして豊かな米。どれが欠けても、こけら寿司は生まれない。いかに豊穣な土地であったかが、ここから伝わってくる。野根キッチンの皆さんが、これを朝市の目玉商品にしようと発起されたのも無理からぬ話だ。なお、呼び名こそ異なるものの、類似の押し寿司は他県にも存在する。詳細は不明だが、野根のものは紀伊半島から伝わったと言われている。両者の文化交流を今に伝える寿司でもあるのだ。

善子さんのお母さんは、スシカタとよばれる寿司作りの名人だった。近隣の家で大きな宴会があるときなどは、呼ばれて寿司を作りに行っていた。この土地の人にとっては、子どものころからなじみ深い寿司だが、最近はほとんど作られなくなっていて、戦後生まれの善子さんたちも、自分では作った経験がない。そこで、古老の方々から話を聞き、家に眠っていたスシオケを提供してもらい、試行錯誤の末、今の形にたどりついた。

野根キッチンのメンバーは、その後若干の入れ替わりを経て、今は善子さんのほか、原田敏子さんと小林キヌエさんの三人が主体となって運営している。寿司作りは、前日の仕込みと当日未明からの準備一切を、近くの公民館の台所でやっているのだが、毎週のことなので、三人でシフトを組んで、朝市の当番と寿司作りを交代で担当する。ほかに、忙しいときや行事のときなどは、手伝ってくれる人が二〜三人いる。

お話をうかがいながら、こけら寿司作りの一部始終を見届けたい気持ちが抑えられなくなってきた。それが可能かどうか、おずおずと尋ねると、「ほかのメンバーに相談しておきます」とのこと。「朝、早いですよ」と念押しされたが、もちろん承知の上だ。返事を待つことにして、この日はひとまず帰路についた。

それからおよそ二か月後、皆さんの了承を得たという知らせを受け、再び野根に足を運んだ。

二月終わりの金曜日、午後四時前に教えられた公民館に行くと、この日の寿司作りの当番、敏子さんとキヌエさんがすでに準備を始めていた。

水に戻した干シイタケ、ニンジン、ゴボウ、コンニャクをそれぞれ味がつくように煮る。ゴボウとコンニャクは、こけら寿司とは別に作るちらし寿司用だ。

鯖を焼き、丁寧に骨をとって身をほぐし、ユノス（ユズの絞り汁）にひたす。これをスニゴシという。酢飯に出汁のうまみを加える重要な過程である。このあたりでは酢といえばユノスで、どの家にもたいていユズの木がある。県内の別の地域では、寿司の出汁にチリメンジャコを使うところもあるそうだが、野根では鯖を中心に、アジ、ボウゼ（イボダイ）などアオゼ（背の青い魚＝青魚）の魚を使う。そのほうがよく出汁がとれて、ユノスの味にも負けないという。

こうした魚を使うのは、野根の漁業とも関係がある。隣の甲浦はマグロ遠洋漁業が中心だが、砂浜がある野根では、大敷網などの近海漁か地引網。タチウオを酢でしめた押し寿司もあって、身を上にすることからカイサマ（さかさまの意味）寿司というそうだ。

「一五〇年前の古文書に、こけら寿司のことが出てきます」と敏子さん。野根の素封家で知られた北川家の幕末期の記録に、こけら寿司が確かに記録されているという。後日調べたところ、元治元（一八六四）年の出産祝いの見舞いの品に、「鮓　鈔鉢入　但こけら上仕成味よし」とか、「鮓大鈔鉢ニ入　但こけらと鯵之すがた　つきかへ上仕成大もり」などと書かれている（高知県史編さん委員会『高知県史近世史料編』）。皿鉢は、客人を迎える饗応の場だけでなく、慶事見舞いのためにも使われていたようだ。酢を強くきかせたこけら寿司を皿鉢の一番下に敷いたということは、上に乗せる料理が傷まないための素朴な知恵でもあったのだろう。

「皿鉢は、もともと一人が一枚なんです」と聞いて、「えぇっ?」とまたもや概念を覆された。皿一枚に収めた会席料理のようなもので、組皿鉢ともいい、客人一人ずつ、三宝に乗せた皿鉢を出したのだという。客が入れ替われば、また新しい皿を出す。そのため、たいていの家には何十枚もの大皿があった。てっきり宴会の大皿料理と思っていたものが、まったく違う。しかも、奥に盛り上げた寿司は山、のり巻きは苔むした崖、青魚の姿寿司は川、などと、自然景観に見立てた意匠でこしらえたのだと聞いて、言葉を失った。まるで食べる箱庭である。目から鱗が落ちるどころではない。敏子さんのご主人、原田英祐さんは郷土史に詳しく、こうしたこともお調べになっているそうだ。

五・五升の米を研ぎ、大きなガス炊飯器にセットする。酢飯に味付けするための調味料を計量して小さな袋に小分けにし、翌日の作業用のビニールシートを敷いて、この日の準備は完了。翌朝二時に炊飯器のスイッチを入れるところから、当日の寿司作りが始まる。朝七時の朝市開始に間に合うよう、逆算するとその時間になるという。

この日私は甲浦に宿をとっていた。二時ということは一時起きだ。朝市探訪を続けていると、たいてい朝は早いのだが、これまでの経験を一掃してしまうほどの早起きになる。こちらの緊張が伝わったのか、「二時はスイッチ入れるだけだから、二時半で大丈夫ですよ」とおふたりが気遣ってくださった。

南国とはいえ、二月末の午前二時はさすがに冷え切っていて、海岸近くに停めていた車のフロントガラスはすっかり凍っていた。

海岸沿いの真っ暗な道。誰も通らない。ヘッドライトに照らされたガードレールの左手には、黒々とした海が広がっている。今にもそこに吸いこまれそうだ。やがて野根の朝市会場を過ぎ、前日辿った公民館への道をのろのろ進むと、彼方にぽつんと明かりが見えた。

敏子さんとキヌエさんは、きりっと引き締まった表情で、もうてきぱきと動き回っている。ご飯が炊けるまでの時間、具材を切ったり、スニゴシの味を調えたりと、準備に余念がない。大きなスシオケと仕切りのヘライタには、ラップが丁寧に巻いてある。こうしておかないと、酢飯を押している間に木の枠がご飯の水分を吸い、固くなって女性の力では抜けないのだという。

大釜のご飯が炊けた。二五分ほど蒸してから、二つのハンギリ（酢飯を混ぜる桶）に分けて入れ、外の風を入れて冷ます。蒸気とともに、炊きたてのご飯の香りがふんわりと立ちのぼる。心も体も芯からほぐれるような、幸せな香りだ。

ほどよく冷めたところで、味付けしたスニゴシを回しかけ、大きなしゃもじで切るように手早く混ぜる。

「むかしは、おばあさんが納屋の奥に座って、寿司を混ぜたものやね。何をとってこい、あれせえ、これせえゆうて指図してね」

「お寿司の端を、くれることもあったね。お皿に入れて。お祝いをくれたご近所の家にも持って行ったね」

子どものころに目にした寿司作りの光景が、こうして自分たちで作るようになると、おのずと思い出されるらしい。

混ぜながら、時折味見をする。「このときが、いちばんおいしい」と、私にも一口分を小皿に分けてくれた。焼き鯖が混ぜこまれた、ほんのり温かいユノスの酢飯に、つい頬がゆるむ。

混ぜ終えた酢飯を別の容器に移し、もうしばらく冷ましたのち、いよいよスシオケに詰めていく。五センチ程度の高さで平らになるように酢飯を入れ、具材を上に乗せていく。輪切りにしたニンジンは「お日さん」なのだそう。昔のこけら寿司は、野菜やコンブの千切りをちりばめただけだったのを、色鮮やかな目にも楽しい飾りつけにアレンジしたという。私も少し、手伝わせてもらった。酢飯がうまく隠れるよう、形の違う具材を置いていくには工夫が必要だ。おふたりのように手早くはできない。頭をひねりつつ、色と形のバランスを考えながら、酢飯のキャンバスに模様を描いていく。

「生きてるの、お寿司が」と敏子さん。「毎回、できるものが違う」。キヌエさんもうなずいて「奥が深い。はまってしまう」という。交代制とはいえ、前日の午後から二日がかりで、毎週こうやって寿司作りを続けることは容易ではない。ひそかに感服していただけに、おふたりのこの言葉を聞いて大いに納得した。同じものを作っているようで、決して同じではない。仕事でも、行事でも、祭りでも、それに携わる人にしか感じ得ない創造性や偶然性がある。だからこそ、長く続いていくのだ。

さらに敏子さんが続ける。「私の寿司ではない。一五〇年前から伝わる寿司。その歴史があるからできる」

「私らがやめたら、こけら寿司がなくなると思ってる」とはキヌエさん。

私も料理は好きだけれども、こんなふうに、歴史の継承者としての使命感をいだいて食べ物を作ったことはない。羨望と尊敬の念とで、たちまち胸が熱くなった。

作り手の心意気は、野根の人たちみんなの心意気でもある。こけら寿司の復元にあたっては、「地域の人がみな先生」というほどに、さまざまな形で応援してもらった。初めて作って売り出したときは、近所の人たちが待ちかねていて、たいへんな賑わいになった。お祝いに作っていたものを売るのだから、と一パック二八〇円でつつましく販売を始めたが、「あんたらたいへんやろ、値段上げげな」とすすめられ、三〇〇円にした。「今日は土曜日やね、こけら買いに行かないかん」と言ってくれる人、台風でも必ず買いに来てくれる人など、買い手である地域の人たちもまた、こけら寿司を守り育てたいという強い思いに支えられている。

酢飯を乗せてはヘライタをかぶせ、五段重ねにしたスシオケに、重石を置く。五時少し前だ。一時間ほど押す間に、別に仕込んであった巻き寿司とちらし寿司作りにとりかかる。七時前には、朝市の会場に各種の寿司が並んでいなければならない。ここからは時間との闘いである。

六時前、スシオケの木枠を抜く時間になった。重石をはずし、キヌエさんが慎重に枠を持ち上げる。一番下の台が脚付きのまな板のような格好になっていて、その上に重なった五層の美しい押し寿司が姿を現した。

「初めてオケの枠を持ち上げたとき、子ども産み落としたような気持ちになった」とキヌエさん。

木枠を抜くと美しい5層の寿司が現れる（2017.2.25）

苦難を経てようやく完成したこけら寿司は、我が子も同然だ。絶妙な例えに、つい唸ってしまう。

均等に切り分け、パックに詰めて値札のシールを貼る。もはやラストスパートと、私も作業に加わる。

「おはようございます」と声がして、朝市当番の善子さんが顔を出した。出来上がった寿司を会場に運ぶ第一陣だ。まもなく七時になる。ほどなく、私も第二陣の寿司を積んで朝市に運びこむ。お客さんが入れ替わり立ち替わりやってきて、第一陣で運んだ寿司は、もう残りわずかになっている。

二時にホテルを出てから五時間、あっという間だった。いつ明るくなったのかも覚えていない。東の海から太陽が顔を出し、こけら寿司に飾られた「お日さん」のような橙色《だいだい》の朝日が、会場を照らしている。今日も快晴のようだ。

もとは製材所だったという朝市の会場は、草刈りして管理します、という約束で、無料で提供してもらっている。初めは青空市場だったが、古材を集めて、ぶっちょう造り（上下に開閉する板戸）の建家を作った。それが台風で飛ばされてしまい、役場の補助を受けて再建した。

「こけら寿司モーニング」を始めたのは、平成二十七（二〇一五）年のこと。靴を履いたまま、

野根の“べっぴんさん”。右から善子さん、キヌエさん、敏子さん（2017.2.25）

気軽に誰でも立ち寄れるような場になれば、と売り場の並びに増築し、看板商品のこけら寿司と地元野菜を使った朝食を提供することにした。地元の人だけでなく、お遍路さんやバイクツーリングの人など、さまざまな人が寄っていく。私も、そのひとりだったというわけだ。

こけら寿司は、朝市のほかにも、町内外のイベントや体験教室の依頼など、年間通じて人気が高い。高知県内に留まらず、姉妹都市になっている守口市（大阪府）の市民祭りにも出張するという。なぜに守口？と不思議に思って聞くと、かつて高度経済成長期のころ、建築関係の仕事で野根から移り住んだ人が多くいて、こけら寿司を持っていくと「懐かしい」と喜ばれるそうだ。守口のほか、門真市、寝屋川市、四条畷《しじょうなわて》市などにも野根出身者が多いらしい。これはこれでまた興味深い話である。

公民館の片付けを終えた敏子さんとキヌエさんが、朝市会場に姿を現した。

三人それぞれが家事や家業をかかえながらも、こうして十年以上、毎週顔を合わせる。「ひとりではできん」とはそのとおりで、仲間がいるからこその朝市であり、こけら寿司なのである。ちょうど、ＮＨＫ朝の連続テレビ小説で、女友達四人が集まって子供服の店を立ち上げる物語を放映していた。そのタイトルをもじって、「わたしら、野根の〝べっぴんさん〟やね」と笑う。

高知東端で出会った小さな小さな朝市。これからも通い続けたいと思える場所が、またひとつ加わった。

「鬼嫁」たちの三八市――鳥取県・湯梨浜町松崎

日本海に面した、東西に長い海岸線をもつ鳥取県。そのほぼ中央に、東郷池とよばれる汽水湖がある。山陰沿岸に点在する潟湖《せきこ》のひとつで、大粒のシジミが特産だ。

河口に近い、海水と真水とが入り混じった汽水域には、魚介類の棲家《すみか》となる藻が生い茂り、さまざまな命を育む。一方で、低湿地であることから、水害に悩まされることも多い。そのため、しばしば改修工事にあわせて干拓や開発が進められ、かつて全国各地に展開していた汽水域の多くが姿を消しつつある。

そうしたなか、東郷池は、鎌倉時代に作られた荘園絵図（「伯耆《ほうき》国河村郡東郷荘下地中分絵図」）に描かれた、ほぼそのままの姿を今に留める。もちろん、若干の沿岸埋め立てや、近代的な護岸工事などが施されてはいるけれども、周辺の川、水田、神社仏閣など、現在の地図と比べてみてもほとんど変わらない（ちなみにこの荘園絵図は、しばしば教科書にも取り上げられる）。

東郷池のような潟湖や入海は、波もなく穏やかで、船で行き来するにはまことに都合がよい。行先が定まった道路と違って、どの方向にも進むことができる。人や物の交流を助け、拠点となる町をも育む。
松崎（東伯郡湯梨浜町）は、そんな東郷池の南東岸に拓けた宿場町だ。倉吉から鳥取城下へと続く往還の中ほどにあって、近在からの道が集結し、東郷池から橋津川を通って日本海へと抜ける水運にも連動していた。橋津川の河口には鳥取藩の藩倉《はんそう》が置かれ、物流の要所となっていた。

ＪＲ松崎駅前（2016.5.15）

東郷池の周辺は、温泉地でもある。なにしろ、湖底から湯が沸いているのだ。松崎の東郷温泉、対岸の浅津温泉（現はわい温泉）は、ともに江戸時代からその存在が知られていて、明治になって山陰本線の松崎駅が開業すると、温泉客が多くここを利用した。東郷温泉のみならず、浅津温泉目当ての客も、松崎から連絡船で東郷池を渡って行った。

その松崎では、十月の三と八のつく日に「三八市」とよばれる市が立つ。

発祥は定かでないものの、明治半ばにはすでに市開催の記録がある。かつては、旧暦の八月から九月にかけて開かれ、「八月市」とか「松崎市」などとよばれていた。稲刈り前のこの時期、農具や竹細工などをそろえるのが目的で、とりわけ、刈った稲を干すための長い竹（ハデ）や、それを支える木の足（ハデ足）などが商われ、山がない池対岸の農村地域の人たちが、これらを求めて集まった。昭和三十年代に「三八市」の名称が定着し、当時の写真には、ずらりと立てかけられた竹竿の前で品選びをする人、いくつも重ねられた籠を買い求めて帰る人、商店の前に積まれた生活道具を見て回る人など、大勢の人が訪れる市であったようすが記録されている。

数年前、県内の魚行商の歴史を調べていた折に、偶然、この三八市の写真を目にした。今も続いているのかどうか、気になってさらに調べたところ、どうやら地元の女性たちが中心となって再興されたらしい。ともかく行って話を聞こうと足を運んだのは、平成二十八（二〇一六）年の五月だった。

JR松崎駅前から東にのびた道は、別名「三八市通り」。三八市の会場ともなる、松崎の町のメインストリートである。この道沿いに点在する店のひとつ「よどや」が、三八市実行委員会の野口智恵子さんに教えられた待ち合わせ場所だ。

駅まで迎えに出てくださった野口さんの案内で、すぐ近くだというよどやまで歩く。店に入ると、真ん中のテーブルを囲むように、生活雑貨から食料品まで、よろずやのように各種商品が陳列されている。

「ここは、空き家を再利用して、平成二十六年から始めたんです。向かいのAコープが閉店したので、近所の人たちが買い物するところがなくなってしまって……」

生活必需品の買い物支援と、近隣の人たちの拠り所になればと、木曜と金曜の午前中のみ、こうして店を開けているという。

ほどなくして、同じく実行委員会メンバーの三津国美枝子さん、伊藤嘉行さん、速水敏人さんが集まってくださった。日ごろからこうして顔を合わせておられるのだろう。たちまち、和気あいあいとした空気に包まれる。

「今の三八市は、野口さんの提案で、女性四人で始めたんです。そこに、ご主人とか男性が入って、男女参画の逆バージョンですよ」と速水さん。新企画の立案から実行は、主に野口さん、三津国さんら女性たち。地域の歴史に詳しい伊藤さんや、パソコンでの資料作りが得意な速水さんたちが、バックヤードでそれを支える、といった構図らしい。伊藤さんの妻の鈴江さんは、さきの四人のうちのひとり。あとひとりは、立木《ついき》てる子さん。立木さんの家は三原屋写真館といい、先代のご主人榮さんが、かの昭和三十年代の写真を撮影した方である。

昭和 30 年代の三八市（立木榮氏撮影）

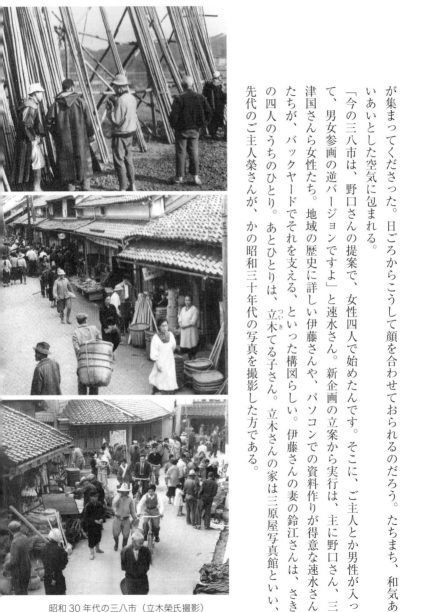

かつては、在郷（周辺農村）の人たちから「松崎の町に出れば何でもそろう」といわれた商店街だが、近年次第に空き家が目立つようになってきた。そうした折、かねてから地域活動に取り組んできた女性四人で、町を活気づける手段として思いついたのが、廃れつつあった三八市の再興だった。

発案者の野口さんは、生まれも育ちも、そして嫁ぎ先もここ松崎の町。学生時代の一時期を除いて、松崎に暮らしながら、町の移り変わりをずっと見てきた。実家のおもちゃ屋さんはすでに廃業しているが、ご両親がよく口にする三八市の賑わいを、もう一度取り戻したい。その思いがすぐに他のメンバーに伝わり、紆余曲折を経て、平成二十二（二〇一〇）年十月、新生三八市の第一回が実現した。

女性四人が集まったそもそものきっかけは、平成十九（二〇〇七）年にさかのぼる。湯梨浜町の観光協会から、町の東方にある景勝地の今滝で「滝床《たきどこ》料理」を提供する際に、観光客向けの趣向を何か考えてくれないか、と依頼された。そこで「ワイワイカンパニー東郷池」という名の会を立ち上げ、手作りのみやげ物を考えたり、お茶席を用意したり、シジミ汁をふるまったりと、互いに知恵を出し合いながらさまざまなことに挑戦した。その経験がもとになって、三八市の再興へとつながったという。

本来の三八市は、稲刈りを前にした農家の人たちが、農具をそろえるための市。だが、時代が変わった今、従来どおりの市をそのまま再現しても無理がある。そこで「地域の人も出店者も楽しめる市」をテーマに、現代にあった形で復活させることにした。それまでの市の開催場所を拡大し、モノを売るだけでなく、お茶席、抽選会など、親子連れで参加できるようなイベントを企画。アロマテラピーや足つぼマッサージといった、女性が喜びそうなしかけも考えた。試行錯誤の連続だったが、ふたを開けてみれば大盛況で、青果商を営む伊藤さんの店に「今までで一番楽しい三八市だった」とわざわざ言いに来てくれた人もいるほどだった。

開催期間中にはもう、「次はこうしよう」と来年の構想を練っていたという野口さん。翌平成二十三年に実行委員会を立ち上げ、第二回の開催に向けて動き出す。

最初の年に、お客さんから「食べるものがない」という意見が寄せられた。そこで二年目は飲食を充実させることにして、「つまみ食いストリート」のコーナーを作った。目玉商品は、「ごっついきつね」。かつて三八市でも売られていた、この土地ならではの大きな稲荷ずしだ。松崎の少し北に宮内という地区があり、ここの特産であるゴボウが使われている。昔は、この「ごっついきつね」を持って農作業に出かけたものだというが、最近では作る人がいなくなっていた。そこで、記録にあったレシピを頼りに、施設に入居されている古老を訪ねて聞き取りをし、何度も試作を重ねて再現にこぎつけた。

三年目には、タンスに眠っている着物を活用したファッションショー、その次には「断捨離市」と銘打ったフリーマーケット。一年、また一年と、新たな試みを打ち出して、五回目を終えたところ、春にも開催してほしいという要望が出た。折しも、一連の活動が評価され、国際ソロプチミスト倉吉賞はじめ、日本海新聞ふるさと大賞の地域貢献賞などを相次いで受賞、その副賞としてもらった賞金が手元にあった。これを有効活用しようと、平成二十七年五月からは「春なのに三八市」を一日だけ開催。私が訪ねたこの日は、ちょうど二回目となる春の三八市を間近に控え、まさに準備が佳境に入ったところであった。

次から次へと展開するエピソードに圧倒され、メモをとる手がしばし止まってしまう。何よりも、ひとつのことを思い立ってから実行に移すまでが早い。それも、決して場当たり的なのではなく、筋道だった計画のもとに連携体制が組まれている。この土地にしっかり足を下ろしている皆さんだからこそ、できることなのだろう。

お話をうかがいながら、ひとつ疑問に思ったことがあった。路上で市を開催したり、そこで飲食物を扱ったりするには、各種の手続きが必要なはずだ。有志の集まりでこれをやるには、なかなか面倒なのではなかろうか？　すると、野口さんが「露店商の許可、とりました」と、いとも簡単に答えてくれた。テントひとつに責任者がひとりついていればよいというので、出店してくれる人たちのため、四人で講習会に行き、許可を得たのだという。「わたしらみんな、露店商です」と伊藤さんも笑う。

驚きは、さらに続く。復活第一回の三八市のあと、市以外のときにも集まれる場所があれば、という話になり、野口さんの実家の元おもちゃ屋さん「梅や」をカフェに改装。火曜日の午前中だけここを開けて、誰でも足を運べる場所にした。

週に半日であっても、こうした場所が誕生したことの波及効果は、予想以上だった。ご近所の皆さんがやってきて、お茶会をしたり、歌ったり。赤ん坊を連れてくる人もいれば、認知症の人もいる。元おもちゃ屋さんの店内は、昔なつかしい色とりどりのおもちゃが、あちらにも、こちらにも、所狭しと並んでいて、見ているだけでも楽しい。

集う場所ができると、おのずとそこに、さまざまな交流が生まれる。

「梅や」が誕生した同じ年、二回目の三八市に力を貸してくれた県外の若者から、思ってもみない提案があった。ここでゲストハウスを作りたい、というのだ。元国鉄の寮だった建物を改装して、カフェを併設したゲストハウス「たみ」が完成。旅人と土地の人との連携が、また新たな人の流れを呼び込んで、空き家にさらなる若い移住者を迎え入れることにもつながった。移住に際しては、必要最低限のもの以外「何も買わなくていいよ」と言っているのだという。ちょっと声をかければ、使っていない家電や家具がすぐに集まって、当面の生活にはまったく困らない。仕事も、来てから探せばいい、というほどのおおらかさだ。かつての宿場町・松崎は、遠来の人たちを柔らかく受け入れる文化的な遺伝子を、ずっと持ち続けているのかもしれない。

そうやって移り住んだ若い夫婦に子どもが生まれ、松崎のこども園に入園した。共働きのこの夫婦は、どちらも県外の出身。「子どもの具合が悪くなっても、すぐ迎えに行けないし、どうしよう……」という悩みを聞いて、三八市メンバーがさっそく動いた。湯梨浜町の子育て支援制度を活用して、病児・病後児保育の研修を受け、メンバーはじめ有志十三名が「ファミリーサポーター」として登録。安心して働きながら子育てできる環境を、自分たちの手で作り上げた。

三八市そのものも、もはや単なるモノの売り買いを超え、地域の社会活動へと展開していく。例えば、開催期間中、あまり混雑しない平日の開催日を選んで、デイサービスのお年寄りの人たちを招いた。また、消防署の協力を得て、起震車を会場に呼んだこともあった。「せわないせわない、安心して暮らせる町に!!」というテーマで、起震車体験と防災ずきん作りのコーナーを作り、集まった人たちに、もし地震などの災害が起きたなら、誰と、何を持って、どこを通ってどこへ逃げるのか、アンケートをとる試みをした。防災意識の啓発だけでなく、いざというときに「そういえばあのときこう書いたな」と頭にうかぶのではないか、と考えてのことだという。そうやって集めたアンケートをまとめてマップにし、お年寄りを中心に配布した。行政からの一方的なお仕着せなどではない、地元の声を集めて自ら作り上げた、正真正銘の防災マニュアルだ。

もともとは、「かつての賑わいを取り戻したい」と始めた三八市だが、そこからカフェ「梅や」ができ、ゲストハウス「たみ」がオープンし、買い物支援の「よどや」も生まれて、ついには町に新たな住民を呼び込む動きにまで連動していった。

三八市実行委員会発足当時からのメンバーで、平成二十八年二月に他界された伊藤鈴江さんが書き残した「私と三八市とのかかわり」という手記に、こんな言葉がある。

「三八市の八の字のように、常にとめどなくすそ野を広げて行く。沢山の人の支えがあり、その人たちが結びつき、それが顔の見えるネットワークとして地元に根をおろしてきました」。本当に、そのとおりである。

「よどや」の壁に、前年の三八市の写真が飾られている。どの写真もみな、笑顔が満開だ。その中の数枚に、思わず目が吸い寄せられた。ドラキュラのような派手なメーキャップに、ウィッ

颯爽たる“鬼嫁ファイブ”の皆さん（写真提供：三八市実行委員会）

グをつけた頭には二本の角。モンスターのようなポーズで決める女性グループは、まぎれもなく、いまここでお話をうかがっている野口さんたちだ。

「去年は〝鬼嫁コンテスト〟がブレイクしちゃって」と、話す先からもう笑っている。平成二十七年の三八市まであと二週間というときに、「我こそは鬼嫁」という人を募って写真コンテストをしたらどうだろう、と思いついた。「鬼嫁」とは、いうなら皆さんのチーム名。日ごろから新しいことに次々とチャレンジする行動力と結束力を洒落《しゃれ》に変えて、こう自称しているらしい。この思い付きが新聞やテレビで宣伝されて話題となり、五人の仲間で「鬼嫁ファイブ」を結成。衣装と角を手作りし、三八市当日にボランティアのメークさんに手伝ってもらって、みごとなコスプレが完成した。

　飛び入り参加も迎えてのコンテストは盛況で、ペットボトルに小石を入れてもらって投票。優勝者の商品は、なんと、湯梨浜町長の肩もみ。当人が「もういいです」というまでやってもらうのだそうだ。ウィットに富んだ演出の連続に、会場も大いに盛り上がった。

　このほかにも、湯梨浜町に伝わる天女伝説をモチーフにした紙芝居「天女物語」を作り、子どもたちへの読み聞かせをやってみたり、東郷池特産のシジミにちなんだ「シジミダンス」を考案してみんなで踊ったり、斬新なアイディアと実行力は尽きることがない。自称「鬼嫁」たちは、あるときは天女に姿を変え、またあるときはシジミダンサーとなって、八面六臂《はちめんろっぴ》の活躍で地域をひっぱってきた。その原点が「三八市の再興」というのだから、聞いているこちらも感無量である。

その年、平成二十八年の十月も、三日を皮切りに三八市が始まった。最終日となる二十八日に行く予定を立て、元気いっぱいの鬼嫁たちとの再会を心待ちにした。

翌週はいよいよその当日という二十一日、鳥取県中部を震源とするマグニチュード六・六の地震が発生した。倉吉市や湯梨浜町は震度六弱もの揺れに襲われ、屋根や壁が崩れたり、負傷者が出たりした。幸い、松崎の皆さんは無事であったが、直後に予定されていた二十三日の三八市は中止となった。余震も続いており、二十八日の開催も無理なのではないかと案じていたところ、むしろこういう時だからこそ、地域の人たちを励ますためにやることにしたという。

朝八時すぎに松崎駅前に着くと、あちらこちらに置かれた赤い三角のポールが目に入った。「道路陥没のため通行規制を実施しています」と札が下がっていて、自動車に対する迂回指示のようだ。地震からちょうど一週間、深刻な被害ではないと聞いてはいたものの、ところどころの屋根を覆う青いビニールシートが痛々しい。

小雨がぱらつく生憎《あいにく》の天気となったが、三八市通りでは、テントを建てる人、荷物を搬入する人など、みな慌ただしく動き回っている。「時間がない」という声に、私も急いで加勢した。買い物客のための抽選会場で、くじ引き用の札づくりを手伝う。景品は、米、野菜、果物、お菓子、寝具など、すべて商店街の店や各出店者からの提供品だ。

九時をまわると、三々五々、お客さんが集まりだした。金曜日ということもあってか、どちらかというと年配の方々が多い。この日に特設された「足つぼマッサージ」の店の前には、「震災時により体調管理をしていただくため、本日無料にて足つぼを行います」と心憎いメッセージが貼られている。

三八市の店先（2016.10.28）

思い思いの売り出しセールを展開している商店の間に、総菜の店や青果を扱う店など、他から出店してきている人たちのテントが並ぶ。その中に、思いがけない店を見つけて足を向けた。鍬や鎌、包丁などが並んでいる。かつて三八市が農具市だったころをしのばせる、鍛冶職人の店だ。

店の主は、岡本義則さん。創業は明治三十八（一九〇五）年、倉吉市内に店を構えて四代目だという。柄の部分に「元三」と焼印が押されている。モトサンと読むのだそうで、初代の名前、元蔵にちなんでの屋号である。

倉吉といえば、江戸時代からすでに鍛冶町が形成され、明治・大正にかけて、当時最先端の農具として注目を集めた稲扱千刃《いなこきせんば》（千歯扱き）の特産地としても知られたところだ。中国山地は古く

かつての農具市をしのばせる岡本義則さんの店（2016.10.28）

から銀・銅・鉄などの産出地で、鉱山師《やまし》・鋳物師《いもじ》・鍛冶師《かじし》などの活動も盛んだった。倉吉もまた、そうした職人で栄えた町のひとつなのである。

ひとりの年配女性が、預けてあった鍬を引き取りに来た。刃先の修理で、年に一回、三八市に合わせて取り換えるのだそう。年季の入った柄を握りしめ、「わが道具は、わが道具」と名言を残し、ご満悦で帰っていく。

続いて現れたのは、年配男性。研ぎに出していた大きな裁《た》ちばさみを受け取る。聞けば、ハサミの研ぎは難しく、以前別のところでやってもらったところ、かえって切れなくなってしまったという。差し出された紙片で切れ具合を確かめて、ほう、と嘆声がもれる。「家内が使ってたものだけえな、大事にせないけんが」と笑みをうかべて、丁寧に新聞紙でくるむ。

湯梨浜町内の沿岸部から、包丁の研ぎを頼みに来た女性。刃をしげしげとながめる岡本さんが「どこで買いましたか?」と聞く。「ずいぶん昔、倉吉の鍛冶屋から買ったものですけど」という答えに、「大きいわりに刃が薄くしてあって、凝った造りになっとりますなあ。どの鍛冶屋かはだいたいわかりますけどな」と岡本さん。お客さんも「魚をさばくのにちょうどええですが」と、使い込まれた包丁を、目利き腕利きの職人に託していく。

見ていると、途切れることなく来客がある。たいていが、修理を終えた道具の受け取り、もしくは新たに修理を頼む人だ。左利き用の鎌を依頼する人もいる。「二十三日が中止になったでしょう？　そのときに注文受けておけば、今日持ってこれるはずでしたけどな」と岡本さん。今年の三八市はこれで終わりなので、店の場所を教えて来店を請う。

ここでの仕事は、もっぱら修理や研ぎなどのメンテナンスが中心で、以前からとくに、刃が欠けた鍬の修理が多かったという。手になじんだ道具というのは、もはや自分の体の一部のようなもの。その道具ひとつひとつに物語があり、使う人の命が注ぎこまれている。訪れるお客さんたちはみな、他では替えのきかない唯一無二の相棒を携え、こうしてやってくるのだ。

かつては、倉吉の観音市、勝福寺（湯梨浜町長瀬）の相田市《さあたいち》、赤碕《あかさき》（琴浦町）の荒神さん（神崎神社）の市、さらには大山口《だいせん》（大山町）の農具市など、県内の周辺各所で開かれる市に出ていた。仕事場以外でこうやって商売をするようになったのは父の代からだが、このごろは「修理してまで使おうという人は少なくなりました」とのことで、時代は確実に変わりつつある。

「三八升形」と地元で呼ばれるかぎ型の交差点は、ちょっとした広場にもなっていて、かつて農具市だったころからの三八市の中心地だ。その一角に、昭和十五年当時の松崎の町並みを再現した地図が貼りだされていた。各種職人や日用品を扱う商店のみならず、旅館、銭湯、カフエ、ビリヤード、芸者置屋、芝居小屋にいたるまで、「松崎に行けば何でもそろう」といわれた当時が、ここに再現されている。その多くはすでに姿を消しているが、町並みそのものは変わっていない。

カフェ「梅や」の店内（2016.10.28）

午前中いっぱいの三八市もそろそろ終わりに近づいて、カフェ「梅や」には、実行委員の皆さんほか、常連さんが顔をそろえた。カウンター席の背後では、長椅子に横たわって足つぼマッサージを受けている人も。来訪客の対応が終わり、あとはスタッフの慰労だという。

おもちゃ屋の内装をそのまま生かした店内は、雑然としながらも温みがあって、故郷の家に帰ったような懐かしさを覚える。

「新しいものを作って継続する、というのはたいへん。それよりも、昔のものを復活するほうがずっといい。ただし、内容は今の時代に合わせて変えなければいけませんけれど」

野口さんは、「商店を閉めて出て行くのではなくて、みんなでつなげましょう」、そして、「行政の支援を受けるのではなくて、自分たちが自腹を切ってでも、やりたいことをやりましょう」というのが三八市のモットーだと語る。

再興された三八市は、かつての農具市から親子で楽しむイベントへと形を変えた。だが、そこに脈々と流れているのは、松崎の町と三八市の賑わいをかけがえのない宝と考え、それを次世代へとつないでいこうとする変わらぬ思いである。

「鬼嫁」たちは、松崎の町の守人でもある。商売人、お客さん、子どもたち、お年寄りなど、町に住まう人たちと身近に接してきた「嫁」の目線で、この町で何が起き、何が問題なのか、そして将来はどうあるべきか、常に冷静に見据えている。発想は奇抜でも、現実の問題意識に基づいているから、うわついたところがない。

いま地方の町や村では、どこも同じような悩みをかかえ、模索を続けている。ところが松崎の鬼嫁たちは、三八市を核にして、そうした悩みを自らの手で鮮やかに解決していった。その着実な歩みがさらなる評価を得て、平成二十九年十一月に「地方自治法施行七〇周年記念総務大臣表彰」を受賞するにいたる。

平成三十一年の今年は、再興三八市の十周年。記念すべきこの年の三八市に、行かないわけにはゆかない。もちろん、手製の「角」を持参で——。

全国朝市サミット協議会

台風二一号が接近中の平成二十九年十月二十日、天気予報を気にしつつ、熊本行きの飛行機に乗った。目的地は、天草諸島の南の端、牛深《うしぶか》。ここで第二二回全国朝市サミットが開催されるというので、初めての天草に足を運ぶことにしたのだ。

「全国朝市サミット協議会」は、朝市を地域の文化として大切にしている十五団体で構成された任意の集まりである。その十五団体を列記すると、ざっと次のとおりとなる。

さっぽろ朝市（北海道）、函館朝市（北海道）、館鼻岸壁朝市（青森県）、五城目朝市（秋田県）、盛岡神子田《みこだ》朝市（岩手県）、気仙沼朝市（宮城県）、佐倉朝市（千葉県）、勝浦朝市（千葉県）、厚木市民

県）、ましきメッセもやい市（熊本県）、牛深まるごと朝市（熊本県）。
朝市（神奈川県）、三崎朝市（神奈川県）、輪島朝市（石川県）、呼子朝市（長崎県）、佐世保朝市（長崎

数百年の歴史をもつ伝統的な朝市から、観光客に人気の現代的な朝市まで、全国各地にいろいろな朝市があることを、改めて思い知らされる（左図）。

このサミットの存在を知ったのは、震災後の気仙沼朝市に足を運んでいたときのこと。事務局の詰め所にポスターが貼ってあり、例年代表者が参加されているという。

それから二回ほど、サミット開催に合わせて足を運んでみた。平成二十六年には秋田の五城目朝市、その翌年は、青森県八戸市の館鼻岸壁朝市。どちらも、約束したわけではないのに、会場で気仙沼朝市の方々とばったり会った。「ほらね、朝市って、不思議とこうやって会えるんだよね」とそのたびに笑いあった。

そのようなことで、過去二回のサミットは思い立ってふらっと訪ねたのであるが、このたびの熊本は少々事情が異なっていた。というのも、この前年、平成二十八年の四月、熊本は大きな地震に見舞われ、甚大な被害を受けていたからだ。

かつて東日本大震災の折、サミット仲間の人たちが、支援物資を携えて気仙沼朝市に駆け付けたことは、第5章でも書いた。熊本での開催は、同じく義捐《ぎえん》の意味を込めて決まったという。サミットのメンバーには、震源地となった益城町の朝市、ましきメッセもやい市が加盟している。さすがにそこで開催とはいかないものの、日ごろから交流もある牛深まるごと朝市が開催地に名乗りをあげた。ここは組織も規模も小さく、加盟年数も浅いのだが、会長の田中稔さんの並々な

らぬ献身と、関係者の皆さんの熱意でもって、サミット受け入れを決断されたそうだ。

厚い雲が垂れこめた熊本空港に到着し、近くのホテルに向かう。ここで前夜祭が行われるというので、私も宿をとり、ごあいさつかたがた次の日の予定を確かめて、翌朝天草に発つつもりだった。気仙沼の皆さんは、遠方のためこのたびは不参加だったが、事務局長の金澤貴美子さんのはからいで、サミットの事務局となっている函館朝市の松田悌一事務局長に話がしてあった。その松田さんも、台風の影響で予定の時刻を大幅に超えての到着だったが、慌ただしい時間を割いて、翌日の牛深での総会参加などを快く了解してくださった。

さて翌朝八時、空港行きの送迎バスに乗るためロビーに降りる。ここから天草まではなかなかの長旅で、まずは空港から熊本市街に出るバスに乗り、天草行きのバスに乗り換える。本渡《ほんど》で予約してあるレンタカーに乗り、牛深に着くのが午後三時のサミット総会開始時刻、という計画

全国朝市サミット協議会を構成する各地の朝市団体

である。

奇《く》しくもサミットの人たちが、貸切バスで出発するところだった。せっかくなので、皆さんを見送ろうと待ち構えていると、私の行程を聞いたホテルの人が、「同じ場所に行くなら、乗せてもらったらどうか」という。すぐにサミット関係者にもそれを伝えてくれて、おろおろしている間に、本当にバスに乗せてもらえることになった。「取材の人、どうぞ」といわれ、恐縮しながら席に着く。

バスはいったん益城の市街に出て、天草へと向かう。ところどころ、むき出しの空き地があったり、崩れた建物がそのままになっていたりする。

地元の方の差し入れか、タッパーに入った柿が回ってきた。一切れいただいて、通路を挟んだお隣の紳士に渡す。はつらつとした声でにこやかに話すこの方は、秋田の五城目から参加の伊藤萬治郎さん。サミットの名誉会長で、立ち上げのときからずっと関わってこられた重鎮である。いただいた名刺もすごい。「イトマン元気村」と書かれた大きな文字の下に、「挑戦王」とこれまた大きな緑色の文字が並んでいる。うかがったところでは、長らく五城目で縫製工場を営んで来られたが、最近になってこれをやめ、新たにせんべい作りを始められたとか。秋田産の米を使って地元の名物にしたい、と全国各地の手焼きせんべいを自ら研究し、開業にこぎつけたという。「今年、八十一歳になります」と聞いて、仰天した。やはり朝市ゆかりの方々は、みな発想や活力が尋常でない。

偶然にも伊藤名誉会長の近くに座ったおかげで、天草までの長い道中が、サミットの歴史を教えていただく絶好の時間となった。

第一回全国朝市サミットは、昭和六十三（一九八八）年、開催地は五城目である。当時、伊藤さんは五城目の商工会長をおつとめで、町の活力の源である朝市を発展させたいと、さまざまな市が集まって情報交換できるような組織作りを提案した。調べてみると、全国にはなんと三〇〇〇もの朝市があった。各地に案内を出したが、恒久的な組織づくりには至らなかった。二回目の開催は、それから七年後、平成七（一九九五）年である。このときに、今の組織の基盤となるような、同じ意識をもつ仲間が集まった。翌平成八年には、千葉県の勝浦市で第三回のサミット開催。六団体、一〇〇人が集まる盛況となった。以来、毎年場所を変えながら現在まで続いている（次ページの表）。

平成十二（二〇〇〇）年四月には、「全国朝市サミット協議会」を発足させ、規約を定めて事務局を函館朝市に置くなど、本格的な組織づくりに着手。年一回のサミットも、年を重ねるうち、著名なゲストに講演をお願いするといった大掛かりなプログラムを組み込むまでになったが、最近ではむしろ、それぞれの地域の方々が現状や課題などを発表しあい、情報交換するような方向へと転換しつつある。

「朝市があるから、町が活気づくんです。朝市は人的交流の場。全国の朝市のよさを吸収して、不滅の朝市にしたい」と伊藤さん。

その伊藤さんの地元、五城目朝市は、江戸時代以前からの歴史を誇る朝市だ。明応四（一四九五）

全国朝市サミット開催経緯

回	年	月	開催地	内容等
1	1988(S63)	6	秋田県五城目町	パネルディスカッション / 物産展 / パネル展示
2	1995(H7)	10		パネルディスカッション
3	1996(H8)	10	千葉県勝浦市	パネルディスカッション（6団体の代表ら100人が参加）
4	1997(H9)	12	石川県輪島市	全体会議 / 講演 / 交流会 / 物産展
5	1998(H10)	9	宮城県気仙沼市	講演 / 提言 / フォーラム / 交流会 / 物産市 / 水産加工施設見学
6	2000(H12))	10	高知県高知市	講演 / 代表者会議 / フォーラム / パネル展示 / 交流会
7	2001(H13)	9	北海道函館市	分科会 / 代表者会議 / 全体会議 / 講演 / 交流会
8	2002(H14)	10	佐賀県呼子町	パネル展示 / 代表者会議 / 全体会議 / 体験発表（講演）
9	2003(H15)	10	神奈川県厚木市	全体会議 / 基調講演 (俳優：渡辺　文雄氏)/ 交流会 / 物産展
10	2004(H16)	10	熊本県益城町	理事会 / 代表者会議 / 全体会議 / 講演 / 交流会 / 物産展
11	2005(H17)	10	石川県輪島市	理事会 / 代表者会議 / 全体会議 / 講演 / 交流会 全国朝市祭（わじま農林業まつりと併催）/ 視察
12	2007(H19)	10	神奈川県三浦市	理事会 / 総会 / 基調講演 / 記念講演 パネルディスカッション / 交流会 全国うまいもの市（三崎港町まつりと併催）
13	2008(H20)	10	岩手県神子田町	理事会 / 総会 / 記念講演 / パネルディスカッション / 交流会 朝市視察 / 全国朝市物産展・城下盛岡まるごと市
14	2009(H21)	11	長崎県佐世保市	理事会 / 総会 / 記念シンポジウム / 交流会 朝市視察 / 全国朝市物産展・させぼうまかもん市
15	2010(H22)	11	千葉県勝浦市	理事会 / 総会 / 講演会 / 交流会 全国朝市物産展（いんべやぁフェスタと併催）
16	2011(H23)	10	北海道函館市	歓迎レセプション 理事会 / 朝市フォーラム / 総会 / 函館山夜景鑑賞会 / 交流会 記念事業：全国朝市「ご当地グルメサミット」
17	2012(H24)	10	熊本県益城町	くまもと朝市交流会 (座長：森本　剣太郎氏) 理事会 / 総会 / 朝市フォーラム / 基調講演 / 交流会 全国朝市物産展・熊本県朝市物産展
18	2013(H25)	10	神奈川県厚木市	理事会 / 総会 / 基調講演 / 交流会 全国朝市物産展・神奈川県内朝市物産展・フードコート
19	2014(H26)	10	秋田県五城目町	理事会 / ウェルカムイベント / 総会 / 基調講演 (講師：浅利 香津代氏)/ シンポジウ / 交流会 国民文化祭・全国朝市物産展・秋の朝市 (きのこまつり)
20	2015(H27)	10	青森県八戸市	理事会 / 総会 / 交流会 / 朝市見学ミニツアー / 意見交換会 全国朝市出店・朝市スペシャルライブ・棒パン振る舞い
21	2016(H28)	7	石川県輪島市	理事会 / 総会 / 基調講演 (東方通信社 編集長:古川 猛氏)/ 研修 (先進地事例発表)/ 交流会 全国朝市まつり物産展 / 輪島見学ミニツアー
22	2017(H29)	10	熊本県牛深町	理事会 / 総会 / 基調講演 / 交流会 （講師：学校法人文徳学園 教諭 香山 祥一氏） 全国まるごと朝市物産展・うしぶか魚祭り
23	2018(H30)	10	岩手県神子田町	理事会 / 総会 / 高校生交流会 / 神子田朝市の現状 / 交流会 全国朝市物産展・高校生交流市場 (盛岡商業高校・輪島高校)
24	2019(H31)	11	神奈川県三浦市	（予定）理事会 / 総会 / 交流会

年ごろ、馬場目城があった町村《まちむら》というところで始められ、それからおよそ一〇〇年後の文禄年間に、戦乱を経て新しく城下となった五十目（五城目）に移されたといわれる。発祥から数えて、もはや五〇〇年を越える歴史というわけだ。今は、毎月二・五・七・十のつく日に開かれるが、当時は二と七の日、月に六回開催される六斎市だった。

江戸時代後期の国学者で本草《ほんぞう》学者でもあった菅江真澄は、三十歳からおよそ四十年あまりを旅に暮らした人として知られる。とくに東北各地を丹念に歩き、そこで見聞きした文物、風俗習慣、故事来歴などを日記に残した。そのうちのひとつ、「氷魚《ひお》の村君《むらぎみ》」は、文化七（一八一〇）年の正月を五城目の旧家で迎えた折の記録であり、ここに五城目朝市のようすが書かれている。

十二日　けふは餅飯間《もちあい》の塩買ふためしとて、五城の目の市にうちむれて行に、雄鹿（男鹿）の嶼辺《しまべ》より、馬も人も八竜湖（八郎潟）の氷渉りて来る

正月十二日は、「餅あいの塩」を買うならわしがあり、五城目の市に人々が群れをなして行く、とある。

「餅あい」とは、正月の八日から小正月までのこと。その間の十二日に、五城目の市がある。必需品でありながら自給がかなわない塩を手に入れる「塩市」なのだが、扱われるのは塩だけではない。つまりは正月の大売出しである。厳粛な年越し行事が一段落した八日から小正月まで、日常生活に戻る前の、まだなんとなく正月気分を残す期間を「餅あい」とはよく言ったものだ。

五城目朝市の発祥とされる町村から出店する齊藤トキヱさん（2009.3.20）

塩市には、近郷近在、十里四方から人が集まった。米代川の南側あたりや、山深い阿仁の村々、そしてとりわけ男鹿半島のあたりからは、八郎潟の氷の上を渡って来たことが、真澄の記述にある。それによると、氷上には暮れからこのかた、市に通う人馬が通った道筋が三百町ほど続いている。ただし、八郎潟を一面に覆う氷の上では、方向を見失うこともあったようだ。三年前、馬の背に炭俵を積んで市から戻る途中、吹雪で行き暮れた人がいた。同じく道に迷った人と、荷を覆っていた薦《こも》をほどいて火をつけ、炭をおこして暖をとり、厳寒のなか一晩耐え忍んだという。

挿絵には、氷上に列をなす人馬のようすも描かれている。干拓され、広々とした田園が広がる現在の八郎潟からは想像もつかない光景である。

五城目のことを真澄は、「やおろちのうみ（八郎潟）も三倉鼻（湖畔の岬）も高岳山も森山にもたいそう近い」と書いている。各地の産物が集まりやすい土地柄なのだ。だからこそ、市も立つのである。

今でも五城目の朝市に行くと、山菜の塩漬けやキノコ類と、潟魚《かたざかな》とよばれる八郎潟のコイやフナなどが、並んで売られているのを目にする。時代は変わっても、海のものと山のものが一堂に会する市の光景に変わりはない。

　宇土半島先端の三角《みすみ》港をすぎ、天草諸島に入った。島々がちりばめられた濃緑の海を眼下に見ながら、いくつも橋を渡る。上天草から下天草に入るとすぐ、天草市中心部の本渡に着いた。ここでバスを降り、皆さんとはいったんお別れ。予約してあったレンタカーでひたすら南下し、会場の牛深総合センターに着いたのは午後二時半過ぎだった。

　曇天ながらも、ここまでなんとか降らずにすんでいる。広場や道沿いにテントが並び、干物やかまぼこなど、土地ならではの産物が目にも楽しい。「くんせい蒲鉾」という珍しい響きに惹かれ、みやげに入手する。

　会議室での総会のあと、前年に被災したましきメッセもやい市の実行委員長、山野一平さんから、朝市の立ち上げにまつわるお話があった。

　朝市が始まったのは、平成十二（二〇〇〇）年の五月。益城町に県の産業展示場「グランメッセ熊本」ができたことを機に、何か地元に貢献できることがないかを考えた。出荷できずに捨てられていたトマトを見て、農村地域にふさわしい朝市開催を試みる

潟魚と山菜・キノコなどが並ぶ五城目朝市の店先（2009.3.20）

こととし、農協女性部を核に立ち上げたという。市の名前にある「もやい」とは、互いに助け合うこと。始めてみると、対面式のやりとりでリピーターも増え、とりわけ高齢の方々が生き生きと活躍されるようになった。朝市は毎週日曜日の早朝の開催だが、益城町商工会とのタイアップで、第二日曜日を「ハッピーマルシェ」と銘打って、時間を延長して開催するような試みも始めた。

平成二十八年四月、熊本の大地震で、出店者のほぼ全員が被災。二か月ほどたったころ、「もうよかばい。たいくつしたけん、朝市始めよう」と生産者から声が上がった。それまでの開催場所が使えなくなっていたので、農協に場所を変えて復活。だが、震源地に近いところでは住人が避難してしまっていて、肝心のお客さんが来ない。このままやめてしまうと、もう一度立ち上げるのは難しくなってしまう、ということで、平成二十九年の八月から本拠地に戻って再開した。

それでも、まだ生産者の人たちの生活も正常化には遠く、震災前より店数も減った。このままでは朝市の質が低下するので、家庭菜園をやっているような人たちにも声をかけ、「お試し参加」として、当面の会費なしで出してみないか、と誘う試みを始めた。有線放送で参加者を呼びかけることもした。そうやって、季節ごとのイベントなどにはそこそこ人が集まるようになったが、依然として試行錯誤が続いているようだ。

サミット会場となっている牛深まるごと朝市は、毎月第三日曜日の開催。そこで、第二日曜日は、ましきメッセもやい市へと応援に行くという。これもまた、震災を契機に生まれた新たな地域間の交流である。

サミット会場では、各団体がそれぞれ趣向をこらした揃いの法被をまとい、熱心に話を聞いている。その中に、制服姿の高校生たちが混じっていた。石川県立輪島高校と、地元の熊本県立牛深高校の生徒たちだ。

まずは輪島高校総合学科の生徒が、七月から十二月にかけて輪島朝市で実践しているという「朝市販売実習」の成果を発表。いしるクッキー、実柚子まんじゅう、ギンバサパウンドケーキ、塩大福など、地元の食材を使った菓子を企業との連携で開発して、それを朝市で販売しているという。地元の朝市で現場体験ができるというだけでもうらやましい上に、商品開発や販売体験まで、朝市の人たちの商売の極意にも接することができる。こんなみごとな社会勉強の場はそうないだろうと、羨望の念すら覚える。

続いて、牛深高校の発表は、三人の女子生徒による「『アオサ』で守る『海の青さ』」。牛深特産のアオサを使った食品を開発して、地域の活性化をはかろうという取り組みである。感心したのは、彼女たちが牛深の海をこよなく愛し、漁業の歴史や文化をきちんと理解しているということ。開発しようとしている食品も、漁師の船上食として伝えられてきたという「赤まき」（スポンジ生地にあんこを塗って巻き、その上から赤く色づけした餅を巻いた縁起物）をモチーフとした「青まき」。しかもそれを、高校生が考えたお菓子だからというので「青《あお》春まき」と命名。同級生に考えてもらった「アオサちゃん・アオサくん」のキャラクター紹介もあって、地域の伝統と若い感性とが融合した、新たな文化の発信を予感させる。

たいていの朝市は、売るほうも買うほうも、どちらかといえば年配の人たちが中心だ。担い手の高齢化は、どの団体も抱える共通の課題だが、こうした発表を聞いていると、若者たちとの連携にはいろいろな手立てがあることに気づかされる。若者もまた、朝市で年配者と接することにより、さまざまな気づきや学びがあることだろう。最初の接点は学校の課題でも、場合によっては卒業後、何らかの形で朝市に関わる人材が現れるかもしれない。世代を超えた交流は、市本来の姿でもある。

サミットは無事閉会し、再びレンタカーで本渡へと向かう。ちょうど夕日が海に沈んだところで、周囲はまだかすかに明るい。台風もどこかへ行ってしまったものか、雲の切れ間から青空がのぞいている。

サミットの最後に、こんな「共同宣言」があった。

全国朝市サミット2017in牛深の会場（2017.10.21）

日本の朝市は、住民の台所であり地域の個性を現す文化資源です。四季折々の里山里海の幸、伝統的な加工食品や工芸品がならび、その地域の人々の暮らしを彷彿とさせてくれます。また、その魅力は、観光資源としても欠かせないものであり、地域経済を担う重要な役割も果たしています。

それぞれに歴史ある全国の朝市ですが、共通していることは、時代の変化に対応しながら道を拓いてきた先達に感謝するとともに、誇りと責任をもって良好な朝市を次代に引き継がなければならないことです。そして、グローバル化が進む社会にあっても、人と人との触れ合いを大切にし、地域に根付いた元気で正直な朝市を築かなければなりません。さらに、地域の暮らしと経済を元気にし、もって朝市関係者一人ひとりの発展につなげることが朝市団体の責務であることを確認するものです。

私達は、平成二十九年十月二十一・二十二日に開催の「第二二回全国朝市サミット二〇一七ｉｎ牛深」を機に、日本の元気は地域からをスローガンに、若者が定着し、子や孫が身近に住み、お年寄りが明るく元気に暮らせる街を目指し、其々の地域が切磋琢磨して日本一になる事を目標に、更に交流の輪を広げ街づくりの核とした朝市を、文化と共に、後世に伝え続けることを宣言いたします。

このサミットに参加している団体は、歴史も、規模も、組織も、それぞれ違う。ただ、朝市を単なる経済活動でなく、地域の「宝」として大切に考えていること、そしてそれを次の世代へと伝えていこうとしていること、その心意気はみな同じだ。数百年の歴史を持つ市であっても、また近年新しく始められた若い市であっても、これを立ち上げ、守ってきた先人たちの努力は筆舌に尽くしがたいものがある。堅牢で恒久的な建造物もなければ、巨大な資産や財力に支えられているわけでもない。大規模な組織にすべて取り込まれていくような今の世の中にあって、手作りの小さな朝市が、小さいままで命を繋いでいく。そのためのネットワークづくりが、こうしたサミットによって実践されている。

」

誇りと責任をもって良好な朝市を次代に引き継ぐ――。これはまさに、私自身が目標とするところでもある。それをいかに体現するかは、いまだ模索中だ。

翌年のサミット開催地は、盛岡の神子田朝市。必ず行こう。行って、「元気で正直な朝市」を担う皆さんから、もっとたくさんのことを教えてもらおう。

いつの間にか、かすかな夕日の残光も消えていた。牛深高校の女学生が「藍より青い」と誇らしげに語っていた牛深の海も、バックミラーの彼方で夕闇に溶けて見えなくなった。

おわりに——市の風に当たる

朝五時半すぎ、まだ人もまばらな盛岡駅前で、タクシーに乗り込んだ。「朝市までお願いします」とこれだけで、了解の返事があり、すべるように車は大通りを抜けていく。本当に「朝市」だけで通じる。そう聞いてはいたものの、そのとおりの応対に心の奥がほんのり暖かくなる。

正式には、盛岡神子田《みこだ》朝市。神子田というのは地名で、盛岡駅から南東方向に三キロあまり、北上川右岸の住宅街にある。休日は月曜日だけ。東北の朝市には珍しく、年間通じて開催している。会場そのものは露天だが、テントやパラソルではなく、しっかりとした上屋《うわや》が並ぶ。

この朝市が始まったのは、昭和四十三（一九六八）年というから、ちょうど五十年になる。盛岡市中央卸売市場の開設に伴って、市内にあった生産農家の直売所が立ち退きを迫られた。ここに出品していた小農家も、そこでの買い物を日課としていたお客さんも、ともに困ったことになる。そこで各地域の有志が集まり、生産農家主体の「盛岡地区生産者立売組合」を結成し、新たに朝市を始めた。ちなみに、「立売」とあるのは、農家の人たちが野菜を運んできたリヤカーを道端に立てて、荷台に品物を置いて商売したことから、こう呼ぶようになったという。朝市の場

年間約 300 日間営業の神子田朝市（2018.10.7）

所割りのことを「小間《こま》割」というが、リヤカーが小間、つまり店というわけだ。

始めてみると、たちまち朝市は盛況を極めるようになった。交通量が増えて道路上での商売が難しくなったことと、売り場そのものが手狭になったこと、さらにモータリゼーションの時代に合わせて広い駐車場を確保する必要に迫られたことなどから、昭和五十二（一九七七）年六月、現在の場所に落ち着いた。

十月初旬のこの日は土曜日で、すでにたくさんの人が出入りしている。各種のリンゴ、きのこ、サトイモ、山ぶどうなど、この季節らしい品々が並ぶ。どうやら、中央の二列は生産農家、両脇の二列は、煮炊きできるような設備もあって、鮮魚店や食堂、履物屋など、半常設の店舗のようだ。

ここに来たのは、ほかでもない。平成三十年十月六日。「第二三回全国朝市サミット二〇一八ｉｎ盛岡」に参加するためだ。前年の牛深からちょうど一年、今回は飛び入りなどではなく、事前に申し込みをしての正式参加である。朝市の主催者ではないが、オブザーバーとしての参加を特別にご了解いただいた。

ところどころ、サミット参加団体の幟がはためき、奥のフリースペースには、各団体のブースも設けられている。高校生たちが声を張り上げ、前を通る人たちに商品を薦めている。

農家の店が並ぶ一角で、「朝市」と大きな文字が染め抜かれた前掛け姿の奥さんが、手際よくお客さんをさばいていた。よく見ると、朝市という二文字の間に、丸に「立」という字が入っている。立売組合のことだ。この方は鎌田マサ子さんといい、開設当初の立売のころからの出店者。近くだから、ということで、今でも毎朝リヤカーをひいて出勤されているという。

全国朝市サミット 2018 in 盛岡での高校生交流広場（2018.10.7）

リンゴ、ナシ、イモノコ（サトイモ）、自家製のタクワンなどに並んで、ちょうど季節なのだろう、ブドウの箱がいくつも置かれている。野のブドウを思わせるような、あまり見慣れない小ぶりのブドウだ。「これはナイアガラ。こっちは紅伊豆《べにいず》」。言いながら、味見をさせてくれた。実がとてもやわらかくて甘い。思いのほか種が大きく、そのまわりには少し強めの酸味がある。味わいが、どこか懐かしい。「今は、ほとんど売られていない」とのことで、そういえば、子どものころに食べたブドウはこんな感じだった。種なしで皮ごと食べられるような果物が流行りの昨今では、確かにあまり受けはよくないのかもしれないが、そこにかえって新鮮味がある。いっしょに並んでいる紅玉リンゴとあわせて、みやげに買うことにした。

少し歩いただけで、たちまち両手が買い物袋でいっぱいになる。シソの実、姫リンゴ、ボリ（ナラタケ）、麹漬けなど、懐かしいもの、珍しいものが目に入ると、つい手が伸びてしまう。これでも、旅のはじめだからとかなり抑えたつもりなのだが……。

おそらく、この朝市に並んでいる店はどこも、他にないものを最低でも一〜二品はそろえているに違いない。店の数は一二〇あまり。詳細に調べれば、この朝市会場全部で、品物の種類は相当数にのぼるはずだ。しかもそこには、さきほどの鎌田さんの店のように、もはや市場には出回らない品種の作物があったりもする。生物多様性の保全は地球的な課題だが、ここの朝市では、日常生活の延長上でさりげなくそれが実践されている。

立売のころからの出店者、鎌田マサ子さん（2018.10.7）

傍目《はため》には、十分活気があふれているように思える神子田朝市だが、現実にはいろいろな課題に直面している。
この日に開催されたサミット総会のあと、組合長理事の中村久和さんが「盛岡神子田朝市の現状」と題して話をされた。それによると、昭和四十三年の開設当初、五〇〇名ほどの会員を擁していた組合も、平成の初めには三〇〇ほどになり、ここ十年ほどでさらに半減して、現在の会員数は一二三。もっともこれは、単に朝市だけの問題ではなく、盛岡市の農家数そのものが、平成の初めごろと比べると、半数以下の二〇〇〇戸を切ってしまっている。高齢化の問題も深刻で、このままでは、あと十年ほどでさらなる減少が避けられない事態だという。

土日はそれなりに人出があっても、平日はやはり客足が落ちてしまう。朝八時ごろにはおおかた店じまいなので、もう少し遅い時間までやっていてくれれば、という希望も聞かれるのだが、出店者の多くは農家の方々であり、しかもほぼ毎朝の開催では肝心の農作業の時間が確保できない。かつて常連客として重要な地位を占めていた市内の八百屋さんが、大型スーパーの登場とともに廃業していったことも、大きな打撃となっている。

懇親会には地元の子どもたちによる郷土芸能も（2018.10.6）

実のところ、こうした問題は神子田朝市だけのことではない。サミット参加メンバーの多くが、同じような悩みを抱えている。だからこそ、解決策の糸口を探ろうと、地域を超えた新たなネットワークづくりをとおして情報交換をしているのである。

その一方で、近年、一躍脚光を浴びるようになった朝市もある。八戸の館鼻岸壁朝市だ。

ＪＲ陸奥湊駅から歩いて十分ほど、日曜日の早朝、広い岸壁を埋め尽くす店と人の波が、このごろしばしばメディアでも取り上げられるので、ご存知の方も多いのではなかろうか。マイカーのお客さんはもちろんのこと、八戸市の中心市街からも、日曜日の朝だけ「いさば号」という日曜朝市循環バスが出ている。運賃も一〇〇円（二〇一八年現在）と、まことにリーズナブル。つまりは、お年寄りでも、観光客でも、家族連れでも、朝市に行きたいと思う誰でもが、その人に合った手段で行くことができるのである。

この朝市は、平成十六（二〇〇四）年、それまで陸奥湊駅南側の山手通りで開かれていた湊日曜朝市が移転して始まった。主催者は、協同組合湊朝市日曜会。理事長の上村隆雄さんは、ご自身が農家であり、出店者でもある。奥さんの昭子さんは場内アナウンスの担当。ユーモアあふれる明るいアナウンスは、朝市名物のひとつ。これを楽しみに来る人もいるほどだ。

八戸市内では、館鼻岸壁朝市以外にも、複数個所で日を違えて朝市が開かれている。全国でも有数の、朝市密集地帯といってよい。数年前、そのうちのいくつかを回ってみたが、規模や組織は違っても、それぞれに活気があった。上村理事長いわく、八戸近郊の市町村には、農業・水産業・畜産・工業と各種産業があまねくそろっており、それがこの地域の特徴になっているとのこと。市が立つのにふさわしい条件をそろえた場所柄が、朝市文化の土壌となっている。

「観光客は、一生に一回来るか来ないかだけど、地元のリピーターは毎週来てくれる」と上村さん。だからこそ、何よりも地元のお客さんを大切にしなければならないという。

他所から来た人たちは、自分の地域にないものを見つければ、ただ珍しいというだけで買っていく。けれども、地元の人たちは目が肥えているから、品質のよいものを提供しなければ、お客さんが離れていく。朝市の質そのものを保つには、ときには互いに競争することも必要だし、売る側も努力しなければならない。そうでなければ続けていかれないのだ、と語る言葉が力強い。うかがいながら、商売を見とおす冷静かつ厳しい判断と、確かなリーダーシップがあってのこの賑わいなのだと納得する。

良質の朝市であれば、自ずと観光客も集まってくる。ここには北海道からも泊りがけでお客さんが来るという。前日に来て八戸の夜の街を楽しみ、一泊して朝市を回って帰る。北海道新幹線の開通で便利になったのはもちろん、苫小牧からのフェリーも便数が増えたそうだ。一日で一億円の経済効果が試算されているというから、なんとも恐るべき朝市である。

サミットの翌朝、会場となっていた盛岡市郊外のつなぎ温泉のホテルから、朝市に行くバスに乗せてもらった。五時出発のマイクロバスはいっぱいで、会員の大半が顔をそろえる。昨夜は遅くまで宴席が続いたであろうに、みなケロッとした顔で、平生《へいぜい》と変わらず談笑している。考えてみれば、このくらいの早朝はどうということもないのだ。「今ごろはもうお客さん来てるよ」といわれて、こちらの寝ぼけ眼が恥ずかしくなる。

年間約三〇〇日開催の神子田朝市には、会場に常設の事務所があり、そこでもすでに役員の皆さんが立ち働いている。この事務所は、「朝市」の名で電話帳にも記載されているとか。開設から五十年、盛岡市民の台所として親しまれてきた歴史を感じさせる。

赤い法被姿の気仙沼朝市の方々と、日の射しはじめた朝市会場を回る。すると、こっちの店、あっちの店と、いろいろなところから「気仙沼さん、こちらにどうぞ」と声がかかる。地理的にも近いので、より親しみもわくのだろう。土地の言葉で会話が始まる。

お茶屋さんの店先で、ご主人に呼びとめられた。店の奥には、椅子に腰かけたお客さんが数人、お茶を飲みながら歓談中。こちらも気仙沼の方々に便乗して、試飲用の紙コップで入れたてのお

朝市のお茶屋さん（2018.10.7）

茶をごちそうになる。市内に常設の店をお持ちだそうで、早朝のこの時間だけここで店を出す。目の前に「話し相手　一〇分　一〇八円　お茶付き」と札が出ている。商売というよりむしろ、お客さんと話をするために来るようなものだという。下に小さく、「できれば女の人がいいな」とあるのはお愛嬌。「痩せないお茶」など、本当に売る気があるのかと思わせるキャッチコピーも楽しい。これをネタに、かえってお客さんとの話も弾むことだろう。

　見れば、ほとんどの店の奥に、テーブル代わりの台と椅子が置かれている。屋根があるので、天候が芳しくないときであればなおさら、ちょっと足を休めるにもありがたい。

　お手製の漬物を各種並べた奥さんの店で、招かれて奥に座る。いつも持ってこられているのだろう、紙コップやお茶も用意されている。漬物をつまみながら話していると、まるで家にお邪魔したかのようだ。買い物に夢中で気づかなかったが、相当歩き回ったので、けっこう足がくたびれている。女主人のもてなしで、心も体もすっかりほぐれていく。

　どこの話であったか、たしか正月を迎える準備のための歳の市で、「市風に当たると一年中風

店の奥に腰かけて、お客さんと店主が談笑中（2018.10.6）

邪をひかない」といういわれがあったことを思い出した。

「子どもを市風に当てないと成功しない」とか、「市風に当てると体が強くなるので、生まれたばかりの赤子を連れて出た」というような話もある。

「市風に当たる」とは、つまりは市に来て、その場の空気に触れる、ということ。そもそも日本の市は、目には見えない神さまに守られた場として始まった。そのご利益にあやかるという意味もあるのだろうが、市の神さまたちは、さまざまな土地から雑多な人びとが集まる場所で、公正に、安全にモノのやりとりをするために、市びとたち自身の手により生み出された、市びとたちの叡智でもある。

市は、人が生きるために必要な、実生活の場だ。単純に、食べ物をはじめとする必需品を得るというだけでなく、他者との関わりのなかで社会の成員として生きていく、その基本的な知恵をさずかるのに、これほど適した場はない。世間を知る、ということは、人生の起伏を乗りこえていく力になる。先人たちは、そのことをよく知っていたのだろう。

お茶と漬物のおかわりを勧めてくれながら、さきの女主人がいう。「三日も出ると、やめられません。生活がかかってるから」。ゆったりした笑顔の中に、真摯なまなざしが光る。

穏やかな秋の風が流れている。そろそろ終わりの時間が近づいたのか、片づけを始めた店もある。朝市は終わっても、一日はまだ始まったばかり。売り手も買い手も、ここに集う市びとたちには、それぞれの日常生活の場がある。そこへと戻り、また市になれば集い寄る。集う仲間に約束ごとがあるわけではない。誰と会ってもよいし、会わなくてもよい。

決まった日の、決まった時間帯にだけ出現する賑わいの場。刹那的なふれあいだからこそ、愛おしくもあり、はかなくもある。それはまるで、人生そのものであるかのようだ。

売り手と買い手が一対一で顔を突き合わせ、会話を介してやりとりをする。そこに並ぶモノも人も、その土地とその時期でなければ出会えない。市の立つ町は、行くたびごとにいろいろな素顔を見せる。それが楽しくて、市あるきはやめられない。

さて次は、どこの市風に当たりに行こうか。

あとがき

まもなく、平成が終わる。

大多喜の朝市に初めて足を運んだのが平成元年だから、奇しくも「市の平成史」を追ってきたことになる。

未だ学びの道半ばであって、さほどの年数がたったようには思えないのだが、当初はネエチャンと呼ばれていたものが、ネエサンになり、オクサンになり、市での声のかけられ方で、時間の経過にはたと気づかされる。

この三十年で、買い物をとりまく状況は劇的に変わった。インターネットや電子マネーが普及し、手元のスマートフォンひとつで、生活必需品のほとんどをまかなえる時代が到来した。小銭入れを片手に、これといった目的はなくとも並んだテントの間をぶらぶら見てまわるような買い物とは真逆の日常が、世の中を席捲《せっけん》しつつある。

ただ、私が市を訪ねあるくことを続けてきたのは、懐古や癒しを求めてのことではない。そこで出会う人たちの生きざまに触れるたびに、働くことの意味や商いの本義を教えられることはもちろんだが、市という場そのものに、無限の可能性を感じるからだ。廃れゆく市があるのは確かだが、一方では、新たな市が別なところで芽生え、育っている。いかに時代が変わろうとも、市が消えることはない。ローカルで、小規模な経済。しかしそこには、共生、生きがい、イノベーションなど、むしろこれからの社会を生き抜くために必要な技や術《すべ》が満ちている。各地の市に足を運ぶごとに、その思いが強くなる。

市は、人の手で作りだされた聖域である。かつてまだ貨幣が十分に浸透していなかったころ、先人たちはそこにある樹木や石を市の神に見立てて、モノを交換した。ひとつ間違えばいさかいや謀略の応酬に陥りかねない交易という営為に、市神さまをうまく介在させて、円滑で平和な相互扶助の場を作り上げた。近ごろは、洒落た響きの「マルシェ」がどこでも流行《はや》っているようだが、私には、この先人の叡智を語源にもつ「イチ」のほうが、やはり好ましい。

ちょうどいま、もう何度目になるかわからない高知への旅を計画している。

今回は、滞在中に必ず行こうと思っている場所がある。第2章冒頭で紹介した日曜市の常連客、鶴原育さんの料亭が代替わりして、「いろ葉」という名の居酒屋を始められた。育さんとお嫁さんの美保さんが毎週日曜市で食材を買い付けし、それらを使った料理が味わえるという。

鶴原さんの店に限らず、日曜市には、食材にこだわる料理人たちがしばしば足を運ぶと聞く。土地の素材で作られた土地の人の手による逸品なら、そこに住む人のみならず、遠来の客人もまた、味わってみたいと思うことだろう。年間四〇〇万人もの観光客が県外から訪れるという高知にあって、日曜市がもつ潜在力への期待は計り知れないものがある。

本書では、その日曜市をはじめ、比較的長い年数をかけて足を運んできたところを中心に、第

1〜5章を構成した。最終の第6章は、最近出会った市の中から三つの話題を組み
めぐる新たな息吹と可能性を提示した。

それぞれの場所で、たくさんのよき人との出会いがあり、多くのことを教えられた。感謝の意を込めて、なるべく時を置かずに活字化してきたつもりだが、こうして一冊にまとめるまでに時間を要した。その間に、お世話になった幾人かは鬼籍に入ってしまわれた。改めて書きおこすにあたり、うかがったお話のひとつひとつをかみしめ、遺言を記すようなつもりで筆を進めた。本書を通じて、その言葉がひとりでも多くの読者の胸に届くことを願っている。

出版に際しては、前著に続き、編集者の片岡力さんと、版元である創元社の堂本誠二さんにお世話になった。精鋭お二人の共感を支えに、思いの丈を書き尽くすことができた。心からお礼を申し上げたい。

平成三十一年　立春

山本志乃

参考文献

・石原　潤『定期市の研究』名古屋大学出版会、一九八七年
・石本昭雄『日曜市のうた』私家版、一九九二年
・岩出山町史編纂委員会編『岩出山町史 下巻』岩出山町役場、一九七〇年
・岩本由輝「地方城下町と市の歴史」『市場史研究』第一〇号、一九九二年
・大多喜町史編さん委員会編『大多喜町史』大多喜町、一九九一年
・折口信夫「若水の話」一九二七年頃（『折口信夫全集』二、中央公論社、一九五五年所収）
・〃「山のことぶれ」一九二七年（『折口信夫全集』二、中央公論社、一九五五年所収）
・鹿島台町史編さん委員会編『鹿島台町史』鹿島台町、一九九四年
・鎌倉幸次『高知の街路市』高知市街路市組合連合会、一九六三年
・川島秀一『津波のまちに生きて』冨山房インターナショナル、二〇一二年
・神崎宣武『わんちゃ利兵衛の旅――テキヤ行商の世界』河出書房新社、一九八四年
・北見俊夫『旅と交通の民俗』岩崎美術社、一九七〇年
・〃『市と行商の民俗』岩崎美術社、一九七〇年
・〃「市とその生態」『都市と田舎』（日本民俗文化大系 第一一巻）小学館、一九八五年
・気仙沼朝市運営委員会『けせんぬま朝市十年誌』気仙沼朝市運営委員会、一九八四年
・気仙沼市総務部市史編さん室『気仙沼市史 Ⅴ 産業編（上）』気仙沼市、一九九六年
・高知県史編さん委員会編『高知県史 近世史料編』高知県、一九七五年
・高知市産業振興総務課編『街路市資料集』高知市、二〇〇四年
・〃『土佐の日曜市に関する調査』高知市、二〇〇五年
・高知市史編さん委員会編『地方都市の暮らしとしあわせ 高知市史 民俗編』高知市、二〇一四年
・高知新聞企画出版部『土佐の日曜市』高知新聞社、一九九八年
・国立歴史民俗博物館編『中世商人の世界――市をめぐる伝説と実像』日本エディタースクール出版部、一九九八年
・坂本正夫他『四国の歳時習俗』明玄書房、一九七六年
・佐藤亮子「被災地における定期市（ファーマーズマーケット）の役割――気仙沼朝市およびニューオーリンズの経験より」『地域創生学』晃洋書房、二〇一四年
・菅江真澄「ひおのむらぎみ」『菅江真澄全集』第四巻、未來社、一九七三年
・澤登寛明「夷隅郡内の定期市に就いて」『房総地理』五、一九五四年
・〃「はしわのわかば 続」『菅江真澄全集』第一二巻、
一九八一年
・鈴木登米男「宮城県仙北地方の市に就
宮城教育会、一九三九年
・寿美金三郎『甲浦物語』高

（一九九二年復刻版）
・千厩町史編纂委員会編『千厩町史 第三巻 近世二』千厩町、一九九三年
・大和町編『大和町史 下巻』宮城県大和町、一九七七年
・高清水町史編纂委員会編『町誌資料 互市』高清水町、一九七三年
・〃『高清水町史』高清水町、一九七六年
・田中舘秀三・山口弥一郎「東北地方の市場」一九四一年（『山口弥一郎選集 第五巻 生活と機構 下巻』世界文庫、一九七四年所収）
・〃『東北地方の経済地理研究』古今書院、一九五三年
・田村幸一『足摺の年中行事』私家版、一九八七年
・鶴岡節雄「夷隅地方の市について」『房総地理』五、一九五四年
・豊田 武『増訂 中世日本商業史の研究』岩波書店、一九五二年
・中島義一『市場集落』古今書院、一九六四年
・〃「市神考」『駒澤地理』四〇、二〇〇四年
・中村修也『日本古代商業史の研究』思文閣出版、二〇〇五年
・西 甸「街路市の実態について――顧客調査より見たる日曜市の場合」『市政研究』第三号、高知市企画室、一九五七年
・西村繁男『にちよういち』童心社、一九七九年
・秦孝治郎（坂本武人編）『露店市・縁日市』中公文庫、一九九三年
・濵田末子監修『とさの街路市』公益財団法人高知市シルバー人材センター、二〇一四年
・原 泰根『シバとハナ――神霊の祭りごと』臨川書店、一九九四年
・原田英祐『東洋町歴史年表・改訂版』私家版、二〇〇七年
・樋口節夫『定期市』学生社、一九七七年
・古川古松軒「東遊雑記」『日本庶民生 三一書房、一九六九年
・古川市史編纂委員会編『古川市史 下巻』宮城県古 一九七二年
・柳田国男「山の人生」一九二六年（『定本柳田國男集 第四巻』筑摩書房、一九六八年所収）
・〃「都市と農村」一九二八年（『定本柳田國男集 第一六巻』筑摩書房、一九六九年所収）
・〃「行商と農村」一九三一年（『定本柳田國男集 第一六巻』筑摩書房、一九六九年所収）
・山岡亀太郎・檜垣好夫共編『野根町政六十年史』野根町役場、一九五〇年
・山本志乃「市にみる商いと取引の諸相――夷隅郡の六斎市を例として」『千葉県史研究』第七号、一九九九年
・〃「交通・交易研究と民俗学――『旅の民俗』への可能性を求めて」『交通史研究』第五六号、二〇〇五年
・〃「市と行商」『日本の民俗 三 物と人の交流』吉川弘文館、二〇〇八年
・〃「市稼ぎの生活誌――農家日記にみる定期市出店者の生活戦略」『日本民俗学』第二六四号、二〇一〇年
・〃「定期市における売り手の技術に関する試論――高知・街路市のサカキ・シキビ店を事例として」『国立歴史民俗博物館研究報告』第一八一集、二〇一四年
・〃「互市再考――仙北地方の市と商人」『東北民俗』第五一輯、二〇一七年

著者略歴

山本志乃（やまもと・しの）

一九六五年鳥取県生まれ。旅の文化研究所研究主幹。博士（文学）。民俗学専攻。定期市や行商に携わる人たちの生活誌、庶民の信仰の旅、女性の旅などについて調査研究を行っている。著書に『行商列車――〈カンカン部隊〉を追いかけて』（創元社、第42回交通図書賞［歴史部門］受賞）、『女の旅――幕末維新から明治期の11人』（中公新書）、『日本の民俗3 物と人の交流』（吉川弘文館、共著）、『旅の民俗シリーズ第1巻 生きる』（現代書館、共著）、『民俗学者が歩いて出会った人生のことば――忘れえぬ38の物語』（創元社、共著）などがある。

「市《イチ》」に立《た》つ

定《てい》期《き》市《いち》の民《みん》俗《ぞく》誌《し》

二〇一九年四月二〇日 第一版第一刷発行

著者 山本志乃

発行者 矢部敬一

発行所 株式会社 創元社

〈本社〉〒五四一-〇〇四七 大阪市中央区淡路町四-三-六
電話（〇六）六二三一-九〇一〇㈹

〈東京支店〉〒一〇一-〇〇五一 東京都千代田区神田神保町一-二 田辺ビル
電話（〇三）六八一一-〇六六二㈹

〈ホームページ〉https://www.sogensha.co.jp/

印刷 太洋社

ISBN978-4-422-23039-9 C0039